ENSAYO · ARTE

José Francisco Yvars es historiador del arte. Ha sido profesor universitario, traductor, editor y director del Institut Valencià d'Art Modern (IVAM), del que es Director Honorario. Actualmente colabora en Londres en un programa de investigación sobre las raíces del arte moderno. Entre las últimas exposiciones de las que ha sido responsable se cuentan: *Lipchitz* (1997) y *Madrid-Barcelona 1930-1936* (1998), *Las formas del cubismo* (2001) y *Gaudier-Brzeska y el vorticismo* (en preparación). Entre sus obras publicadas destacan *Das Narrenschift. Ikonologische Motive* (1969), *Modos de persuasión* (1988), *Jocs sense temps* (1992) y *L'espai intermedi* (2002). En esta misma colección aparecerá en breve *El arte moderno y sus enemigos*.

J. F. Yvars

Los colores del hierro

DEBOLSILLO

Diseño de la portada: Departamento de diseño de Random House Mondadori
Ilustración de la portada: *El cometa* (acrílico sobre tela), de Albert Ràfols Casamada, imagen cedida por la Galería Joan Prats de Barcelona/Vegap, Barcelona, 2003

Primera edición: noviembre, 2003

Printed in Spain – Impreso en España

ISBN: 84-9759-151-8
Depósito legal: B. 42.740 - 2003

Fotocomposición: Zero pre impresión, S. L.

Impreso en Novoprint, S. A.
Energia, 53. Sant Andreu de la Barca (Barcelona)

P 891518

Para Rosa María,
para Guillermina,
primeras lectoras...
año tras año

ÍNDICE

¿Quién sabría decir el color del hierro?

Entretiens avec Bergson, 1924

A MODO DE PRESENTACIÓN

Las páginas que siguen presentan una recopilación de mis artículos en *La Vanguardia* de Barcelona. Constituyen una nueva entrega, apenas unos años después, de *Al tiempo del arte. Notas de crítica* (Barcelona y Valencia, 1998). Mi sección quincenal «A través del espejo» pronto cumplirá ocho años y como en aquella ocasión debo agradecer a los responsables del diario catalán la autorización para reproducirlos ahora. Debo agradecer asimismo a los buenos amigos de la sección de cultura su cordial acogida y el estímulo continuado en una tarea sólo en apariencia sencilla. Nada menos predecible a la mirada crítica que ordenar con sentido algunas ideas que alcancen la legibilidad requerida en la huidiza provincia del arte moderno. Llàtzer Moix, Josep Massot, Xavi Ayen y Justo Barranco conocen mejor que nadie mis esquivas maneras de escritura y por ello merecen todo mi reconocimiento con un gesto de respeto. Su ironía y mejor humor, en días claros y nublados, es el correctivo más eficaz a mis aventuradas percepciones de solitario, exiliado en Londres o confinado a desgana en este casi entrañable suburbio mediterráneo y sus aledaños, lo que no está mal del todo a la vista del tornado multicultural que se avizora.

Los artículos que ahora presento, tras una criba más severa si cabe que en momentos anteriores, mantienen una secuencia cronológica que considero lógica puesto que de este modo fueron pensados y publicados después. Tuve la pretensión, en una primera lectura, de ordenarlos en cadencias temáticas, o en razón de los motivos a los que en alguna medida responden, pero enseguida abandoné la idea. De una forma u otra se trata de trabajos que me resultan vertebrados por una leve voluntad formalista que desde ninguna instancia —narrativa o crítica— me atrevía a disimular. Recuerdo la respuesta, un punto airada, de Francis Bacon a una impertinente pregunta del notable crítico británico David Sylvester acerca de las raíces intencionales de su arte. «Siempre he deseado hacer formas», zanjó el artista. Lo demás es fabulación que queda a la responsabilidad del observador. Puesto que, en definitiva, de eso trata cualquier intervención en el paisaje del arte, por muy ajustada que parezca su argumentación teórica: un despliegue original de formas equívocas que van perfilando las imágenes y nos obligan a corregir nuestra percepción convencional de las cosas. La invención de un mundo nuevo, el mundo del arte, que poco tiene que ver con el nuestro pero que aspira a desentrañar su aparente confortabilidad.

La mirada del artista es siempre transgresora e incluso subversiva desde el punto de vista del tiempo. Otra cosa sería habilidosa industria cultural y decoración más o menos sofisticada. Ayer y hoy. El artista utiliza, con la destreza que le da el oficio y su sensibilidad, el universo de formas artísticas que le tiende la historia del arte, la percepción contemporánea, y acaba por solidificar en una tradición figurativa o abstracta. Además, el artista se aventura a diseccionar capa a capa las convenciones que controlan o determinan la presencia sensible del objeto más trivial. Una mirada inquisitiva que no sólo adelanta el pintor, sino que cuenta con una nutrida facción de incordiadores consumados, de Henry James a la inquietante Marguerite Yourcenar. Como sucede en aquellas tremendas mitologías de Poussin: ante un paisaje ideal, enmarcado por unas convencionales ruinas clasicistas y alguna plácida escena pastoril, un inerme y oscuro personaje es devorado sin piedad por una serpiente.

En nuestro tiempo, por fortuna progresivamente distanciado de los viejos dogmatismos ideológicos de escuela e identidad cultural, toda manifestación artística se entiende como originariamente inorgánica, como una tentativa abstracta sobre las formas controlada por un ritmo —¿innato?— en el hombre sensible para las líneas y colores, planos y volúmenes que sostienen la belleza sustantiva del arte.

Debo concluir agradeciendo también el contagioso entusiasmo editorial de María Borrás y Juan Díaz: no han escatimado esfuerzos en la preparación y presentación del libro. Con Montserrat Rodés tengo una deuda antigua que sólo puedo reconocer evocando esa sutil sensibilidad para la palabra que sólo es dada a los poetas.

J. F. Yvars
Londres y Barcelona, primavera de 2003

EL VALOR DEL ARTE

El príncipe napolitano Francesco Caravita di Serignano, Pupetto para los íntimos, fue un personaje singular. Desaparecido bien cumplidos los noventa, consiguió alcanzar edad bíblica sin haber dado golpe jamás. Con la tenue excepción de su actividad automovilística (lejana en la Italia de entreguerras, al volante de un Bugatti en el circuito de Monza). «Galantuomo» y decidor devoto de Casanova, impuso su presencia imprescindible, cercana al barón báltico de ojal florido, en todo acontecimiento mundano digno de ese nombre, en Nápoles o en Capri a lo largo de los últimos cincuenta años. Para nuestra fortuna, sólo se permitió un error a mi manera de ver. Impulsado quizá por el ejemplo póstumo de su primo Lampedusa, dañada su sensibilidad patricia tal vez por la borrasca cristomarxiana desestabilizadora del 68, publicó *Memorias de un hombre inútil.*

El libro explicaba más que justificaba su punible ociosidad y detallaba con administrativa escrupulosidad amores y amoríos, desde una *dolce vita* que consideró más que aprovechada. Le conocí un dicharachero anciano en casa de una cosmopolita arquitecta milanesa de prestigio. Se hablaba de arte, y con la pedante pretensión además de invalidar la importancia de su precio frente al abanico de papel de sus cualidades estéticas. Caravita, con mayor fastidio que entusiasmo, en un errático palermitano apostilló: *«So cuanto valgo, ma ignoro lo que costo»*. Paz al príncipe.

Pero también en arte parece que la calidad del juicio depende en buena medida de la cantidad de conocimientos que nos permiten determinar una obra concreta. La Courtauld Gallery de Londres propone con la exposición «El valor del arte», si las respuestas ante una obra de arte se ven afectadas por su valor económico y en qué medida.

Es una didáctica muestra que contrapone parejas de objetos de arte sin etiquetas, auténticos acertijos entendidos como una invitación para que el visitante decida cuál de los dos es más valioso. Los valores de subasta de cada uno de ellos pueden ser fácilmente descubiertos en una cartela disimulada que los ofrece. La polémica estriba en saber si los valores estéticos secundan o desvirtúan la apreciación financiera. ¿De qué criterios puede uno echar mano para afirmar que un valor es superior a otro? Además, ¿nuestra opinión cambia cuando apreciamos la diferencia? ¿Por qué?

El visitante acepta sin discusión que su mirada está determinada por las circunstancias en las que accede a la obra de arte. Su legitimación es el museo y la depuración historiográfica que la ha llevado aquí. Pero la exposición nos presenta obras de valor desigual, e incluso nulo, y se argumentan con sutileza las discordancias del mercado. Algunos ejemplos.

Un óleo de Degas —*Danzarina en escena*, de 1877, firmado—, frente a un pastel sobre papel tramado de título *Después del baño* de 1889, que exhibe estampado Degas. Dos obras de autoría indiscutida pero con estridentes diferencias de valor... plástico. Las danzarinas están cuidadosamente acabadas, caso raro, y vendidas por el propio artista. El pastel quedó sin vender y la marca indica que procede del inventario de la testamentaría del taller de Degas. Adivinen los precios: 30 millones de libras el óleo y 63 libras el pastel. ¿Mera especulación? Sin embargo, hay razones de peso para explicar la disonancia. El óleo es brillante y duradero, oscurece y se patina con el tiempo, y ha sido el soporte tradicional preferido por las instituciones artísticas. El pastel es mate y puede resentirse de borrosidades. Además, mientras que el dibujo fue muy valorado por la teoría académica como el fundamento de la pintura, en la actualidad se tiende a considerarlo como mero boceto en el nivel más bajo de la jerarquía que culmina en la obra terminada. El pastel era en su momento un pasatiempo femenino y se entendía como un mero ejercicio de color —apenas ligera mancha de pincel—. No se me calificará de terrorista si apunto que el pastel carece de la gracilidad y el movimiento que «hacen» el arte de Degas, pero evoca una estructura constructiva *à la Renoir* tampoco desdeñable.

Otro ejemplo. Maestro de Fiesole, *Virgen con Niño, San Juan y San Pedro*. Témpera de finales del siglo XV. Frente a *Madonna con velo*, de Botticelli (siglo XV) en falsificación de Umberto Giunti (1930). Ambos cuadros, de pequeño formato, con una historia propia: el primero identificado como obra de un artista sin nombre y el otro descubierto tras pesquisas de laboratorio como una cuidada falsificación. ¿Qué nos dice la percepción estética al respecto? Nada. La falsificación es excelente. Lord Lee la compró como un Botticelli en 1930, y el iconoclasta Roger Fry centró en ella un arrebatado discurso sobre las cualidades plásticas del renacimiento florentino. Si la obra despertó la sospecha de Kenneth Clark, la ciencia fue más cruel: el azul de Prusia se desconocía antes del siglo XVIII. Con todo, las falsificaciones han alcanzado una cierta legitimación que permite entender que la obra haya obtenido 30.000 libras y el original sólo 100.

Un ejemplo final. Dos obras de Matisse. *Desnudo*, de 1925, en lápiz litográfico, firmada y numerada 35/50. Frente a *Mujer apoyada sobre los codos*, de 1930, carbón y difuminado sobre papel, también firmado. Casi la misma fecha, un tema similar y ambas obras firmadas... Sin embargo, el dibujo quintuplica el precio: 120.000 libras frente a 20.000. ¿Motivo? El fetiche del ejemplar único frente a la serie limitada. La calidad litográfica llegó a ser tan buena que podía incluso confundirse con el dibujo, lo que produjo un efecto negativo sobre el cliente desconfiado. Cuando las cualidades visuales son quizá superiores al dibujo y las diferencias apenas discernibles.

La exposición es francamente divertida e irritará al purista con sus argucias. Parece ingenuo concluir que sólo la belleza pueda convertirse en el criterio fiable de verificación estética. Las energías que sintetizan en la obra de arte y provocan la respuesta en el espectador son ambiguas. La presión del mercado, los patrocinios, el coleccionismo han incidido sobre ella. La historia del género, la técnica, tanto como su estilo, informan también al visitante serio y nos hablan de una jerarquía de valores plásticos ni escrita ni real, pero activa en la asimilación inteligente.

Una litografía Toulouse-Lautrec de 1895 fue subastada por 12.000 libras, mientras que una copia fotomecánica en offset carece de valor comercial. ¿Porque procede de la primera? ¿Temor ante la descontrolada perfección de las nuevas tecnologías? Sin embargo, ¿se ha reducido su capacidad visual? En efecto, príncipe, el coste predomina sobre el valor.

(12 de septiembre de 1999)

MIRADAS VERTICALES

Una cuidadosa selección de obras de Severini, planteada por equilibrados contrapuntos de Carrà y Balla, expuesta durante estos meses en la Colección Estorick, de Londres, y la publicación en Barcelona de la mayor antología de los escritos de Carrà —*Pintura metafísica*, El Acantilado, Barcelona 1999— devuelven a la actualidad la admirable capacidad creativa de la primera vanguardia italiana. Transformada pronto en polémico frente de batalla cultural futurista, cerrado ya un período de apropiaciones visuales nuevas que llamamos divisionismo, encontró en la pintura metafísica quizá el espacio apropiado para el ajuste de cuentas sensible con la tradición italiana. Entretanto, la reivindicación clasicista de «Valori plastici» apostaba por un retorno militante a los modelos cuatrocentistas que, a juzgar por los resultados: De Chirico y Morandi, constituye todavía motivo continuado de sorpresa.

Con buen sentido, la muestra se centra en la década, 1910-1920. Ardengo Soffici había desautorizado las secuelas del impresionismo como mera «idolatría cromática de inspiración sentimental». La disolución de la realidad natural en sensaciones visuales parecía así una facilona evasión del compromiso intelectual exigido a la pintura, que debía recuperar sus «poderes mágicos» con una voluntad de estilo fundamentada sobre «sólidas estructuras y clara provocación expresiva». En un artículo inflamado publicado «Lacerba» en 1913, el crítico iba más allá y se pasmaba «ante la sobria consistencia de cuerpos y objetos, peso, gravedad y equilibrio de planos y volúmenes...». Para concluir premonitoriamente: «el cubismo se ajusta a la perfección con la genuina tradición italiana».

En efecto, el componente nacionalista acabará por ser la estructura vertebradora del radicalismo de la joven generación que emprende la renovación de Europa con la pretensión de ser «los primitivos de una nueva sensibilidad sin historia». El trasfondo «maldito» y antiburgués del simbolismo y la agresividad desaforada de Marinetti ponen letra a esa cantata emancipatoria que se llamó futurismo y concluyó en milonga de arrabal fascista.

Sin embargo, la serena reflexión visual de Severini demuestra la media verdad que anida en cualquier simplificación generalizadora. El vehemente expresionismo divisionista de Sironi, es un ejemplo, impregna curiosamente algunos trabajos de Boccioni, como *Figura seduta*, de 1906, y la explosiva documentación revolucionaria vanguardista recogida por Marinetti en la Rusia presoviética de 1914 colabora al desarrollo irreversible de una síntesis visual, geometrizante y constructivista, idealizada por Malevich, Popova, Tatlin y Goncharova entre 1912 y 1913. La glorificación del dinamismo visual tecnológico universalizada por el futurismo asimila, con intensidad sin embargo, ese legado abstracto y constructivo que acaso agiliza las etéreas estructuras cubistas de propósito internacionalista y tradición francesa.

Este dato explica, mejor que ningún otro, la elegancia casi atemporal de Severini. De Chirico ha sido el espíritu alucinado capaz de transformar la pintura metafísica en una pintura estética convincente: las arcadas y torres suspendidas en espacios irreales, poblados de espectros y fantasmas. Los hombres convertidos en maniquíes y armazones mecánicos en una atmósfera sin tiempo, teñida de luz innatural. Carrà recupera, con escrúpulo de naturalista, la división armónica del espacio en planos y volúmenes y se presenta como un ilusionista del renacimiento fascinado por Paolo Uccello. Curiosamente el antiilusionismo de *The Engineer Mistress* es estridente.

Severini, sin embargo, es un teórico del arte mediado de pintor —sus *Ragionamenti sulle arti figurative* son memorables—

y su actividad futurista, levemente ingenua en opinión de algún crítico, dista leguas del efectismo visivo de Boccioni, Balla y Russolo. *Studi for North/Sud* (1913) y las sutiles gamas azules de los soberbios *The Bar Dance* (1913), *Sea = Dance*, *Dance + Sea*, de 1913, pertenecientes a la Colección Guggenheim de Venecia, justifican el enunciado de la muestra londinense: «Del futurismo al clasicismo». Además, visualizan bien la querencia tardocubista que el artista profundizó con la brillantez que impresiona en *Landscape Civray*, de 1917, hoy en el Museo de Milán. Severini fue también un respetuoso artesano del mosaico y admirador fiel de los procedimientos tradicionales de la pintura, del oficio como se decía en su momento. «En la pintura, ni la composición ni el diseño, ni el claroscuro, ni las veladuras merecen hoy atención. Más que ignoradas, son despreciadas», aseguraba el incómodo Ojetti. Así, el retorno al clasicismo de la contención, acaso algo aséptico, que adelanta el *Autorretrato* de 1914, y tal vez *Ritmo plástico*, señalan en Severini un punto de fuga de los excesos juveniles que a mi modo de ver difuminan su figura en el arte italiano de ayer.

El libro de Carrà es otra sorpresa. En la exposición londinense pueden verse dos curiosas obras del pintor, los dibujos *Boxer* (1913) y el *Retrato de Boccioni*, de 1916. En ellos se muestra el mejor Carrà, sin forzadas guardarropías metafísicas, puertas entreabiertas e interiores desolados propuestos por el ojo nocturno de De Chirico, al que había conocido en el sanatorio antidepresivo Il Seminario. Carrà es ahora el futurista deslumbrante de *El funeral del anarquista Galli* (1911) o de *El jinete rojo* (1913), que acaba de descubrir el collage.

La oportuna traducción de los escritos de Carrà recupera, a su pesar, la fuerza de persuasión que el autor creyó perdida en el debate incontrolable del gusto. Publicado por Vallecchi en 1919, y reeditado con una justificación innecesaria en 1945, constituye el mejor ejemplo de un nuevo género de narrativa artística que lamentablemente no hará fortuna con el tiempo. Describe, con adjetivación generosa y admirable fuerza sintética, su historia intelectual inmediata disimulada hábilmente tras un disfraz didáctico. Confidencial, sin condescendencias anecdóticas, el autor relata su «incierto fluctuar» entre los temores y las aspiraciones que despiertan en él las nuevas tendencias artísticas ya venenosamente contrapuestas.

Pero, además, nos da un modelo eficaz de autobiografía oblicua que sabe asimilar los argumentos del contrincante —*Las razones del lobo*— para desmenuzarlos después en un ejercicio de ironía analítica admirable. Creo que en el libro se entrecruza, sin que el mero índice sea capaz de discernirlo, la crítica radical de las propuestas estéticas que marcaron su formación —del dinamismo plástico el arte nacional y la tutela omnívora del Estado— con la reflexión estética llevada al grado superlativo: *Cézanne*, *Plática con Giotto* o *Uccello constructor* deberían ser lecturas obligadas para todo crítico en ciernes.

Conozco pocos libros menos aquejados por la enfermedad del tiempo. Apunta la primera madurez del artista con inesperada sobriedad. Dueño de sus posibilidades expresivas, sabe cómo decir lo que pretende con la mayor eficacia. Sencillamente, con convicción. Incluso cuando parece desconsiderado con Matisse —posee algo más que «ebriedad cromática»— o un punto injusto en su varapalo a Papini e incluso en su reivindicación de la pintura-pintura.

Tras concluir su magistral disección de la pintura metafísica —su lectura hubiera ahorrado ríos de tinta—, el lector parece dispuesto a aceptar, como ese Vico que prefiere Carrà, genial y desabrido abate napolitano, que la verdad poética es «siempre» una verdad metafísica. El adverbio es mío.

(31 de octubre de 1999)

LA SENSUALIDAD DEL COLOR

Una feliz coincidencia en la programación expositiva reúne en París este otoño dos muestras fundamentales para comprender la evolución del arte moderno. «El fauvismo o la prueba del fuego» es una tentativa de relatar la radical aventura colorista que abrió el siglo. La presenta el Museo de Arte Moderno de la Ciudad de París. En el impecable Instituto del Mundo Árabe podemos ver, además, «Le Marroc de Matisse», aproximación inteligente a una de las figuras clave de la trama de lo nuevo, presentada con la habilidad suficiente para neutralizar en lo posible los imperativos arquitectónicos que singularizan el centro.

Pero ¿qué es todavía el fauvismo? Los veinte años que precedieron a la aparición de los fauves —«la jaula de fieras», en opinión despectiva del crítico Vauxcelles, «un bote de color lanzado a los ojos del público», en opinión de otro— en el escandaloso Salón de Otoño de 1905, estuvieron marcados por el tenso intercambio formal derivado del impresionismo y centrado en el color. Durante la última década del siglo, sin embargo, las estéticas impresionistas habían situado en un sendero sin fácil retorno el curso del arte, habían liberado la pintura de la angostura temática y enfrentado la naturaleza al desafío formal del artista, obstinado ahora en ordenar equivalentes plásticos sobre un lienzo que ya no era la ventana de ilusionistas reconstrucciones veristas. Sisley, Pissarro, Cézanne, Degas, Renoir, Monet, aparecen en 1886 agrupados en una tendencia cuyo único nexo cohesivo es la ruptura de los condicionamientos del «motivo». Una propuesta no naturalista del color.

Seurat y Signac apuestan por vastas estructuras cromáticas hechas de tintes puros, divididos en fragmentos minúsculos —«vivos y cambiantes»—, que aspiran a concretarse en un singular *mélange optique* de fuerte impacto visual y sencilla elaboración. Matisse había ensayado el divisionismo en Saint-Tropez el verano de 1904. «Luxe, calme et volupté» muestra brillantemente una nueva manera pictórica que va más allá de la mera adaptación de unos principios compositivos. En Colliure, durante el verano siguiente, en la obra de Matisse el color se emancipa del esquematismo constructivo y su pintura parece dominada por planos amplios de colores fuertes. Sin estridencias, puede afirmarse ahora que ha nacido el fauvismo y Matisse es, con Derain, su mejor representante. *La joie de vivre* (1906), hoy en la Fundación Barnes, adelanta una actitud menos combativa en la organización cromática que culmina, sin embargo, en la magistral escenificación de *Dance*.

A los primeros fauvistas, Derain, Friesz, Marquet, Rouault, Vlaminck y Van Dongen, se unieron pronto Dufy (1906) y Braque (1907). Condicionados todos por la agresividad colorista de Van Gogh, la extraterritorialidad estética de Gauguin y la revalorización creciente del constructivismo cézaniano. Son artistas que, de hecho, se distancian del neoimpresionismo para acentuar el componente emocional del paisaje a través de la distorsión cromática extrema. Quizá éste fuera el único punto en común.

Derain absorbe el toque divisionista que aligera en pinceladas simples y directas destacando sobre el fondo blanco (*Port de Collioure, le cheval blanc*, 1905). Van Dongen y Vlaminck son coloristas de tendencia más impulsiva y cercanos al expresionismo alemán de Dresde —el primero, más estilizado y esquemático (*La danseuse rouge*, 1905), el segundo, incapaz siempre de frenar su virulencia cromática (*Femmes à la balustrade*, 1906)—. Braque pinta sus primeros paisajes fauves en Honfleur y L'Estaque. Con la vivacidad y solidez constructiva que lo caracterizan —«Un camino armonioso, más apolíneo que dionisíaco»: *L'Estaque*, 1906—. En 1907, sin embargo, su amistad con Picasso lo lanza al desbarajuste conceptual que concluirá en el cubismo analítico.

La exposición prolonga el formalismo cromático y lineal hasta el expresionismo y el sentimentalismo pulsional de Die Brüke, sin mayores argumentos que la coherencia exasperada del color y tal vez una voluntad artística consciente de representar sin aludir a la anécdota narrativa, recuperada con acento crítico después por Der Blaue Reiter —sistema y teoría—, ajeno por entero a la serenidad sensible alcanzada por Matisse. Acaso el *Retrato de Kahnweiler* de Van Dongen es un buen punto de apoyo para ese salto arriesgado. El retrato *Philomène* (1907) de Sonia Delaunay expresa mejor que cualquier otra digresión la asimilación personal del fauvismo de huella matissiana más allá del tiempo y convertido a voluntad en signo de identidad propia.

En efecto, Matisse libera el color y el dibujo de todo naturalismo innecesario. Los sublimes resultados de su experiencia marroquí despejan, en efecto, cualquier duda. El viaje fue breve, apenas seis meses entre 1912 y 1913, divididos en dos momentos que marcan para siempre el arte de Matisse. Abrumado además de encargos, todo hay que decirlo, de los fieles coleccionistas rusos Morosov y Choukin. Tenía cuarenta y cuatro años cuando desembarcó en Tánger y buscaba inquieto una salida constructiva al efectismo fauve. El sereno invierno africano va a permitirle realizar la sagaz predicción de su maestro, el simbolista Gustave Moreau: simplificar la naturaleza, nada menos. Son éstas unas pinturas audaces, acompañadas de un impresionante despliegue de dibujos y apuntes sobre el papel que confirman la lección africana del pintor: el retorno desdramatizado a las querencias decorativas. Cuando menos es cierto que se trata de unos meses fecundos e imaginativos, 23 telas y 65 dibujos, de continuados descubrimientos formales. Las arquitecturas blancas, las sutiles gamas de azules punteados de verde intenso, las gradaciones atemperadas del ocre y el rojo... Una naturaleza fascinante, de cielos deslumbrantes, tentada por el desequilibrio insólito de unas sombras que fantasean volúmenes inesperados, negados por la luz. Un realismo irreal, perdón, protagonizado por el color *(Le marabout, Paysage sur la fenêtre)*.

El distanciamiento del naturalismo didáctico es efectivo a

partir de estas pinturas. Si el color había conseguido desrealizar los viejos iconos rusos, la luz y la mirificación cromática del paisaje marroquí refuerzan sus convicciones formales, y le orientan definitivamente hacia una nueva naturaleza simplificada, nutrida sólo de formas. *Le déjeuner oriental* (1917), hoy en Detroit, condensa para siempre el universo perdurable de estímulos sensibles que Matisse debe a su experiencia africana.

De vuelta a Francia, en febrero de 1913, *Le Marroc de mémoire* le brinda un éxito sin precedentes en la temporada parisina. Pero lo que es fundamental desde el punto de vista de su evolución creativa, la profundización continuada del despliegue formal africano, se convertirá con el tiempo en una constante original y efectiva de su arte. En 1915, a vueltas con *Les marrocains*, Matisse confiesa a su amigo Camoin: «Tengo la cabeza revuelta tras un mes de lucha con una pintura de Marruecos en la que trabajo: la terraza de un pequeño café de la Kasbah... Espero salir en bien, pero ¡qué duro!». (*Le café arabe*, dibujo, *Café marrocaine*, óleo son la mejor respuesta afirmativa.) La luz es ahora una cadencia cromática. La geometrización de las formas y las arquitecturas coloreadas con toques rápidos y enérgicos se transforman en los puntos cardinales de una modernidad pictórica que todavía perdura. Hay que despertar el viejo fondo sensual del hombre, aconsejaba Matisse. «El acto estético es forma y nada más que forma», había escrito Benedetto Croce en 1912. ¿Sólo azar?

(14 de noviembre de 1999)

PUNTOS DE FUGA

La antigua quimera de verbalizar las obras de arte se remonta al origen de nuestra cultura. Describir una pintura para extraer alguna virtud social o destilar de ella una moraleja que active los afanes diarios, proclives a la repetición de objetivos no siempre nítidos, es tema antiguo. Los viejos tratadistas adiestraban al aprendiz de pintor en los esquemas compositivos que hacían verosímiles sus composiciones. Narrativas didácticas de argumento accesible en buena lógica. En tanto la crítica, formalista en mayor medida que referencial, partía de la comparación y competencia entre talleres y obras para establecer unos criterios de excelencia compartidos o en razonable discrepancia.

Parece una ironía cruel de la modernidad que la presuntuosa profesionalización del historiador y el crítico de arte hayan restado credibilidad, y por supuesto claridad, a los relatos explicativos de las grandes obras. Con pretensiones científicas, los discursos sobre el arte han emborronado de tal manera las formas de explicación que se hace difícil penetrar en los motivos del crítico, a menudo atrincherado en una jerga redundante de intercambio cenacular, incluso críptico o abiertamente esotérico. Cuando curiosamente al científico se le exige desentrañar los procedimientos seguidos para alcanzar determinados resultados y dar cuenta de las claves del experimento que harán posible su verificación. Si no es repetible, los resultados difícilmente serán aceptados por nadie.

Años atrás, el historiador británico Baxandall utilizó con destreza los argumentos de Piero della Francesca para interpretar su obra *El bautismo de Cristo*, acercándonos así a una definición formal de la obra coherente y, a cuatro siglos vista, todavía de lectura provechosa. El pintor sostiene que la pintura sintetiza tres acciones complementarias, pero autónomas en su raíz y desarrollo, llamadas diseño, composición y colorido. El primero delimita los perfiles y contornos que cierran los objetos, la segunda ordena la ubicación apropiada de éstos en razón de su proporción significativa. El colorido atiende a las maneras en que los colores tiñen los objetos según una iluminación que gradúa luces y sombras. Hasta aquí Piero.

Daba vueltas a estas historias mientras recorría la exposición «Florencia renacentista. El arte de 1470», que actualmente puede verse en la National Gallery londinense. Se trata de un juicioso despliegue de las artes del Renacimiento durante la década de hegemonía política y social de Florencia en el entramado de la Italia urbana y semifeudal del momento. Nicholas Penny y Alison Wright, responsables de la muestra, textualizan las obras potenciando el lenguaje artístico renovador de los talleres en menoscabo quizá de las grandes obras, que se contextualizan en un entorno de artesanías y objetos de carácter funcional. Se describe aquí el núcleo de la propuesta. ¿Qué es la cultura del Renacimiento? Sin una inmersión clasicista deliberadamente programada —las humanidades de anteayer—, ¿es posible comprender el despegue de la cultura visual florentina durante esa década de oro?

Las obras interactúan en competencia leal o punible entre talleres: Leonardo espía a su rival Pollaiuolo, los aprendices propagan fantasías —es enternecedora la maqueta del hombre volador, ahora en el Science Museum—. Patronos y mecenas someten a los artistas al inmisericorde juicio del gusto, en una ciudad de apenas setenta mil habitantes donde conviven y se enfrentan Botticelli, Antonio y Piero Pollaiuolo, Filippino Lippi, Verrocchio y el joven Leonardo. Podrá disentirse, sin duda, si la extrema contextualización, las industrias emergentes del Renacimiento mediceo no abruman al visitante con dibujos, orfebrerías, medallones, relieves, manuscritos y grabados, e incluso si la presentación de habilidosos segundones se justifica al amparo de los grandes nombres. Sin embargo, nadie pondrá en duda la potencia creativa de artistas como los Pollaiuolo —su bronce *Judith* es un ejemplo audaz de *dressing* renovador—, que captan como pocos el tiempo de violencia y afirmación que acompañó el nacimiento del ilusionismo artístico renacentista. Dibujos y grabados desmenuzan terribles escenas de batalla, incluso las alteraciones de escala y composición de las viejas iconografías del Trescento alcanzan un efectismo que explica bien la riqueza y vivacidad imaginativas de la cultura visual renacentista. El *Cristo muerto* de Filippino Lippi y un impresionante *Holofernes decapitado* de Botticelli —la cabeza sanguinolenta sobre una bandeja sigue en otro cuadro— es descubierta por unos soldados espantados. Se activan aquí las mitologías de repertorio y vitalizan el relato bíblico con una eficacia moderna que convierte estas obras en inquietantes conjuros de violencia y energía formal. Tiempos de fuego, en efecto. Es cierto que Giuliano de Medici había sido apuñalado en el Duomo, en plena liturgia, y Lorenzo salió indemne por azar —el Papa tampoco parecía dispuesto al educado intercambio de discrepancias—. De la efervescencia de estos años, con nuevos lenguajes visuales para una sociedad en transformación que atiende a un mercado diversificado, dará idea que una medalla con efigie en mediorrelieve alcanzara un valor doscientas veces superior a una pintura de Fra Angélico.

Pero si el perplejo viajero londinense aspira a entrar con fiabilidad crítica en el revuelto cosmos renacentista, el itinerario más ajustado acaba de ser oportunamente editado. *El arte del Renacimiento*, de André Chastel, reaparece por fin en la asequible colección Quarto de Gallimard. Elegantes volúmenes de casi mil páginas que sintetizan el legado más significativo de una secuencia irrepetible de iconoclastas de este siglo —Proust, Leiris y Cioran, en compañía de Le Goff, Desnos, Simone Weil, y ahora Chastel—. Aproximar los trabajos del historiador al público amplio me parece una juiciosa política editorial que demuestra una vez más que la calidad no es incompatible con la divulgación digna.

Chastel ha sido —murió hace diez años— el incuestionado especialista francés del arte italiano clásico. Animador además del Institut National d'Histoire de l'Art, espacio abierto de discusión de toda propuesta inteligente que colaborara a la comprensión del arte de su tiempo. *L'art italien* y *Fables, formes, figures* son títulos que señalan puntos de inflexión en la lectura actual de la tradición clásica. Chastel, como sólo tal vez el historiador Roberto Longhi, ha administrado con cuidado el rigor positivista del filólogo en potentes síntesis historiográficas para el público de a pie. Su enorme trabajo erudito se ha sometido siempre a la prueba de la visión, al laberinto formal que singularizan las obras de arte genuinas. El desarrollo de la perspectiva emancipa el arte italiano del esquematismo oriental y lo transforma en un modelo de artificiosas interpretaciones de la naturaleza. Pero al despertar de las tradiciones nacionales, lo enriquece también con aportaciones concretas que evitan el vaciado de un estilo internacional.

Para Chastel el Renacimiento es un inmenso taller de imaginerías audaces. Manifiesta y proyecta en grandes obras un imaginario colectivo —fuente de motivos visuales dotados de una carga sentimental persistente— que impregnan las actividades sensibles en su totalidad. Los esquemas simbólicos depuran plásticamente las complejas relaciones sociales y ajustan a nuevos significados los relatos antiguos. El Carnaval o las secuelas imaginativas del saqueo de Roma permiten a Chastel una aproximación a la historia de las mentalidades, pero desde las razones del arte: al frío esquematismo de Panofsky o a una iconografía de recetario, Chastel añade una inusual sensibilidad para los contenidos emocionales que transmiten las imágenes y clarifican el descifrado de sus motivos. La *Ninfa naciente*, que perturbará a Warburg a lo largo de su investigación sobre Botticelli, es para Chastel un enigma de naturaleza indescifrable cuyo significado perdido acaso pueda entreverse a través de un sutil ejercicio de hermenéutica cultural comparativa que rebasa el mero dato iconológico.

En las colosales celebraciones renacentistas —lúdicas o terribles—, el espacio del príncipe, de Dios o del diablo despierta un mundo con figuras agazapado en los detalles que desafía la perspicacia y sensibilidad del historiador. Los datos nutren la munición del conocedor, los historiadores disponen del fusil... Pero hay que saber apuntar —ironizaba Meyer Shapiro, el maestro de todos.

(28 de noviembre de 1999)

LA EXPERIENCIA DEL ARTE

Herzfeld, el beligerante grafista alemán, discutía con George Grosz y el conde Kessler la idea de hacer un filme sólo a partir de flashes continuados de acontecimientos actuales. A Grosz no le gustó la idea y se mostró muy crítico. «Así se puede hacer un documento de interés, pero la realidad no me importa en absoluto. Yo soy lo que podría llamarse una persona artística y como tal aspiro a lo fabuloso, a lo fantaseado. La cámara puede reiterar momentos... pero jamás alcanzar los efectos de la habilidosa manipulación del artista.» Grosz aspiraba a una experiencia artística que iba más allá del realismo, y deploraba que en nuestro tiempo el afán racionalizador para todo y sobre todo ha depreciado nuestra humana apetencia de lo irracional. La atención a la noche.

El artista se define por su capacidad para dar forma al mayor número posible de experiencias humanas. Los tiempos han cambiado, sin embargo, y la transgresión de los modelos académicos de representación llevada a cabo por los impresionistas, hablo de un caso, es hoy sencilla prehistoria de los modos de hacer arte de nuestro tiempo. La transgresión de los códigos de figuración realizada por el fauvismo, con una fuerte carga decorativa y efectismo visual todavía activo, es asimismo historia pasada, al igual que la subversión volumétrica fantaseada por el cubismo. El asalto a la objetividad de los expresionistas, y es otro caso, y las chanzas estéticas de futuristas, dadaístas y surrealistas todavía aletean en serios proyectos artísticos que pretenden ser subversivos, pero que nacen ya marcados a fuego por los imperativos de la abstracción que, constructivista o gestual, han señoreado los mundos formales de la expresión plástica en los últimos cuarenta años.

Queramos aceptarlo o no, el arte contemporáneo nace de la versatilidad formal de las vanguardias, de un sincretismo figurativo convertido ahora en repertorio constructivo de urgencia para todo tipo de citas que pretendan alguna vigencia histórica. Se trata así de un modo figurativo que invoca la excepcionalidad de unos modelos estéticos imposibles, pero acaso todavía legítimos en el ámbito de lo que hoy se ha dado en llamar «institución» arte: el juego de complicidades de quienes en alguna medida sancionan como válido cuanto acontece en el arte —crítica, museos, galerías, marchantes, coleccionistas.

A nadie puede sorprender, en buena lógica, que la ruptura histórica que calificamos equívocamente de posmoderna haya cerrado los ojos a la historia y reivindique sin más la anomia, la ausencia de reglas de comportamiento artístico y la primacía de una originalidad sin matices ni restricciones, entendida como el ámbito de afirmación de sistemas perceptivos, expresivos y visuales que intentan dar cuenta de la sensibilidad contemporánea.

A este proceso se le ha llamado formalización, una manera como otra de describir el potente peso que la historia del arte ejerce sobre el artista más desmemoriado. Pues, en efecto, la automatización estética impregna las propuestas plásticas que han logrado afirmarse a partir de los sesenta. El arte se ha instalado confortablemente en un singular universo transgresor que no sólo vuelve la espalda a las normas que habían convertido en arte a lo largo de la historia ciertos modos de actuación humana, fundamentados en la percepción sensible y visual de los objetos, sino que invalida además el marco conceptual dentro del que adquieren significado si todavía se califican como artísticas determinadas construcciones intelectuales contemporáneas.

Durante la década de los sesenta, y es otro caso, la consolidación de una tendencia creciente a la sustitución del arte por el no arte de declarado radicalismo ideológico puso en cuestión no sólo el buen gusto, e incluso una ilusoria belleza formal, sino también la sublimación de cierto materismo más tarde recuperado por el arte povera, de Fautrier a Tàpies, y el conceptual minimalista de impronta norteamericana. Pienso en las audacias escatológicas de Manzoni o en algunas construcciones de Tony Cragg.

La reciente década de instalaciones y *performances* ha reducido a extremos casi simbólicos los contenidos afirmativos o de provocación que calificaron el arte nuevo durante los años precedentes. El mundo del arte se ha pluralizado hasta disolverse en un universo de objetos funcionales... pero sin función, orientados a la evocación sentimental o dirigidos a despertar una experiencia nueva. En el Soho de Nueva York, elegantes yuxtaposiciones naturales son meros efectos fotográficos hábilmente tratados con tecnologías punteras. Las audacias videográficas de Marina Abramovic, por ejemplo, han marcado una sensibilidad o más bien han roto unos tabúes de sensibilidad formal válidos hasta hace poco. Arte, historia, disciplina formal, construcción, figuración... fantasía en suma, son categorías devaluadas que en la práctica del arte diario apenas apelan a unos niveles de exigencia comunicativa que el artista debe probar en cada obra. Aspira, sencillamente, a perturbar al espectador con todos los medios a su alcance.

Pero volvamos al incordiante Kessler. Visitaba en una ocasión, acompañado de su protegido el escultor Arístides Maillol, la Escuela de Cultura Física en el barrio berlinés de Grünewald. El artista estaba fascinado por el despliegue de bañistas desnudos sin ningún tipo de inhibiciones. Era la vida. Una especie de recuperación de la naturaleza con modos griegos: luz, desnudez, aire libre, crepúsculo, perfección física, sensualidad sin falsa vergüenza o pudor. El artista no pudo dejar de observar: «Hermosos como dioses antiguos...». «Pero no son dioses —apostilló Kessler—. Pruebe a desentrañar su belleza de aquí a veinte años. Buen desafío para el arte... Si, además de forma, quiere ser experiencia viva.»

(16 de enero de 2000)

UN COLECCIONISTA CASI MODERNO

Al pintor japonés Foujita debemos sin duda la más sucinta definición del cubismo. Discutía con Kahnweiler los laberintos analíticos en que andaba enfrascado Juan Gris y se le escapó este comentario no del todo piadoso: «Su arte parece que trata de explorar el mundo, en lugar de representarlo». Buena definición también para describir el soberbio diario del conde Kessler.

Con atinada oportunidad, la editorial londinense Weidenfeld and Nicholson celebra sus primeros cincuenta años con la esperada reedición de *Diarios de un cosmopolita, 1918-1937*, de Harry Kessler, fuera de mercado hace treinta años. El libro vivió un éxito fulgurante a raíz de su publicación en Alemania en 1966, tras su descubrimiento fortuito. La inmediata traducción británica hacía honor al talante anglosajón del personaje y se entendió como un homenaje a los raros que en nuestro mundo han sido, de los que fue sin duda singular espécimen.

La novelista alemana Anette Kolb, bohemia a contrapelo en el París de los treinta, describió así los trazos más notables de su personalidad: «Harry Kessler parecía alemán en ocasiones, inglés en otras, a menudo francés y siempre europeo. El arte fue su mundo y reaccionaba casi eléctricamente ante el menor estímulo estético —siempre el primero en descubrir la grandeza de un artista desconocido con buen ojo».

Harry Kessler destacó en los tumultuosos años de Weimar como ferviente republicano radical —el Conde Rojo— y fue el más perspicaz analista de la barbarie nazi cuando la fuerte crisis de los valores democráticos en plena euforia revolucionaria todavía convertía el nazismo en una excrecencia controlable. Josephine Baker bailó desnuda en su salón, Einstein intentó, en vano, explicarle la relatividad cuando todavía era una mera hipótesis, con Grosz conoció los fondos más rastreros del lumpen berlinés, Diaghilev y Cocteau sablearon con disciplinada continuidad su cartera. En calidad de diplomático, además, fue testigo de excepción de dos muertes que transformaron nuestra modernidad: el asesinato de Rosa Luxemburg y la dispersión del radicalismo espartaquista de los Consejos, y el asesinato de Walter Rathenau. El perfil del político llena quizá las páginas más agudas del diario, premonición cabal del negro horizonte que había de concluir en Auschwitz —«la gran finanza necesitaba a Hitler».

Quisiera rescatar para el lector, sin embargo, el perfil artístico de Harry Kessler en sus años de afirmación, cuando todavía no era el eminente estadista en la Ginebra europeísta, ni el visionario berlinés que adivina nuevos campos de trincheras. Los años que preludian el diario, en definitiva.

Kessler había nacido en París en 1868, hijo de un banquero ennoblecido por el káiser. Su madre fue una belleza irlandesa con entrada en la corte, cuyas habilidades permitieron que su familia se beneficiase generosamente de las reparaciones que zanjaron la guerra franco-prusiana, puerta abierta a los rumores que empañaron el buen nombre del conde. Educado en Francia e Inglaterra, terminó sus estudios en Bonn y a los veinticinco años heredó una sustanciosa fortuna que garantizaba su independencia. Munch nos ha dejado un soberbio retrato del joven dandi —panamá de ala ancha, caña de empuñadura de plata— en sus años de Weimar. En 1913 fundó la editorial Granach, que puso de moda entre el gran mundo exquisitas ediciones de los clásicos. Emular a Goethe fue su quimera en aquellos años de creatividad polifacética, sus ediciones de Nietzsche y Schopenhauer son todavía legendarias. Durante la Gran Guerra, formó parte de la caballería ulana que disciplinaba los ardores bélicos del patriciado prusiano, y veló sus primeras armas diplomáticas en las negociaciones que llevaron a Lenin en tren sellado a San Petersburgo.

Ministro de Alemania en Varsovia, y en la conferencia de Ginebra (1921), se exilió en París en 1933...

Los años de Weimar, con todo, nos dan el perfil estético de Kessler. Coleccionista y patrono del arte contemporáneo, impuso al Museo de Weimar una programación radical. «Los políticos deben estimular la creatividad consiguiendo generosas aportaciones y dejando vía libre a la imaginación de los artistas», solía reiterar ante la perplejidad de sus amigos. Munch, Libermann, Bechman y más tarde Maillol fueron sus protegidos de excepción y supo orientar con miras internacionales el gusto de las instituciones en las que participó —que pronto chocarían con el nacionalismo galopante del pangermanismo ideológico de los últimos años imperiales—. El crítico Meier-Graefe lo introdujo en la revista vanguardista *Pan*, Maurice Denis y Von Tschudi lo aproximaron a Toulouse-Lautrec, Bonnard, Vuillard y Seurat fueron sus primeras adquisiciones de coleccionista convicto.

Su fama, sin embargo, se sostiene todavía sobre una anécdota genial. Consiguió del *dealer* Paul Cassirer, de Berlín, el *Retrato del doctor Gachet* de Van Gogh y centró sobre esta pintura la primera exposición pública alemana moderna: Monet, Manet, Renoir, los postimpresionistas Gauguin y Cézanne y los «neo» Signac y Cros, junto con dos impresionantes óleos de Nolde y Kandinsky. La reacción conservadora del Sindicato de Artistas alemanes cerró filas en su contra, y el pretexto de exhibir en Weimar unas acuarelas de Rodin con desnudos femeninos, dedicadas además al Gran Duque, fue considerado indecente y dio al traste con las ilusiones renovadoras del conde.

Pero Kessler fue sobre todo un coleccionista «moderno», sin aparentes ligaduras sentimentales con sus obras, que vendía o cambiaba cuando las circunstancias le mostraban el mercado propicio. El *Retrato del doctor Gachet* fue vendido en 1910 por 2.700 dólares, cuando seis años antes había pagado por él apenas 400 dólares.

En 1937 Kessler intentó saltar a Mallorca, incómodo en un París grisáceo que ya no era el suyo. Ante el cónsul franquista Quiñones de León se estrellaron incluso los buenos oficios de

Misia Sert, curiosamente porque creían francés al conde... Si hubiera sido alemán...

Gertrude Stein contó la impresión que le produjo un distante Kessler cuando, apenas conocer a Braque, le confió: «¡Observe su rostro hermético!». Una idea a desarrollar por quienes ven en el cubismo algo más que un endiablado malabarismo formal.

(30 de enero de 2000)

ISAIAH BERLIN, ROMÁNTICO

Una vez más debemos a la disciplinada fidelidad de Henry Hardy la recuperación de un texto casi testimonial de Isaiah Berlin. Se trata de *Las raíces del romanticismo*, conferencias Mellon, dictadas en la National Gallery de Washington, a lo largo de 1965 y reiteradas, con admirable continuidad, por la BBC Radio durante treinta años de compromiso democrático con la cultura.

En perspectiva, la fortuna del legado hispánico de Berlin ha sido sorprendente. A la puntual traducción de sus libros emprendida en su día por el Fondo de Cultura Económica de México ha seguido una lenta pero continua sucesión de títulos en los catálogos peninsulares. Aunque no siempre fue así, en paralelo al proceso de legitimación de su disciplina en la universidad británica, la historia de las ideas, que parece más bien un capítulo de intriga. La deserción de Berlin del giro lingüístico, hegemónico en la filosofía académica de los cincuenta, desató sarcasmos y desautorizaciones que encontraron en Ayer la amplificación pertinente. Sin embargo, la distensión ideológica del pragmatismo en boga, y una atención más educada a las formas de argumentación alternativas, nos han devuelto el perfil de Berlin como uno de los indicadores más seguros para navegar por nuestro errático presente.

Con todo, pienso que a Berlin se le cita más que se le lee, como a Voltaire. Aunque es verdad que la habilidad narrativa de Michael Ignatieff, convertido en Eckermann de excepción del locuaz anciano, hizo de una densa conversación sin fronteras una fascinante biografía popular. La generosa respuesta de Berlin a las demandas más dispares ha sostenido una serie de habilidosas conversaciones, que reconducen la dispersión del lector hacia algunos de los motivos clásicos del pensamiento berliniano: pluralismo y libertad, la razón y sus enemigos...

De hecho, Berlin ha sido en su madurez un imparable conversador que articula como nadie los fragmentos más inesperados y contradictorios de nuestra tradición cultural. Hace legibles y de sencilla comprensión las nebulosas abstracciones que han empedrado la historia cultural moderna y empobrecido el legado ilustrado.

Para Berlin el romanticismo es ahora un pretexto nuevo para ahondar en su crítica de las seguridades de la ilustración. El romanticismo entraña una subversión profunda. Los románticos aniquilan nociones tan radicales para la tradición occidental como la verdad objetiva o el alcance universal de nuestras propuestas, con unas consecuencias de las que todavía no se ha repuesto nuestra enclenque modernidad.

Berlin se desentiende del adjetivo romántico y sus configuraciones formales para ahondar en el concepto mismo, paradigma a su modo de ver del pluralismo ontológico que califica al hombre moderno.

El romanticismo de Berlin insiste en los márgenes no integrados en la euforia constructivista moderna. En Vico, Hamann o Herder, cuando subrayan la extraterritorialidad radical de cualquier cultura, la necesidad de entenderla desde dentro, desde las señas de identidad que impone su modo de vida. Frente a unos principios universales y una normatividad llamemos «naturalista», el romanticismo reivindica la emoción, el exceso, la pasión —la luz interior— que descabalga o desdibuja todo proyecto de pretensiones universales. Las ideas, es cierto, nacen de las ideas, pero se realizan en el tiempo, en encrucijadas siempre versátiles.

El arte, así, no será utilitario ni funcional sino bello, transgresor y convulsivo. Convertido en un fin absoluto para aquellos geniales creadores tocados por la gracia y redimidos por su «acción» estética. Beethoven es su música, como Berlioz, Delacroix o Byron son su arte. El exhibicionismo o la excentricidad de los «hugólatras» liberan con «Ernani» su tremendo aburrimiento y por una vez sobreponen una vida arriesgada al confort de la previsión, el cálculo.

Desde luego no todo puede ser conocido. El universo ideal es un fantasma impuesto por la fe racionalista que niega cuanto la cuestiona. Para el romántico, sin embargo, la vida humana se siente, se percibe como un fluir que traiciona el caos acallado por la presión uniformadora de la razón. La ilustración queda así caracterizada como un artificial modelo geométrico, de donde nace el ideal del hombre nuevo: contenido, consciente, sensato, sin alma.

Sin embargo, hasta para Kant la capacidad electiva del hombre construye su mundo. Ni homogéneo ni armónico, ni orientado siempre por ideales. Afirmado, más bien, en lo que mejor domina: el gesto, el lenguaje, la expresión que trama una «forma de vida» compartida. Retorna de este modo la vieja idea de comunidad, de asociación no mediada, frente a la rarificada civilización urbana.

Según Berlin, dos efectos románticos han permeado la modernidad. El hombre crea sus valores y no se limita a descubrirlos en una secuencia de universales. A través de la acción inventamos nuestro universo y lo dotamos de sentido —llámese grupo, tradición o nación—. Toda estructura, pues, carece de entidad y doblega a su capricho un conjunto de hechos azarosos que sólo una generalización engañosa permite asimilar. Y ésta es una proposición con moraleja.

De este caos podría nietzscheanamente brotar una «estrella danzarina», pero también algún monstruo. No es casual que la sensibilidad existencialista de posguerra se escrutara en el espejo romántico, como tampoco que lo hicieran los fascismos. Berlin, prudentemente, prefiere rescatar un legado romántico populista y situarlo en la raíz de su concepción pluralista de la vida humana. Los rescoldos todavía arden y podrían provocar un incendio devastador.

(7 de febrero de 2000)

EL ENIGMA DE BALTHUS

Dicen que una imagen vale más que mil palabras. Dos imágenes, pues. Una que debo a Gae Aulenti. Balthus recibe la medalla imperial del Japón, con Chirac y Kohl que ceden la preeminencia al augusto anciano. Siguiendo un inédito ceremonial cortesano se inclina tres veces: filiforme, inalcanzable. En el silencio de la sala crujen sus huesos sometidos al cruel ritual —crac, crac, crac—. Otra mía. Inaugura Balthus en Lausanne —inicios de los noventa—. Impecablemente enfundado en una capa bizantina, que cubre un deportivo atuendo de sobremesa campesina: jersey y *foulard* vistoso. La irónica, ancestral mirada del artista traiciona el más aséptico protocolo helvético. Un rictus entre sardónico y divertido marca su sonrisa. Un viejo gurú de nuestro arte occidental último fetiche a destiempo de un realismo artístico convencional. Para mí un viejo *clochard* de mirada cómica, como un Chaplin sin edad que sonríe.

La huidiza figura de Balthus escapa como una sombra de los repertorios escolares. Ni siquiera su nombre aparece citado en la legendaria *Pintura del siglo XX,* de Hartman, ni en las respetables síntesis de Norbert Lynton, *Historia del arte moderno*, o Hofmann, *Fundamentos del arte moderno*. El silencio de Gombrich es comprensible conocida su querencia clasicista y el despegue notable de cuanto cuestione la normalidad historiográfica correcta. Más sorprendente resulta que la sesuda e iconoclasta reflexión de Yves Bois, *Painting as model*, tampoco encuentre hueco para el genial pintor, condenado a ilustrar el contrapunto —siempre incómodo— del realismo.

Es cierto que Balthus ha dedicado todas sus energías a reconstruir su vida en razón de sus quimeras y es verdad que vigila hasta el mínimo detalle en la más trivial referencia biográfica que abre las presentaciones de sus muestras. La vida del artista es su obra, en efecto, pero Balthus ha tenido buen cuidado en oscurecer contradictoriamente las huellas de identidad que pudieran escapar de sus cuadros. Incluso una presencia pública hoy legendaria, casi de culto contemporáneo, dosifica con una habilidad de mago sus escasas entrevistas, que tutela palabra por palabra. Aunque quizá en los últimos años haya mostrado mayor accesibilidad hacia los jóvenes, como demuestra el filme de Von Boehm o las últimas conversaciones con Françoise Jaunin.

Su perfil hay que atraparlo en los detalles que traicionan su férreo control autobiográfico. Cosa difícil. La reciente biografía de Fox Weber es un buen ejemplo: fascinado por el personaje, el historiador se ha transformado en mera caja de resonancia de las pretensiones del artista y contribuye como nadie al pedestal del creador. La imagen del artista se ha impuesto como nunca y tras casi quinientas páginas nos quedamos con la versión ortodoxa: pretensiones aristocráticas, progenie byroniana, disolución del erotismo estridente de su estética en mera «magia de lo cotidiano», etcétera. Por fortuna, el catálogo razonado de su obra aparece por fin fiablemente presentado por Jean Clair y Virginie Mennier, editado por Abrams y Gallimard, pero con la autorización expresa de Balthus, por supuesto.

A Balthus hay que deducirlo de su obra, como ha exigido en todo momento, e intuirlo en las referencias de sus galeristas y amigos: la correspondencia de Pierre Matisse, punto inesperado de sorpresas, Cartier-Bresson, el poeta Bonnefoy... y cuantas nimiedades han escapado al autocontrol del maestro. Figura elusiva quizá, pero de una pieza.

Balthus nació en París en 1908, hijo de un reputado historiador y escenógrafo y de una pintora judía de raíces rusas, Spiro, convertida en Baladine para el arte. Alemanes en París, emigraron a Berlín en 1914, donde las escenografías paternas adquieren prestigio considerable en el teatro Lessing. Distanciados sus padres a partir de 1917, se traslada con su madre a Berna y después a Ginebra, y aquí comienza la fabulación Balthus. Con sólo once años dibuja una diestra serie de 40 tintas que relatan las aventuras de su gato, en un ambiente palaciego y suntuario que impregnará su imaginario existencial durante la vida entera. La impresionante brillantez social de Baladine, vinculada sentimentalmente a Rilke, abre al artista un mundo cerrado y fascinante: *le demimonde* de entreguerras, con amistades de excepción —Gide, Bonnard, Maurice Denis—, el teatro de vanguardia y un inesperado regalo del poeta, un año de estudios en Italia. Florencia y Arezzo, y el Louvre siempre, son la escuela de Balthus donde reproduce, copia y desentraña la pintura del renacimiento temprano y el efectismo lumínico del clasicismo después —Poussin, Velázquez y Goya.

Cosmopolita y educado, políglota, Balthus posee las maneras de la aristocracia polaca, aunque nunca pisó el país, enriquecido además por una remota e idealizada anglofilia que lo convierte en un *gentleman* conspicuo. Así aparece en el París de los treinta como un refugiado misterioso, hipersensible y muy dotado para el dibujo. En la galería Pierre presenta en 1934 la «Lección de guitarra». El escándalo fue tan grande que la pintura se mostró a escondidas y sólo a unos pocos. Un pintor pornográfico, en una primera caracterización, que impresionó a Artaud. En 1936 retrata a Derain y a la vizcondesa Noailles, monodramas de fuerte presencia expresionista, según John Russell. Un «maldito» con suerte, que Pierre Matisse lanza en Nueva York a partir de 1938 y sucesivamente hasta hoy. *La calle* (1933), *Cathy vistiéndose* (1935), *Joan Miró y su hija Dolores* (1937). La admiración por Miró paisajista catalán ingenuo y presurrealista se mantuvo siempre. Más tarde, *Passage du Commerce Saint André* (1952) y la estrategia envolvente del galerista intrigaron a dos poderes fácticos de la escena neoyorquina: Alfred Barr, que compró para el MoMA el Miró en 1938, y Thrall Soby, que cedió *La calle* al mismo museo en homenaje al artista.

Llamado a filas en 1939, herido al parecer o apartado del servicio pronto, la guerra es otro misterio que termina en un hospital suizo y después como inquilino en Cologny, en la Villa Deodati, propiedad de Byron en 1816 y detonante natural de nuevas fantasías en el pintor. Una existencia celada, *seigneureuse*, en grandes mansiones tras el mundo. «La vida itinerante me asesina —confía a Matisse—, mata mi obra.» A partir de estos años, nuevas casas y nuevas obras: *El salón* (1941), *Juego de paciencia* (1943), *Días dorados* (1944). «Estoy fuera de todo, la atmósfera moderna me inspira la más viva aversión... Sólo aspiro a cumplir mi destino como pintor.» De este tono, trufado de perentorias urgencias económicas, son las confidencias epistolares. En 1953 Balthus es ya el referente realista equívoco de impronta surreal y disciplina clásica que impresiona a los coleccionistas. Compra el Château de Chassy, y encuentra en su sobrina Frederique Pison el modelo ideal que reproduce sus ensoñaciones pictóricas. En el invierno de 1956 el MoMA le brinda la retrospectiva definitiva. En 1960 Malraux culmina su carrera ofreciéndole la dirección de la Academia Francesa en Roma, situada en Villa Medici, y lo convierte en el fetiche más admirado de la cultura francesa internacional. El señor de Villa Medici impone un tempo oriental a sus apariciones, siempre medidas, en tanto restaura los jardines y paisajes que fueron de Velázquez e Ingres. *Habitación turca* (1963), *Jugadores de cartas* (1966), *Figura japonesa con espejo negro* (1969) son los grandes cuadros romanos que adelantan el estilo último de Balthus, menos acabado y más evocativo.

Los años últimos le llevan al retiro feudal de Rossinière, cerca de Gstaad, y a otra nueva vida, al cuidado vigilante de Setzuko Ideta, su esposa japonesa, y de su hijo transfigurado en príncipe. Son años de grandes antológicas y apoteosis crítica: París en 1966, Londres en 1968, la Bienal de Venecia en 1980, el Pompidou en 1983... hasta la reciente exposición en el Reina Sofía y la última en Tokio. Una leyenda que se cierra.

Sin embargo, ¿qué explica la continuada fascinación de la pintura de Balthus? ¿Cuáles son las raíces de esa incomodidad visual que emana de sus obras? Nabokov impuso una ninfa balthusiana como portada de su escandalosa *Lolita*. ¿Mera treta comercial facilona? Quizá algo más. Balthus se tomó en serio muy pronto el *métier* de pintor clásico. Denis le llevó al Louvre y a copiar incansablemente. En la Toscana descubrió el paisaje con ojos de Piero Della Francesca y aprendió a traducirlo a formas de Masaccio: la naturaleza es una artificiosa construcción enérgica. Pero siempre un secreto traicionado diariamente: el rigor del dibujo que permite retener la información aprendida por la mirada, hacerla el «momento mágico» de una nueva naturaleza ficticia, otra «ilusión de verdad». Repudió el surrealismo como verbalización pretenciosa, pero ha sabido rodear sus paisajes y figuras de un impresionante halo irreal que neutraliza incluso el erotismo rotundo de sus motivos, o lo subraya perversamente dislocándolos en una configuración formal que no niega citas: la *Habitación turca* es Oriente con Matisse...

Desinteresado por la abstracción de receta, pero irritado por un realismo de convenciones, nos define su mirada de pintor. «Me interesa el soñador, para nada sus sueños.» Las lánguidas muchachitas abandonadas al equívoco de sus insinuaciones, los paisajes elegiacos suavizados por una luz irreal, gatos y espejos en escenografías simbólicas, retratos que parecen diagnósticos sumarios de una personalidad... una vida de formas, en definitiva, fantaseada a la zaga de la perfección ideal. El adolescente Balthus ofrece a Rilke el mejor regalo de aniversario: un *Narciso*, copia de Poussin, perfecto, impecable. ¿Sólo una premonición?

(19 de marzo de 2000)

MUSEO, MEMORIA

El hombre pasa y el mueble permanece, afirmaba sin ironía Alberto Savinio en sus curiosos «Souvenirs». La ocurrencia hizo las delicias de Mario Praz, que veía legitimada así su obsesión por desentrañar el alma de las cosas, o cuando menos de los objetos de arte que durante el segundo imperio sofocaron los salones de la burguesía en alza. De semejante estética de bazar Praz supo espumar como nadie un universo de significados emotivos que nos hablan de un tiempo ido: un camafeo borroso, un abanico de seda de remota tracería mandarín, una banqueta de palosanto y patas leoninas sirven por igual al estudioso para trenzar la trama de su vida. «La casa de la vida» es una suerte de museo proustiano de la memoria del escritor en el que desentona cualquier apreciación normativa que vaya más allá de las intenciones del autor. El gusto, en este caso, es suyo.

Sin embargo, los museos y colecciones públicas nacieron más bien con un objetivo didáctico y conservador. Debían construir la memoria del pasado a través de los objetos de arte, por una parte, y por otra preservarlos y enriquecerlos con cuantas asociaciones históricas y estéticas ayudasen a mejorar su comprensión. Las grandes colecciones privadas o estatales dotaban al museo de nuevas obras de arte, ejemplos artísticos notables para una narración comprensiva orientada cronológicamente o mediante sutiles complicidades de estilo y escuela. El visitante podía recorrer las salas al hilo de un relato que integraba y daba sentido a cada obra en un tiempo determinado, histórico o estético, o la singularizaba en otro tiempo artístico propio que aspiraba a imponer con su novedad formal. Continuidad y ruptura en una cadencia de alternativas sin apenas desajustes notorios... en una línea de progreso infinito hacia la «perfección ideal». ¿Clásica o meramente académica? ¿Formal o figurativa?

Pero la quiebra de seguridades perceptivas que adelantó el impresionismo, con una temática esencialmente visual, y el desbarajuste sensible que potenciaron las vanguardias históricas después, marcaron un giro irreversible en nuestra manera de ver el arte. El arte nuevo respondía a una nueva sensibilidad negativa, al asalto de la platitud arqueológica y muerta del museo. Los objetos visuales eran así un detonante que obsesionaba a los historiadores y conservadores en la búsqueda de fórmulas que explicaran el despliegue visual que se mostraba ahora en el museo, convertido en escaparate del arte vivo. Mayor atención a las escuelas con énfasis en las excelencias locales, pareció una correcta táctica ordenadora, y una estrategia de mayor consistencia visual centrada en la evolución formal de las obras. Su integración en un nuevo modelo calificado como tradición de lo nuevo, es decir, una interpretación sesgada y simplista del arte moderno a la zaga de la abstracción como último lenguaje posible para las formas del arte de impronta occidental.

A vueltas con el milenio las cosas cambian a toda prisa. Del museo contemporáneo se espera una intervención artística cuanto más estridente mejor, y sobre todo espectacular, a poder ser divertida. Además, el añejo elitismo del museo casa malamente con cualquier consideración que atienda a una cultura de masas, que ha de «justificar la inversión y saber venderse». Parece que la sensibilidad contemporánea no pasa por el arte, o al menos no del todo. Las puertas de la percepción son generosas y la capacidad de transformación de estímulos sensibles en construcciones plásticas, infinita. Instalaciones, *performances* y vídeos acentúan el elemento perceptual de ciertos objetos que el artista singulariza. ¿Cómo se perciben? Ésta es la cuestión radical que se desentiende de cuáles son sus funciones dentro de unas coordenadas estrictamente estéticas.

Así, la vieja película de obras y tiempos resulta aburrida y demasiado lenta la consolidación de soluciones nuevas en obras de arte estables, en signos definidores de la mirada del artista. Los referentes históricos se convierten en una impertinente cartela que remite a saberes de anteayer. El renacimiento resulta ser una convención historiográfica. Lo barroco, una extravagancia *pompier* sin tiempo. El neoclasicismo, sincretismo visual con pretensiones de clase... Convenciones, en suma, de dudosa precisión, demasiado marcadas por la memoria para que actúen como estímulos todavía. Los museos, se sostiene, han de reunir objetos que susciten emoción en el espectador. Bien.

Las multinacionales del arte han dado la voz de alarma y se aprestan a reorganizar sus fondos e incrementar su protagonismo en el espacio de un arte ya virtual. Dos ejemplos, apenas. El MoMA neoyorquino rectifica los rigores fundacionales de Barr, sus flechas y vectores de energía «moderna», que llegaron a inventar una genealogía vanguardista a la carta. El nuevo diseño de Yoshio Taniguchi para el 2001 es un buen pretexto para la nueva representación de las obras y el rescate de olvidos elocuentes, pero desde un punto de vista interdisciplinar e imaginativo como exigen los tiempos, por supuesto. El *brain trust* del museo ha descubierto que la realidad es fantástica y el arte llega siempre antes que los conceptos que lo definen. Manos a la obra, y a inventar otra narrativa fundacional del ayer artístico. El museo exige ahora del conservador aventura y sensibilidad para rectificar audazmente el *display* antiguo donde corresponda.

Las colecciones del MoMA se dividen en tres ciclos: 1880-1920, 1920-1960 y 1960 hasta hoy... Sin diferencias de época, género ni tendencia. El primero —estrellas de la modernidad— se fracciona en unas secciones ideales: gentes, lugares y cosas. Así, *Dos desnudos* de Picasso (1906), *Los bañistas* de Cézanne (1885), o un *Bañista de Odesa*, Ucrania, el 4 de agosto de 1993 del que es responsable Rineke Dijkstra, contraponen sus diferencias... puesto que la «armonía» es sólo temática, si cabe. Apela a la sensibilidad del visitante.

El segundo ciclo, «Cambios», apunta a sintetizar los contrapuntos estéticos olvidados por el dirigismo abstraccionista norteamericano. Bauhaus y constructivismo comparten vocabulario plástico pero discrepan en su expresividad; Mondrian, Malevich y el surrealismo coinciden en sus sueños de utopía, pero difieren en el contenido comunicativo que otorgan a su arte. La fotografía, sin embargo, adquiere la dimensión de verdad pluridisciplinar. El tercer ciclo, «Objetos abiertos», apuesta por el espectador y se centra en la experiencia que el arte nuevo debe provocarle. Los impresionantes laminados de Richard Serra, las estructuras monumentales de Jeff Koons, los vídeos de Bill Viola y las filmaciones de Cindy Sherman se disputan un protagonismo de excepción a la espera del efecto 2001.

Un museo convertido ya sin disimulo en un espacio lúdico para el arte, que presenta los objetos más dispares con el propósito de aunarlos por una discutible complicidad artística: deben emocionar, o sorprender en registro más sencillo, al visitante. La nueva Tate de Londres es otro buen ejemplo de pragmatismo artístico, pero queda para otro día.

(16 de abril de 2000)

COSAS DE ARTISTAS

Está de moda decir que el arte será la biografía del siglo XX. Vale. Lo importante es dar con el cabo del ovillo. Saber mirar hacia atrás. Don Antonio Caraffa d'Andia era un extravagante patricio napolitano a quien la cultura debe un gesto amable de reconocimiento: restauró a sus expensas la legendaria Torre del Greco, donde al parecer Leopardi escribió su *Ginesta*. Sin embargo, el sensible duque no deja de vestir, a los ojos de hoy, un cierto talante posmoderno en tiempos de cruzadas ideológicas; un cierto escepticismo estético que en su caso demostró ser saludable. Convicto al helenismo por la vehemencia verbal del Duce, se refugió en Grecia y saludaba a quien topaba por la calle con aparatosas gesticulaciones: «Kyrie, Kyrie —repetía—. Lamentablemente para la cultura europea, todo lo importante sucedió cuatro siglos antes de Cristo».

Sin llegar a esos extremos, nuestra condescendiente mirada contemporánea elude la moraleja relativizadora de la historia y potencia hasta la exasperación el volumen formal o expresivo original del arte. Aunque bien mirado se ejerza así, tal vez a contraluz, un saludable efecto de justicia artística: se resitúan por decirlo de algún modo artistas sacrificados al rigor de los esquemas estilísticos al uso y se estimula el descubrimiento de obras calladas que vienen a demostrar la disolvente soledad del creador genuino. Un caso que cobra actualidad es el de Ben Nicholson y la tradición no figurativa británica.

La actualización oportuna de la monografía de Norbert Lynton con motivo del centenario (*Ben Nicholson*, Phaidon Press, Londres 1999), el nuevo despliegue de las colecciones de la Tate londinense y la biografía reciente de Sarah Cheekland (Murray, Londres 2000), que reconstruye la experiencia vital del artista, son motivos suficientes para volver sobre el tema.

A nadie escapa la singularidad insular de la abstracción británica. Hasta bien entrado el siglo XX, en los años posteriores a la Gran Guerra, no puede hablarse de una actitud contemporánea en el arte británico. Y esta actitud tuvo sus soportes. Herbert Read se convierte en el teórico del momento, secundado después por el cosmopolita Roger Penrose, y la figura destacada de Ben Nicholson, con Nash y Pasmore —Moore y Hepworth en la escultura— en el frente renovador de la sensibilidad artística inglesa.

Nicholson nació en Denham en 1894. Fue hijo de sir William, excepcional retratista eduardiano amigo de Whistler. Ben pasó por la Slade School, y con el pretexto de curar su asma congénita escapó a Francia apenas pudo, debatiéndose entre la literatura y el arte hasta bien entrada la década de los veinte, cuando volvió ya casado con una rica heredera, también pintora. Sus primeras obras fueron de impronta paterna. Sin embargo, la azarosa inmersión en el cubismo tardío de París en esos años le obligó a replantearse sus objetivos artísticos a partir de un repertorio formal no figurativo. A partir de 1930, Nicholson es un abstracto sometido al magisterio de Read y a la influencia de Hepworth, con quien se casó en 1938. Se aproxima así a las estéticas del grupo Abstraction et Création y descubre la obra de Mondrian.

Lynton subraya la receptividad de Nicholson a la atmósfera de abstracción constructiva del París de entreguerras, pero también su independencia valorativa que le lleva a Picasso. La sorpresa ante Miró es colosal: «El primer pintor “libre”».

Las biografías de artista suelen pasar olímpicamente sobre las obras y husmear en las nimiedades de la peripecia vital. Hay casos, como Dalí, en que la empresa ahoga al personaje, con menosprecio de la obra; en otros, puede tener una incidencia incluso favorable. Esto ocurre con el libro de Checkland. La investigación ha sido concienzuda y consigue volver del revés la imagen convencional del artista, desvelando alguna verdad —de poca monta, es cierto— como su obstinación por las relaciones triangulares, la versatilidad sentimental, el dandismo irreprimible y un tanto esnob. Pero también otras de peso: descubre en Nicholson un admirador fascinado de Braque y Kandinsky y un generoso cómplice, siempre fiel, de Naum Gabo y el olvidado Adrian Stokes. Nos retrata un consciente renovador de la escena artística británica con los ojos de la vanguardia.

La experiencia de St. Ives, en plena guerra, es modélica: un grupo de vanguardistas a destiempo, que aspiran al reconocimiento internacional y a una intervención original en el debate del arte. No optan por la abstracción sino que transforman más bien el paisaje y la naturaleza en los motivos de una abstracción no figurativa.

La primera exposición británica de arte abstracto fue, sin duda, su mayor logro. Entre 1950 y 1960, los artistas de St. Ives son una punta de lanza que marca la voluntad renovadora británica, pero que apunta a la polémica. Por suerte, con el paso del tiempo la personalidad de Nicholson gana en contrastes, como tan bien demuestran sus obras últimas.

Conviene hacer memoria. Todavía en 1979, la controversia del arte abstracto seguía viva en Londres. El bienintencionado Norman Reid había de justificar ante la prensa las adquisiciones de la Tate que entonces dirigía... y soportar el menosprecio insultante de voceros mediáticos como David Hockney. Ridiculizaba, y cito a la letra, la tendencia a la abstracción como «ese arte sin gracia, sin alma y puritano». Ben Nicholson terció airado denunciando el provincianismo presuntuoso e insular y celebrando que Rothko o Gabo pudieran al fin deleitarnos «con una habitación entera para sus fantasías visuales». En esta batalla se quedó solo.

(26 de junio de 2000)

DISONANCIAS. EL MUSEO COMO MUSA

A nadie se le escapa la efervescencia que está viviendo el mundo artístico londinense. Después de la modélica remodelación de la Tate y la mediática inauguración de la Factory del Bankside, hemos vivido la anécdota del puente colgante, que debe unir el suburbio a la ciudad. Al parecer, la bicéfala conjura —ingeniero y arquitecto, o a la inversa— no acaba de funcionar y las desautorizaciones han sido rotundas. Había que ver el gesto airado de la ennoblecida estrella del firmamento constructivo británico reivindicando su condición de artista —libérrimo creador— y responsabilizando al técnico del desbarajuste. Parecía que la razón última del balanceo se debiera al precipitado frenesí del peatón que utilizaba el puente, que como obra de arte singular estaba pensado para la contemplación.

A esta epidemia de redefiniciones no hay espacio artístico que escape. Ni siquiera la benemérita National Gallery, que posee con el Prado la colección más acabada de nuestro arte occidental histórico. La National Gallery se ha reordenado, pero siguiendo, a contrapelo de la moda, las tradicionales secuencias de cronología y diferenciación estilística que ayudan honestamente a situar en su mundo de arte las grandes obras. Sin embargo, al espíritu del tiempo nadie escapa y los responsables del museo han asimilado a conciencia la necesidad de intervenir en el debate historiográfico actual con alguna ocurrencia eficaz. El resultado ha sido la sorprendente muestra «Encuentros: arte nuevo a partir del viejo».

La idea es brillante y la argumentación de Robert Rosenblum parece impecable: la evocación del arte del pasado desde la sensibilidad contemporánea. En síntesis, se trata de la puesta en acción de la vieja querencia estilística que sugiere que el arte procede del arte. El museo propuso a veinticuatro artistas incuestionados de nuestra cultura visual dar una respuesta plástica a alguna de las grandes obras de su colección, libremente elegida e interpretada sin ninguna limitación técnica ni espacial: pintura, dibujo, escultura, fotografía y vídeo. Estas nuevas obras se presentan ahora junto a los modelos que las inspiran o su reproducción fotográfica, en una apuesta por el valor de la copia genuinamente posmoderna.

Desde finales del siglo XVIII, sostiene Rosenblum, las nuevas generaciones artísticas han utilizado a su conveniencia el legado del pasado expuesto en los museos. Su arte, pues, ha sido una respuesta a éste desde los niveles perceptivos del tiempo nuevo. Con sutileza, desarrollan una secuencia de cualidades formales, si se me permite la expresión, que autorizan a plantear un despliegue de citas y apropiaciones del pasado artístico. Pero nuestro tiempo de arte es otro, y el pasado no sólo es un país extraño, sino un difícil conglomerado de tribus expresivas que hacen imposible cualquier aproximación coherente en su conjunto.

La copia, reproducción e interpretación de las obras clásicas ha sido un modelo intocable hasta hace poco del aprendizaje del progreso artístico. De Goya a Picasso, el Louvre y el Prado han sido la mejor escuela de pintura para los protagonistas de las rupturas figurativas que han calificado de modernidad. El museo como musa del arte, apuntaba una exposición reciente. Incluso el iconoclasta Warhol ha desmenuzado a Chirico en *The disquieting muse* (1982).

En esta ocasión, sin embargo, la propia «condición moderna» de los artistas se aviene mal con una modesta apropiación formal. En demasiados casos el artista impone al modelo elegido su férrea «voluntad de obra» y lo convierte en pretexto marginal para un audaz ejercicio visual; en otros, el artista se desgañita en teoría para persuadirnos de una verdad extensible que la obra expuesta niega. Pienso en Bourgeoise, en Twombly o Uglow, por citar algún nombre.

Pero vamos a las obras. Auerbach recurre a Constable, como antes había utilizado *Baco* y *Ariadna* de Tiziano. El resultado es un excelente Auerbach, que sólo forzando la composición nos lleva al modelo. Balthus, sin embargo, fascinado por la neofiguración lírica se entiende mejor con Poussin (*Ninfa sorprendida por sátiro*, 1626) y demuestra el estudio reiterado y a conciencia de las tracerías clásicas y la transformación cromática que hace irreales sus obras.

Anthony Caro desconstruye, y es una manera de hablar, los entramados arquitectónicos de una anunciación del Duccio, pero para independizarlo en estructuras autónomas potentes... que nos conducen, por supuesto, a las obsesiones constructivas del británico. Finlay, Jasper Johns o Kiefer presentan obras quizá importantes para su evolución creativa, que no necesitan el contrapunto de nadie —Constable, Manet o Tintoretto— y parecen hechas de espaldas y al margen de alguna remota analogía formal exigida por la fuerza de la convocatoria.

La crítica ha hablado hasta hace poco de la ansiedad de influencias, del peso de la historia de las formas sobre cualquier recurso figurativo del artista, obligado a reproducir, a menudo inconscientemente, viejas polémicas formales o a convertir en metáforas creativas complejas iconografías de una tradición que se negaba empecinadamente. La criba de los lenguajes plásticos de la modernidad decretada por el desvergonzado sincretismo actual y la obstinación narcisista de demasiados consagrados no basta, sin embargo, para eliminar la huella de un fuerte pasado artístico que por el hecho nada desdeñable de ser el nuestro nos exige respuestas valientes o sencillamente habilidosas, a menudo al margen de las formas. En esta exposición se multiplican los ejemplos.

Lucien Freud interpreta a Chardin desde el realismo cromático, que es lo suyo, y el resultado es notable «Mi pintura intenta sorprender, perturbar, seducir, convencer», me decía. Y lo consigue. Hodgkin interpreta desde un expresionismo cromático casi fauvista a Seurat y nos atrapa con su energía. Hockney recurre a un retrato convencional pero inquietante de Ingres para reivindicar el punto de mira fijo —la «camera lucida»— y presenta con escrupulosidad fotográfica una secuencia de guardianes del museo.

Con todo, Kossoff y Paula Rego aciertan, a mi entender, a captar el desafío de la convocatoria y traducen en observaciones forales —luz, color, materia— las fuertes presencias emotivas de sus modelos. *Moisés* y *Eleazar*, de Rubens, da pie a Kossoff para una serie de dibujos de trazado complejo que agotan el motivo rubeniano. Rego activa el sarcasmo de Hoggarth en un interior familiar que atiende la trayectoria narrativa del realismo contemporáneo al margen de la anécdota.

El caso de Tàpies es singular. Recurre a Rembrandt (*Mujer bañándose*, 1654), pero para violentarlo en un acto de pintura alrededor del cuerpo humano. La rotunda materialidad del modelo permite a Tàpies una metáfora que le devuelve a sus motivos: la destrucción de la imagen y su «purificación» mediante la materia plástica. Un cuerpo troceado, un tronco mutilado y deforme del que el artista se apropia hasta imponerle sus signos distintivos: cruces, arañazos, grafitos, las iconografías figurativas, en suma, que convierten la materia en una reverberación de la vida.

Sorprendentemente, el videógrafo Bill Viola encuentra en Jeronimus Bosch, El Bosco una fuente de inspiración insólita y nos muestra una alegoría fisiognómica, «Nueve estudios para un Quinteto», que con sobriedad y elegancia descubre en el rostro humano los trazos emotivos de las impresionantes figuras clásicas.

Es difícil alcanzar la ecuanimidad en el debate artístico. Los artistas reunidos en esta ocasión demuestran que el arte viejo es elocuente cuando se sabe someter a una sagaz interpelación artística. Mas allá de las complicidades de la tradición o quizá en su contra. «La naturaleza es muy compleja, como las emociones de los hombres», ha escrito una hechicera incombustible del arte de siempre.

(16 de julio de 2000)

LOS ARTESANOS DEL ARTE

La historia y la crítica se repelen. Una intempestiva recomendación de la Asociación Internacional de Críticos de Arte, con sede en París y vinculada a la Unesco, ha incomodado seriamente a su homónima británica. Los críticos continentales sugieren limitar el acceso a la asociación a aquellos que en los últimos tres años se hayan ocupado exclusivamente del arte moderno o contemporáneo. Historiadores y francotiradores abstenerse, pues. Los británicos discrepan y consideran, con serios argumentos, que la actividad crítica responde a la formación del crítico y no debe quedar fragmentada en períodos o tendencias arbitrarios e interesados. De hecho la polémica, que ocupará un lugar central en la próxima Internacional en otoño en Londres, pretende subrayar por el momento lo que parece una reivindicación gremial acorde con las disfunciones notorias que viven los mundos de arte actuales. En definitiva, ¿quién está autorizado a intervenir, oficialmente se sobreentiende, en el erizado debate artístico?, ¿a quién corresponde la tutela de visitantes y curiosos en la deriva imparable del arte de hoy?

Las profesiones intelectuales, herederas de las viejas disciplinas liberales, aspiran a una legitimación social que sólo tiene cabida en instituciones determinadas —universidad, museo y prensa— que las han convertido en actividades esenciales para el consumo del imaginario colectivo. Que respondan mejor o peor es cuestión que sólo puede dilucidarse en la práctica, diferenciando la mera retórica del ejercicio concienzudo y difícil de aproximación a las obras de arte, esquiva por definición a restricciones escolásticas.

Además, lo cierto es que la crítica de arte como especialidad autónoma en el relato artístico nació, como cualquier otra especialidad moderna, como una consecuencia temprana de la división capitalista del trabajo intelectual —como antaño se decía— y se ha justificado, a mi modo de ver a la contra, en paralelo con la progresiva emancipación de los lenguajes artísticos, con su distanciamiento de una trama histórica rigurosamente estratificada en estilos y momentos formales. Del academicismo del arte, en una palabra. El crítico ha sido el defensor a ultranza de la forma contra la norma, de la legendaria perspicacia moderna del Diderot de los salones al radicalismo beligerante de Baudelaire en plena vorágine visual vanguardista.

La reivindicación en ciernes, pues, malamente disimula su cresta corporativa acorde con el despliegue performativo y espectacular del arte en estos últimos veinte años. Si el arte actual exige un aprendizaje perceptivo ajeno a la historia, en buena lógica su interpretación debe apuntar hacia otros campos del saber que los administrados tradicionalmente por los historiadores. El crítico pugna, pues, por la hegemonía analítica en el vasto espacio posmoderno de un arte todavía por definir para la mirada convencional, o bruscamente confirmado según las abruptas categorías del antiarte.

Parece que el historiador y el crítico se sitúan en dos polos antagónicos, cuando de hecho la escritura del arte demuestra la dosis de voluntad adivinatoria y el conjuro de saberes múltiples necesarios para adentrarse en la esfera artística que privilegia la inmersión sensible —el *shock* de la experiencia nueva— frente a la interpretación narrativa. En sus orígenes, la historia del arte era poco más que la de los artistas —Vasari es el ejemplo clásico— vinculados por parentelas de oficio, taller y patronazgo. Winckelman subrayó la excelencia individual de las obras de arte con relación a los ideales de perfección del arte griego, que en alguna medida debían imitar. La historiografía romántica sintetizó un proceso lineal de progresiva complejidad formal y modelo cíclico

—inicio, madurez y declive— que hacen de los estilos sucesivos variables temporales del arte. La historia académica vendrá después.

La crítica, sin embargo, suele aferrarse a las obras concretas, caracterizadas a partir de la evolución del artista o a través del reflejo especular de los problemas perceptivos y sensibles que sugiere. Se trata así de integrar la obra singular en la cadena de hallazgos e intuiciones sensibles que construye el artista. Un análisis enraizado en el lenguaje propio del arte que discute las obras visuales como síntesis acabadas o fallidas de un enunciado formal.

Pero la espesa realidad artística de hoy hace superflua cualquier diferencia y apela a la desnuda sensibilidad subjetiva, casi personal diría, frente a la obra plástica. Algunos críticos que respeto, David Sylvester, Richard Wollheim, Robert Hugues, divergentes en formación y método, utilizan en su aproximación al arte cuanta información histórica colabora a desvelar el misterio o la trama de la obra nueva, pero conscientes siempre de las trampas que la autonomía formal supone para la coherencia de su narración. Puesto que formular con palabras una experiencia sensible es un contrasentido quimérico y ha perturbado al historiador responsable, proclive más bien a disolver la obra de arte en referentes de incuestionada objetividad e irrelevancia visual. Y aquí debe mediar el crítico.

Berenson cuestionaba la escasa elocuencia humana de Piero della Francesca y su terquedad constructiva y arquitectónica tan poco acorde con la sensibilidad devota de su tiempo. Se da incluso con personajes de una duplicidad curiosa. Blunt fue un inmisericorde marxista en su crítica temprana —no perdonó ni a Picasso— y un impecable erudito cuando había de vérselas con las intrincadas metáforas de Poussin.

La mercantilización de la cultura del museo y la negación abierta de la historia que definen nuestro tiempo artístico muestran sus primeros resultados en la ordenación de las salas y en la presentación de las exposiciones convencionales. La actividad del crítico requiere ahora sutileza oriental. ¿Qué saberes supone la crítica contemporánea? ¿Qué los singulariza hasta dotarlos de un renovado armazón profesional? ¿Se prioriza la intuición o la disciplina? Lo ignoro, pero salta a la vista que requiere audacia. Vuelvo con frecuencia a la Tate Modern, y me maravillo ante la estética de yuxtaposiciones que según los responsables ordena sus espacios. Sensibilidad e investigación eran las condiciones del conservador.

Hoy se aprecia la originalidad y el efectismo, una cierta agilidad de escaparatista para que el conjunto plástico no resulte un azaroso amontonamiento. Matisse sigue perdido entre los restos de un día de arte ajeno, mal colgado y travestido en espejo transparente de los visitantes, bastante ocupados en sortear los obstáculos que dificultan la más elemental «experiencia estética». Monet, de bruces con un intrépido prestidigitador del *spray*. ¿Qué dirá el crítico? La curiosidad es casi morbosa por saber a qué escala perceptiva habrá de remitir sus fantaseos. Pero ciertas instalaciones resultan ejemplares. Pienso en Cragg, para demostrar que también los museos son lugar para la contemplación distendida.

El malévolo Platón afirmaba que el hombre de imaginación percibe el mundo como un objeto doble: ve con sus ojos una torre, un pasaje... y escucha el doblar de campanas y el esquilón de las vacas. El arte es provocación y doble sentido. Y los críticos empecinados en explicarlo todo en elaborados acertijos con o sin historia al dorso.

Me parece razonable que quien sea capaz de argumentar con sentido estimulado por una obra de arte —de anteayer o de hoy— lo haga, al margen de su registro en el escalafón intelectual que se le conceda. La profesión va por dentro. Si además es historiador exigirá matices y someterá las obras al claroscuro de su tiempo. Una aportación renovadora a la vieja convicción del punto de vista. Desconfío del gesto altisonante y excluyente de ordenar el arte por ideas. Pronto pueden disfrazarse de creencias... y ya vamos bien. Prefiero la interpretación mestiza y contradictoria, por aventurada que sea.

(3 de septiembre de 2000)

PICASSO: PINTOR DEL SIGLO XX, ESCULTOR DEL XXI

Hace muchos años lo había captado con su habitual buen sentido Romero Brest: Picasso se apega a las cosas, a la materia de las cosas, y en función de éstas concebirá las ideas, jamás al revés. Y de las cosas no se apartará nunca. Si abandona el cubismo, para dar un ejemplo, no es inconstancia, sino porque considera que la obra de arte debe realizarse en un campo dramático, en el que las normas son meras advertencias destiladas por la experiencia.

La apabullante recuperación de Picasso como escultor, que hemos podido ver en el Centro Pompidou de París, viene a ratificar la sutil sugerencia del crítico mexicano. Casi trescientas obras seleccionadas de un conjunto de setecientas demuestran de una vez por todas que Picasso jamás se tomó en broma su actividad, que no tuvo momentos vacíos. La publicidad tabloide que durante décadas ha forjado la leyenda del artista destructor, obstinado hasta la paranoia en la negación del otro, deja paso sensatamente a una imagen bien distinta: el artista como Saturno, que no discrimina entre padres o hijos a la hora de deglutirlos para alimentar su fantasía insaciable.

La desmedida exposición parisina, creo con sinceridad que sobran reiteraciones, no hubiera gustado a mi buen amigo Francis Haskell —es excesivo el tributo concedido a la grandilocuencia: Picasso es el gran artista del siglo pasado, sin duda alguna—, pero su catálogo hubiera entusiasmado al historiador británico. Las exposiciones pasan; sólo el catálogo permanece, en efecto.

Y en este caso se trata de un concienzudo y documentado proyecto de Werner Spies que refleja más de treinta años de investigación.

El argumento, presentado por activa y pasiva, sobre la obra tridimensional y cuantos bocetos, pruebas y tentativas fallidas han visto la luz a partir de la muerte de Picasso en abril de 1973, quiere dejar bien claro que Picasso no sólo ha sido el pintor del siglo XX... sino que desde ahora es ya el gran escultor del siglo XXI. Recuerdo la simbólica presencia escultórica que presentó el Petit Palais en el 85 aniversario de Picasso, en 1966, desvaída entre la apoteosis pictórica presentada por vez primera en público. Es cierto, pues, que la muestra del Pompidou descubre a voces lo que a partir de 1932 resultaba evidente: Picasso es un rumiante descomunal de influencias y propuestas formales que, apenas apuntan, transforma en creaciones originales.

Si en 1932 la escultura era todavía una actividad semiclandestina —sólo siete obras se expusieron en París, de las cuales tres estaban hechas en colaboración con Julio González—, la evidencia fotográfica de sus estudios y la incesante referencia a la tridimensionalidad en los comentarios del artista hablan de la seriedad de sus preocupaciones. Que fuera más importante la escultura que la pintura —según reza la publicística en alza— es un malabarismo mediático de titulares. El papel y los pigmentos mostraban una ductilidad que sólo con el tiempo Picasso alcanzó en las construcciones volumétricas de carácter expresivo o sencillamente objetual. Si lo que se pretende, por el contrario, es decir que Picasso es un mago que fantaseaba cuanto pasaba por sus manos, basta con admirar sus variaciones sobre cartón *Guitarre* (1912), auténtico desafío efímero de la energía dimensional del plano, o el sillín y el manillar de bicicleta con los que inventa *Cabeza de toro*. No en balde las vanguardias habían hecho trizas los géneros tradicionales.

En efecto, Picasso, impaciente e intuitivo como nadie, era incapaz de detenerse en la compleja realización de proyectos, que abandonaba en croquis y bocetos como rotundamente ha demostrado la publicación de *Carnets*, a partir de ahora referencia fundamental para el constructivismo volumétrico picassiano. Pero los testimonios son viejos. Primero González y después Zervos hablan de la escasez de tiempo para desarrollar prometedoras ideas visualizadas por el artista en cuatro trazos. A iniciativa de Kahnweiler, Brassaï fotografía el taller de Picasso y nos abre esa civilización desconocida, en palabras de Picasso a Spies en 1969, que permite entender con visión nueva el orden de la evolución radical de la escultura moderna. Las construcciones de metal y madera hacen la escultura cubista, y el hierro y los modelados de los veinte apuntan el brillante despeje de la soldadura en los treinta, y de los ensamblajes de objetos de los cuarenta. A partir de 1948, la cerámica adquiere protagonismo esencial en las estrategias tridimensionales del artista.

La muestra de París subraya una vez más la capacidad manual de Picasso, su destreza y habilidad para dar vida artística a la más irrelevante asociación formal y su inventiva para rastrear en el detalle individual el núcleo de todo nuevo hallazgo plástico. Boccioni, Duchamp-Villon, Brancusi, Archipenko, Laurens, Lipchitz, Tatlin han inventado la escultura moderna, sin duda, pero todos han visto marcadas sus vidas por la impertinente presencia de Picasso. Incluso los inesperados objetos que concluyen la experiencia cubista entre los años 1914-1915, modestas construcciones en madera y cartón coloreadas, incomodarán al dadá y al surrealismo con potente radicalidad formal.

Los ejemplos de cómo entendía Picasso la colaboración artística podrían multiplicarse. Que era una esponja para absorber soluciones apenas solidificadas en el aire es un hecho sabido. Bastan dos ejemplos: la simbiosis imaginativa con Braque que conduce al cubismo sintético encontró su punto cero en los primeros *collages*, en los que tan difícil es advertir quién dio el primer paso. Más tarde, la colaboración con Julio González, más declaradamente artesanal y, por eso mismo, más significativa. No es casual que la cabellera que define *Tête de femme* (1929) emerja como un signo propio en González y destaque en la impresionante *Chimène* (de hecho, Jimena Huidobro) de Lipchitz. La estatuaria ibérica —el cerro de los Santos se descubrió en plena fiebre cubista— y africana son para Picasso meras formas individualizadas inexploradas, independientes de sus universos culturales, como también la figuración exótica de Gauguin o las colecciones del Musée de l'Homme. «No busco, encuentro», afirma una repetida ocurrencia tardía.

La colaboración con Julio González tiende a quedar desdibujada en el relato del catálogo. Los trabajos recientes de Rowell, Curtis, Putz, Parigoris y Whiters sobre los orígenes de la tridimensionalidad moderna evidencian la dimensión genuina de González. Pero además contamos con dos testimonios contemporáneos al respecto. David Smith —1934— y la entrañable memoria personal de Muillon sobre González —*Mi Montparnasse*—, que publicó el IVAM en 1995. La correspondencia entre Picasso y González de esos años deja clara una historia de admiración que permitió los deslumbrantes descubrimientos de Julio González en los años sucesivos y en la soledad de Monthyon. La vanguardia impuso el mestizaje de géneros y se desentendió de genealogías formales.

Me contaba Pierrette Gargallo, intimidada en su niñez por la sobriedad un punto tristona de González, que cuando éste murió en el emboscado anonimato de Vichy —catalán, republicano y artista— apareció Picasso con una inesperada ofrenda de rosas rojas.

(24 de septiembre de 2000)

UN COLECCIONISTA INGLÉS

Douglas Cooper empezó a coleccionar pintura cubista en tiempos heroicos, es verdad. Su perseverancia, casi diría obstinación, y una habilidad estratégica de relaciones hicieron posible en un plazo récord que su nombre se contara entre los audaces cruzados de la modernidad artística ya a finales de los años treinta. Un libro excepcional, divertido además hasta el exceso, como demandan los tiempos, recupera su memoria desde el punto de vista menos esperado: el testimonio de John Richardson, compañero sentimental del coleccionista durante unos años esenciales para la consolidación del gusto moderno en la Europa de la reconstrucción.

John Richardson es hoy una figura de magnitud propia en el mundo del arte. Su impresionante biografía de Picasso, convertida en *best seller* mundial, constituye sin duda un modelo historiográfico difícil de superar, que trama en una narración persuasiva el contexto y cuantas ramificaciones ha sido capaz de desentrañar en el abismal universo creativo del gran malagueño. Erudición, intuición y disciplina, y buena dosis de *petite histoire*, con su ración de chisme imprescindible han hecho de *Picasso* una cita obligada en toda bibliografía que apunte a las raíces y el desarrollo de las vanguardias históricas. Lo que no es trivial. Ahora, *The sorcerer's aprentice* (New York, 1999) relata con idéntica simpatía literaria la evolución del discípulo hasta eliminar al maestro y nos da una secuencia de estupendos perfiles de un mundo del arte que hoy amarillea en el recuerdo: implacable ojo para el detalle, por supuesto, y un desfile casi carnavalesco de nombres de fábula —al resguardo de una Provenza preturística y paradisíaca deslumbrada por dos monstruos del arte: Braque y Picasso.

La inesperada biografía de Dora Maar de Mary Ann Caws, estos días también en librería *With and whithout Picasso* (Londres 2000), colabora en el mosaico de aquellos años con la evocación amarga de la gran fotógrafa que dio sus rasgos a las plañideras picassianas de los treinta —hoy en el Reina Sofía de Madrid— y se eclipsó devastada por la crueldad del artista. Desde la *Autobiografía de Miss Toklas*, de la incontinente Gertrude Stein, nunca el círculo encantado del arte había tenido tan fascinados publicistas.

Douglas Cooper, hijo del creador de la cadena comercial Army and Navy, quintaesencia de lo británico en el mundo, vivió en Francia la mayor parte de su vida atacado de una pertinaz anglofobia que acabó en crónica. Estudió en Cambridge y salió un consumado hablador en cuatro lenguas, con habilidades dialectales incluso, al extremo de participar en el comité de recuperación que después de Nuremberg intentó esclarecer el destino de las rapiñas artísticas perpetradas por el nazismo. Heredero temprano de un confortable bienestar económico, a los veinticinco años estudió arte en la Sorbona, estudios que amplió a los treinta en la Universidad de Marburg, en Alemania. Adiestrado en arte y lenguas se lanzó a la quimera del coleccionismo con una idea muy precisa: el cubismo puro, esencial en sus palabras, que inventaron cuatro artistas irrepetibles —Picasso, Braque, Léger y Gris—, pioneros además en un tiempo de oro: 1907-1914.

En 1939 poseía ya 137 obras cubistas, la mayor colección de entonces, y una excelente muestra de Klee, Miró y Matisse, que rápidamente se convirtió en referente ideal para los museos en formación, aprovechando el desconcierto posbélico. Kahnweiler y Loeb le acercaron a Picasso y Léger. Pierre Matisse a Miró, los Noailles a todo el mundo. Ofreció sus saberes a la Tate londinense en años de filisteísmo militante, y el rechazo no lo perdonó jamás: viniera o no al caso se convirtió en un detractor inmisericorde del mal gusto inglés y demostró donde pudo el complot antimoderno del entonces director de la Tate y sus secuaces. Su beligerancia no perdonó siquiera las tibias tentativas de un coleccionista moderno, Roland Penrose, que con buenos oficios hilvanaba a finales de los treinta un proyecto para el museo. Lo consideró siempre de menor cuantía: «Pequeños cuadritos que la caridad de los artistas hacía llegar a Eluard y después pasaban a Roland».

A decir verdad, la colección entera de Cooper fue de museo. Obras como *Desnudos en el bosque* (1907) o *Mujer sentada* (1913) de Picasso bastan como ejemplo. De Léger fue un incondicional temprano y gran amigo, al igual que confidente de personajes tan distintos como Staël, César y Guttuso.

En 1949, de vuelta de una visita a Picasso, adquirió una impresionante propiedad en Provenza, Le Château de Castille, e instaló su colección allí. Su vecino Picasso se convierte en un habitual de lujo y la casa se constituye en un singular museo privado del cubismo.

Durante la década de los cincuenta el tándem Cooper-Richardson formó parte de la cuadrilla de Picasso. Con él asisten a los toros en Nimes y son huéspedes habituales en Vauvernages y Mougins. Cuento con el vivo testimonio de Elvira Gaspar, que los conoció en la Californie, y los recuerda como unos brillantes compañeros de sobremesa: un Falstaff deslenguado y un astuto Adonis.

Pero quizá una figura callada se convierte en el contrapunto adecuado para entender mejor aquellos años bucólicos: Braque. Richardson simpatiza de inmediato con el artista, y en compañía de Cooper frecuenta el taller en el que casi sigilosamente Braque reconstruye su mundo de colores. Era el anti-Picasso, una suerte de eremita encerrado en su universo de arte —la luz y su capacidad para hacer «palpables» los objetos obsesionó al pintor hasta el final—. Era el tiempo de los pájaros que se despegan etéreamente del horizonte y configuran con las nubes el contrapunto de sombras iluminadas. El artista confía a sus amigos: «He hecho un gran descubrimiento, ahora que casi no creo en nada. Los objetos no existen para mí si no como relaciones entre ellos o entre ellos y yo. Cuando uno espera la armonía se da cuenta de su no existencia intelectual. Uno apenas puede describir sensaciones. La vida entonces se convierte en una revelación fascinante. *Ça, c'est de la vraie poesie!*».

Un mundo de azares adversos marca los años finales de Cooper. La ruptura cantada con Picasso, incapaz de soportar unas interferencias que se hacían peligrosamente íntimas, la emancipación de Richardson convertido en *dealer* e historiador independiente, un peligroso asalto nocturno y un robo sospechoso en el Château de la Castille (algunas obras jamás fueron recuperadas), incrementaron los temores de Cooper, que se atrincheró en Montecarlo, sin espacio ni ambiente propicio. La colección debía pasar a la Tate pero un juego de circunstancias inesperadas dieron al traste con el proyecto. También el Courtauld Institute se hacía ilusiones, pero las exigencias fueron excesivas. Además, en los setenta Cooper se embarcó en una empresa de descrédito del Picasso último —«la actividad de un viejo en la antesala de la muerte»— y durante los ochenta troceó la colección con donaciones caprichosas. La Tate, el MoMA, Basilea y el Museo del Prado se beneficiaron de su generosidad. Una hábil propuesta del director del museo madrileño convirtió a Cooper en patrono en 1983 y él, emocionado, regaló un Gris antológico, *Retrato de Josette* (1916) y *Naturaleza con palomas*, de Picasso.

Al final de sus días terminó adoptando a su último compañero, Billy McCarthy, y lo hizo heredero de sus colecciones, que desfilaron por el mundo con mayor apresuramiento que rigor. Billy fue víctima del sida y lo que quedaba de la colección fue subastado en Christie's.

Pero a Cooper lo enterraron sus manías. La anglofobia y la anglofilia son extrapolaciones perversas al asalto de la ironía, condición necesaria al hombre lúcido. Un desencuentro estridente me viene a la memoria. Me lo contó Richard Wolheim en Valencia, viejo amigo también de Richardson. Wolheim lleva a Isaiah Berlin a una cena en el Château con Picasso. Su timidez congénita descoloca al filósofo. Hablador connatural y chistoso, molesto por la forzada marginación, Berlin asalta a Picasso con un pie ya en el viejo Hispano Suiza. «Quisiera contarle una pequeña anécdota española.» Tensión del malagueño. «Expiraba Lope de Vega —crispación del malagueño con muerte al fondo— y confesó a sus amigos: me aburre Dante.» El gesto de Picasso es fácil de adivinar. El buen Berlin tardó meses en reponerse de aquella mirada gélida. Merecida, sin duda.

(29 de octubre de 2000)

MEDITERRÁNEOS

Dos exposiciones situadas en las antípodas —en cuanto a objetivos e intencionalidad de los comisarios responsables de los respectivos museos— rescatan la denostada pintura de caballete y la mirada huidiza que apostó por el porvenir del arte en los inicios del siglo que termina. Es curioso, pero el afán de novedad y espectáculo visual que orienta las programaciones museísticas de hoy permite simultanear experiencias visuales tan dispersas como «Apocalypse», «Impression», «Modern portraits», «Spectacular bodies» o el futurista Depero en el horizonte crepuscular del Londres posmoderno. París, al margen para volver de inmediato. Saludables iniciativas, si bien se mira, para el curioso espectador, como quizá nunca las hubo, por supuesto.

En los inicios del impresionismo, desde la soledad romana de su celda en un convento de Monjas Azules, George Sanatayana, abulense de nación y bostoniano de cultura, se permitió esas *boutades* que hacen su obra permanente. Los griegos, decía, no fueron estetas; su amor por las formas y su aspiración a la perfección respondían a una exigencia nada artística, sino más bien «moral e higiénica»: como nobles animales estaban orgullosos y felices en sus cuerpos y administraban con cautela capacidades y afectos siempre limitados en el tiempo. Admirable manifiesto de honradez estética que recordaba mientras visitaba dos muestras de excepción que abren el otoño europeo. El Mediterráneo entendido como la tierra de nadie para una sensibilidad sin barreras de estilo y figuración (París, Grand Palais, «De Courbet a Matisse»), y el impresionismo en calidad de una andanada rotunda contra las convenciones figurativas que habían sostenido el ilusionismo realista en nuestro civilizado occidente a lo largo de dos siglos (en la National Gallery de Londres, hasta enero).

Las orillas del Mediterráneo han sido el lugar de la cultura que para bien o para mal ha impuesto una manera de ser en el mundo durante dos milenios densos. El universo ideal helénico ha impregnado unos modelos de perfección que marcan el canon de nuestras experiencias estéticas, al igual que la decidida voluntad constructiva del derecho, el urbanismo y el sentido común latino han marcado a fuego nuestra concepción de un mundo habitable: comercio, migraciones, multicultura en suma, y un razonable instinto de lo simbólico, están en las raíces de ese modelo en extinción que todavía llamamos cultura occidental. Además, una sorda pero persistente polémica entre el goticismo trascendental y visionario que perfila al hombre nórdico y lo diferencia del pragmático artesano que puebla las riberas sureñas, ha sido el lugar común de una historiografía de «mentalidades» a la que todavía nos aferramos al margen de cualquier prudencia estadística disolvente o matizadora. La historia se escribe así. Pero atendamos al diagnóstico del arte.

Entre 1850 y 1925 un número creciente de artistas jóvenes, en su mayoría norteños, se instalan temporal o definitivamente en las orillas del Mediterráneo: de la Riviera francesa al «Levante», de Cadaqués a Denia. Parecen atraídos sin duda por las fáciles condiciones de vida y la excepcional concentración de fortunas a la deriva terciadas de clientes que reivindican la periferia frente a unos centros de poder que el republicanismo en alza convierte en inciertos. A partir de 1860, Cannes y Menton serán lugares obligados para la aristocracia francoinglesa. El lirismo descriptivo de Merimée, Victor Hugo, George Sand o Maupassant ha cantado los encantos de esa arcadia sin fronteras. Gounod y Offenbach inauguran la nueva Ópera de Niza en 1884, suntuosamente decorada por las arquitecturas de Garnier y decorada por los primeros pinceles que acogen los Salones de Cannes y Montecarlo en una convocatoria abierta a la experimentación: los colores y las formas en un solitario desafío de lo expresivo nuevo. Una manera espontánea de pintar que se llamará impresionista.

Courbet pinta marinas en Cabanes y se retrata saludando la inmensidad del paisaje con su habitual gesto teatral. Paul Cézanne observa con científica atención las orillas de L'Estaque: la luz descubre las astucias del modelado casi arquitectónico de su signo plástico. Monet, sin embargo, acentúa el reverbero brillante de luz que unifica el cielo, tierra y agua en un paisaje anegado por el sol *(La mer d'Antibes)*. Braque y Friesz se aproximan naturalísticamente al paisaje pero optando por un cromatismo arbitrario y casi provocador *(La petite baie de a Ciotat)*. E incluso un Picasso testimonial (*Marina*, 1926) da cuenta de la energía evocadora del cielo marino en los años de despegue figurativo precubista.

Pero las costas mediterráneas son arena y roquedal. Renoir lo ha captado con una intensidad superior *(Rochers de L'Estaque)*. Las orografías abruptas y devastadas del arte mallorquín permiten a Mir *(Les rochers de L'Estaque)* una respuesta casi onírica para un paisaje que niega la platitud deslumbradora de la playa.

La muestra de París reúne nada menos que a casi cuarenta pintores fascinados por esa luz mediterránea. Su obra describe la revelación que la nueva sintaxis de luz y color produce en las retinas más sensibles: Munch y Willimsen, pero también Sorolla, Mir y Dalí. Sin embargo, el Mediterráneo es también para nosotros el territorio de la mitología: la puerta para el paisaje oriental de Argelia, Túnez y Marruecos que descubrimos con los románticos y Delacroix, que captó con ojos modernos Maurice Denis *(Eurydice)* y que Picasso plasmó en esas monumentales figuras masculinas que convierten sencillos pescadores en atléticos figurantes de una escena clásica, sobre un horizonte marino construido artificialmente *(La flauta de Pan)*. Con todo, es Matisse quien articula las líneas maestras de una configuración plástica que permanece en el imaginario contemporáneo y visualiza para siempre el sueño mediterráneo.

No es casual, así, que los pintores impresionistas que exponen juntos a partir de 1874 sean casi todos conversos nórdicos a la deslumbrante estética del Mediterráneo. Monet asimila en Bordighera y Menton una nueva secuencia de armonías cromáticas, que llenará sus años de Giverny con una variedad de motivos pictóricos que basta por sí sola para sostener visualmente un debate enriquecedor contra el academicismo rutinario de la obra acabada. Pues, en efecto, el impresionismo es el arte de la pincelada certera y breve, atrevida incluso. Los pequeños formatos expuestos ahora en Londres lo demuestran con rotundidad. Nada de apuestas o bocetos del natural, sino arriesgados ejercicios de figuración sobre la nada que transmiten limpiamente impresiones sensibles sobre la realidad. Artificios que duplican la naturaleza en nuestra retina y plantean un haz de formas visuales de una potencia constructiva colosal *Salmonetes*, 1870, de Monet, es un ejemplo que vale por todos.

Los pintores se distinguen entre sí pero comparten la espontaneidad y la frescura de un momento de visión excepcional, más allá de cualquier prontuario o recordatorio de las apariencias sensibles. Los impresionistas aligeran la paleta de sobrecarga matérica y limpian la pincelada que sintetiza en un signo breve la verdad sensible de un universo formal de miradas de arte. Desde la danza de cangrejos que concluye en la actualidad el ciclo de la pintura histórica, resaltan curiosamente dos pinturas de Sorolla que neutralizan con su fuerza las salas de la exposición de París: *La sombra de la barca* y una *Bañista* en Jávea. Van Gogh, otro mediterráneo de querencia, quizá lo vio como nadie: «El Mediterráneo tiene el color de la caballa. Es decir, siempre cambiante. Nunca se sabe si es verde o violeta, nunca si es azul, pues un instante después se ha tornado rosa o gris».

(12 de noviembre de 2000)

ANTES DE LOS ÚLTIMOS DÍAS

«Apocalipsis: belleza y horror en el arte contemporáneo», la exposición que ocupa la Royal Academy of Art durante el otoño londinense, pretende ser una muestra de impacto. En concepto responde al programa abierto con «Sensation» (1998), que atrajo a trescientos mil visitantes y sacudió hasta los cimientos la venerable institución: dimitieron tres académicos y el alcalde neoyorquino Giuliani la desautorizó públicamente cuando visitó su país. En aquella sonada ocasión, los fondos expuestos respondían a una actitud inversora: la colección de Charles Saatchi. Ahora, sin embargo, se han seleccionado con cautela y buen oficio trece artistas internacionales que disponen de una sala autónoma.

Entre ellos, destacan incuestionables cabezas de fila de la auroral modernidad artística anglosajona como Tuymans o Bob Almond y Prince, y provocadores de la estética del asalto como Maurizio Cattelan y los hermanos Chapman. Se trata, en opinión de los comisarios Rosenthal y Wigran —historiador y artista mediados de cruzados del arte nuevo británico— de despertar la sensibilidad de los visitantes invocando las profecías inquietantes del *Libro de las revelaciones* de san Juan y sugiriendo a los artistas una interpretación punzante que dé cuenta espectacular de las inseguridades que nos acechan en el umbral del silencio.

El *shock*, la impresión subversiva movilizada con efectos deliberados y activada por remotas evocaciones intelectuales, pero nada de sensacionalismos gratuitos, avanzan los responsables. Veamos.

El paseo por las salas, sin embargo, viene a demostrar la desproporción entre los enunciados y una realidad que se disuelve en artificios de salón. Mero efectismo de gabinete de sorpresas, al tono de las antiguas barracas de feria de motivaciones más ingenuas. Con todo, destacan algunas piezas maestras de la provocación. *Infierno*, de Jake y Dinos Chapman, manipula desvergonzadamente el recuerdo del holocausto y la barbarie nazi en una secuencia de escenas truculentas resueltas a escala reducida: monigotes de cartón piedra con uniformes de las SS, dominados por autómatas, que despedazan y humillan a una humanidad vencida. El referente a El Bosco o Brueghel, *El triunfo de la muerte*, en calidad de visionario sensible de los terrores del año 1000, es poco más que una broma macabra: el complejo mundo de creencias y la esperanza de la nueva Jerusalén ni siquiera alcanza a ser en esta ocasión un motivo retórico. Iconografía de juegos bélicos y estética de caucho que inducen a la curiosidad sin referentes de impronta televisiva.

Cattelan, por su parte, responde a las expectativas que generó su pasado bestialismo sentimental —el caballo colgante disecado que pendía amenazadoramente sobre los visitantes de «Sensation» o el humilde burrito moruno que soporta sobre la alforja un descomunal televisor—. Ahora la emprende con el Papa en *Hora novena*, y nos lo muestra tumbado de una pedrada meteórica sobre la moqueta roja de la sala sazonada con vidrios rotos. La figura del Pontífice en cera, de tamaño natural y mirada insípida, ajena al mensaje que pretende transmitir, viene a ser una penosa apropiación de la estética fallera sin el imprescindible condimento irónico. Ni la belleza ni el horror parecen convocados en la *performance* que el visitante entiende sencillamente en clave de humor. Alguna cartela explicativa ahonda el desconcierto: «Nada tan cínico se había visto jamás...». Ni sus autores confían en la eficacia de las imágenes y se ven urgidos a orientar nuestra interpretación.

La efectista filmación de *Flex*, de Chris Cunningham, escapa del Soho cercano. Dos figuras desnudas abrazadas, al ritmo amplificado de latidos del corazón. Parece que hagan el amor.

Y digo parece, porque el negro cubículo apenas se ilumina de vez en cuando.

Las imágenes de Richard Prince no están entre las mejores, demasiado fáciles y obvias en su obra. Por otro lado, el pop tardío de Jeff Koons es una voluntariosa combinación divertida, cercana a la retórica *kitsch* de anteayer. Otras obras destacan por su pretenciosidad: *Dream temple* de la japonesa Mariko Mori vehicula «la espiritualidad oriental y el consumismo occidental». Para el visitante, un pabellón de vidrio y acero que sugiere un templo budista.

Horror y belleza son presencias reales en la vida humana diaria, sin duda, pero ausentes en el descomunal despliegue de la exposición. *La casa* de Gregor Schneider al menos nos desconcierta al transformar una dilapidada ruina en un inquietante laberinto sin salida. Pero tal vez la composición más original del conjunto la consigan Tim Noble y Sue Webster, que logran transformar un montón de basura y desechos urbanos en el soporte para sus ocurrencias visuales. Una hábil proyección emite alternativamente siluetas humanas sobre un fondo que oscurece: ilusionista transformación que apunta una nota optimista imaginativa y estéticamente impecable.

Mi admirado sir Nicholas Serota, activador del arte nuevo británico, sostiene impávido que no hay razón para negar que la basura e incluso la boñiga de elefante puedan servir al artista contemporáneo para realizar arte grande. El problema estriba en determinar qué se entiende por arte grande y aceptar los criterios que podrían discernirlo. Santayana apuntaba cautamente que el arte nuevo se definiría por la emancipación del medio. Así pues, tampoco hay que pasarse: libertad toda, pero reglas del juego bien asimiladas. El problema no estriba en la capacidad del artista para transformarlo todo en arte e incluso deglutir los contrarios hasta alcanzar una realidad sensible desconcertante. Ahí está Picasso, siempre, por supuesto, que la manipulación figurativa actúe sobre un entramado perceptible que ayude a despertar una respuesta estética. ¿Qué cualidades «hacen» la obra de arte? Al parecer, las que definen los museos, y el resultado es equívoco. Por un lado, ción y reticencia ante lo nuevo; por otro, condicionantes del mercado y la publicística.

Es un hecho que el gesto de desdén hacia los objetos que transmiten hoy la sensibilidad contemporánea en el mundo anglosajón, tan resueltamente conservador, va cediendo a una consideración plural de la obra de arte que rompe géneros y aventura esquemas perceptivos insólitos: los espacios del arte son el lugar para la forja y comunicación de la nueva sensibilidad. Sin embargo, la rentabilidad de la cultura espectáculo y un populismo galopante en los proyectos museográficos inducen al escepticismo. Es imprescindible saber discrepar y argumentar la discrepancia con fundamentos artísticos. Lo demás sería secundar el todo vale con sofismas historiográficos, en una penosa suerte de rendición de las imágenes de la vieja memoria administrada por los nuevos conservadores de museos.

La historia es de Aldous Huxley. Un joven de gustos conservadores recibe como regalo de aniversario un grabado de Picasso. Desconcertado, lo esconde en un cajón. Meses después, un amigo le descubre que se trata de un valioso original y lo exhibe orgulloso en el salón. ¿Pero qué cualidades estéticas apunta el original que lo diferencien de la copia? Aquí está la raíz del arte contemporáneo: experiencia o interpretación. El historiador Serge Guilbaud lo ha vaticinado en una frase lapidaria: «Musealización del mundo y californicación de Occidente». Y apenas empezamos.

(26 de noviembre de 2000)

CONTRAPUNTOS

Desde hace un par de años, los residentes en Londres se han visto sorprendidos por la activa presencia de la fundación Estorick, sede de las colecciones reunidas por el esforzado matrimonio de artistas, y la brillante secuencia expositiva del mejor arte italiano de los años de entreguerras. La colección, como es sabido, reúne obras significativas de las vanguardias históricas, no sólo italianas sino también del momento parisino del arte moderno. En la actualidad, certeramente administrada, la colección constituye un referente para entender la evolución contemporánea de la tradición italiana. Severini, Morandi, Chirico, De Pisis, Sironi son el pretexto para pequeñas antológicas que sintetizan en modelo de sobriedad, una corriente quizá no del todo atendida por los museos, en liza por el protagonismo mediático internacional.

Si en años pasados nos sorprendieron con la recuperación de Severini y Sironi, este año nos abruman con el despliegue de la obra de Fortunato Depero, en una muestra organizada por el Museo di Arte Moderna e Contemporanea de Trento y del Lowry Center de Manchester.

Además, la publicación estos días de la exigente monografía de Emily Braun, *Mario Sironi and the Italian Modernism* (Cambridge 2000), analiza la vía italiana al arte moderno en los años veinte, una época de efervescente creatividad imaginativa que fraguó en un lenguaje artístico de fuerte incidencia en la sensibilidad contemporánea.

La muestra de Depero se subtitula «Carnaval de color» y reúne por vez primera los mundos de arte multimediáticos que el artista supo fabular desde una estética futurista que siempre entendió con reticencias. Formado en el norte de Italia, fue pintor y escultor, decorador e interiorista... poeta y ensayista que trazó con elegancia los sucesivos «estados de ánimo» que vivifican su versátil trabajo. Ahora se reúnen nada menos que 108 obras datadas entre 1915 y 1946, que casi ahogan las salas de Estorick. Quizá una voluntad menos absolutizadora hubiera permitido gozar visualmente de algunas obras que pugnan por afirmarse en un espacio minúsculo: óleos sobre tela, témperas, dibujos, texturas teñidas, *collages* y litografía a la búsqueda de una obra de arte total. También parece discutible que la selección se cierre en 1946 cuando el artista vivió hasta 1960 con admirable vitalidad. La galería-museo Depero, abierta en Roderetto, su pequeña patria de adopción, en 1959, lo deja bien claro.

Depero llegó al futurismo fascinado por Boccioni, cuya exposición en Roma en 1913 le trastornó sensiblemente. Más tarde alcanzó a Marinetti y expuso en la Galleria Permanente Futurista en 1914. Después cayó en las redes del persuasivo Carrà y contribuyó en la redacción del manifiesto «Una reconstrucción futurista del universo». Para su fortuna, apenas desmovilizado, convocó a Diaghilev en plena locura de los ballets rusos, quien supo sacar el mayor partido de sus habilidades compositivas. Es seguro que sin ese encuentro fortuito, Depero jamás hubiera ido más allá de un futurismo formal de considerables hipotecas literarias: el efectismo visual de Boccioni, el esplendor cromático de Balla y quizá el simbolismo divisionista de Severini. Pero las estéticas subversivas de los ballets le abrieron un campo nuevo en el que experimentar sus ensoñaciones técnico-futuristas y convertir el dinamismo universal y la tecnología en un lenguaje plástico desconcertante para las provocadoras *performances* de París. La energía visual, la inconsistencia de las cosas, la violenta transformación científica del todo son constantes que activó sobre el escenario.

Durante esos años produjo el atrezzo y la escenografía de *Le chant du rossignol*, y estableció relaciones con las vanguardias rusas. Conoció al egiptólogo suizo Clavel y fraguaron juntos la coreografía de los *balli plastici* que llenaron la escena romana de marionetas durante la temporada de 1918 y culminaron en una revolucionaria iniciativa comercial: Casa de Arte Depero, dedicada al arte aplicado. El artista inundó el mercado de interiores futuristas —objetos domésticos, tapicerías, carteles—. El Cabaret del Diablo, en Roma, sacudió el viejo interiorismo y sus productos —particularmente los juguetes— tomaron la Feria Internacional de Artes Decorativas de Monza en 1927. Las campañas publicitarias para Campari le abrieron el mundo norteamericano y su presencia fue notable en el diseño gráfico durante la década de los treinta. *Vanity fair* y *Vogue* divulgaron el estilo Depero.

La incidencia del arte norteamericano se percibe, sin embargo, en la pintura de sus años posteriores. Importancia del dibujo sencillo, valor constructivo del plano, cinetismo de fotograma y simultaneísmo son nuevas ideas que dan forma a obras como la portada de *News Atlas Club* (1930). Curiosamente la fundación de la revista *Dinamo Futurista* mantuvo vivo el activismo artístico hasta el final de la guerra y el retiro del artista. Todavía en 1950 Depero se presentó como futurista en una sonada exposición romana, aunque el tiempo había oscurecido sus colores y tornado opaca su vieja calidez.

Sin embargo, Sironi vio la escena italiana en tonos grises. Su naturaleza enfermiza y el clasicismo etéreo que acabó configurando su enigmática obra desentonan con la atmósfera efervescente y contagiosa del futurismo callejero. Formado en la Escuela Libre del Desnudo en Roma, se exilió en París en 1908. Cuando en 1914 volvió a Milán se contagió del futurismo más rabioso pero atendiendo a sus motivos ideológicos más bien que estilísticos. Su obra, después de la Gran Guerra, representa silenciosas calles urbanas, maniquíes sin vida, y transforma sin ironía las iconografías metafísicas en una metáfora de la alienación contemporánea. Sus dibujos se transformaron después en «paisajes urbanos» y llegó a ser uno de los fundadores del grupo Novecento, con un arte impecable que arranca del pasado y apuesta por la nueva finalidad estética. El elitismo de Sironi, antirracionalista, antipositivista y con un punto agudo de nacionalismo imperial, destila en sus caricaturas para *Il poppolo d'Italia*, el diario de Mussolini. Una compleja contradicción que impregna su clasicismo casi racial.

Sironi nos propone una estética modernista que asume el radicalismo antiburgués de las vanguardias, pero que repudia el individualismo metafísico del artista profeta y apunta hacia un nacionalismo orgánico que incluya la vida cultural entera como proyecto político renovado. El arte nuevo debe intervenir y Sironi lo hace: en 1932 reedita con Carrà, Funi y Campigli el *Manifiesto de la pintura mural*. Comprometido al extremo con los nuevos valores, no es casual que nos proponga un estilo atemporal y un vocabulario mítico y racial, entre la abstracción y el realismo compositivo. En definitiva, una pureza artística ajena a las dislocaciones espaciales de Chirico, pero espectacularmente cercana a las grandes escenografías del barroco contrarreformista e inquisitivo.

Cuando Farinacci —como Stalin— exigió del arte fascista un realismo accesible, intencional y fotográfico, mera propaganda, Sironi fue acusado de incomprensible, críptico, culturalista y alejado de las masas. No supo saltar a tiempo y sobrevivió amargo y entre sombras hasta 1961.

Los autómatas de Depero pretendían «futurizar» los ballets rusos enmascarando los caracteres y despersonalizando los tópicos de la farsa vieja, embutidos en ropajes de acero y torpe andar simulando otras voces con el megáfono. Fuera cualquier traza de tiempo y lugar. El futuro es la técnica. El arte de Sironi apuntaba, sin embargo, un nuevo amanecer eterno. Contrapuntos, si bien se mira, de un ayer ajeno evocados por una exposición y un libro admirables.

(10 de diciembre de 2000)

LEER EL ARTE

Los esforzados amigos de la librería Laie celebran, sorprendidos, sus primeros veinte años. Me sugieren el repaso impresionista y personal de esos años desde el punto de vista de la literatura artística, y enfocados desde los motivos del lector. Veamos si acierto a despertar cierto interés general. Puesto que, como decía Henry James, la tela de la sensibilidad está tejida de jirones y sólo de vez en cuando la memoria revuelve nuestro baúl de quincalla sentimental y saca a relucir tal o cual andrajo que escruta a contraluz, buena metáfora para hablar de arte.

En efecto, la experiencia de la lectura: una vieja estrategia para rastrear el núcleo de la verdad de una obra de arte y convertirla así en una vivencia necesaria para la comprensión de un mundo de significados que todavía consideramos nuestro. El hecho de traducir a palabras una experiencia sensible es poco más que una quimera. Sugerida, además, por un simple entramado formal o sígnico determinado históricamente en un tiempo que aceleradamente se nos hace ajeno. He sabido que la historia del arte no parece en los tiempos que corren la manera mejor dispuesta para abordar la interpretación de las obras de arte contemporáneas. E incluso en los días que corren hay indicios razonables de que despierta la antigua desconfianza hacia la teoría, o mejor las teorías, que insisten en cuestionar la capacidad de la historia para comprender el arte más allá de su tiempo.

Ahora bien, si nos centramos en los modos que han vestido la aproximación al arte durante los últimos veinte o treinta años, sorprende el salto casi mortal que nos ha catapultado de un limitado horizonte de verdades sensibles ordenadas en un tiempo amorfo —la Historia del Arte con mayúsculas— a un abismo de opiniones no siempre fascinante y saturado de informaciones contrapuestas.

Recuerdo años atrás el protagonismo de los manuales universitarios de registro y orientación positivista —historicista primero, luego criptomarxista, neoliberal después— y la sintaxis de dogma y circunstancia que aderezaba convincentemente el análisis de la obra de arte. El arte quedaba ahogado en un magma de datos, culturales o sencillamente mostrencos, en el que la dimensión estética era escamoteada. Woermann, Angulo, Azcárate y los esquemas descarnados de tendencias y escuelas... El nivelador Hauser, más tarde, convertido en un «razonador» de arte asequible. Siempre estrategias voluntaristas y jamás una idea. Ni el mínimo guiño con una mirada moderna, saturada de experiencia visual.

Algunos «aventureros» de la historiografía alternativa se veían bien pronto desautorizados como ensayistas de dudosa consistencia y peligrosa improvisación —que se llamasen Malraux, Focillon, Huyghe, en época heroica, o Francastel y Gombrich en los años de distensión dogmática, daba igual—. El *Diccionario de símbolos*, de Cirlot, alcanzó una notable difusión británica promovido por Herbert Read, pero era otro ensayista de fiabilidad cuestionable para los estetas de secano. Eran lecturas tangenciales alejadas del programa ideal del adusto profesional hispano, un fleco elegante pero fuera de lugar. A lo sumo «daban estilo». Cualquier propuesta formalizadora empañaba la nítida limpieza del «dato» arte. Recuerdo con estupor los exámenes eliminatorios sobre añosas diapositivas en cristal, resueltos en razón de los nombres acertados, como en las quinielas. Los proyectos serios como «Summa Artis» quedaban para la preparación de memorias de especialidad.

Ya mediados los años sesenta, sin embargo, el desbordamiento semiótico y una saludable pragmática de ascendente anglosajón —Herbert Read, Pevsner— empezaron a contar entre los lectores más sensibles que cuestionaban las sanchopancescas certezas de la escolástica artística indígena: Dewey y Morris,

Mukarowski y Todorov después, el cecinoso formalismo ruso, un adusto Della Volpe... devolvían al debate artístico alguna complejidad sencillamente moderna. Adorno y Benjamin pertenecen ya a la recepción aperturista de los setenta, que asume el enfrentamiento del objeto a la obra de arte y somete la historia del arte a una crítica inmisericorde de corte estructuralista.

Con todo, hasta bien entrados los ochenta, ni académica ni editorialmente se hace notar el nuevo giro que marcará con carácter decisivo las metodologías renovadoras del arte y la atención creciente hacia la obra singular entendida como un sistema autónomo de significados. Se dieron excepciones pioneras que permiten comprender el despliegue historiográfico actual: *Biblioteca breve*, la colección iconográfica de Barral, las tentativas del Equipo Comunicación, las nuevas series históricas auguradas por Alianza, Cátedra, la fructífera primavera de Gili, Panofsky, Schlosser, Venturi, incluso Warburg y Wind, dejaron de ser sombras apenas entrevistas para convertirse en difíciles desafíos analíticos. Y una saludable antología de textos históricos, manifiestos y proclamas estilísticas que descubrió una nueva generación de historiadores disciplinados y rigurosos cuyas obras han transformado la lectura artística. En definitiva, un gesto de respeto hacia el lector adulto.

Hoy vivimos un tiempo ecléctico que curiosamente reivindica el neopositivismo historicista de tinte aséptico. Tampoco faltan ejemplos de minimalismo metodológico de rotundo acento racial. Pero, por fortuna, la dinámica del mercado global nos resitúa diariamente y atempera el ego historiográfico más audaz. Baste este dato para persuadirnos de una verdad añeja: las sorpresas suelen llegar solas, sin avisar. De pronto salta un libro nuevo, un título inesperado que viene a demostrar de una vez por todas que abundan los ilusionados lectores pacientes del arte, capaces de transformar propuestas antiguas en estimulantes provocaciones que espabilan la imaginación. Otra vuelta de tuerca certera al adagio clásico que sitúa el progreso en la audacia del salto «a hombros de gigantes».

(24 de diciembre de 2000)

DIBUJAR CON LA MIRADA

Con el gesto optimista que corresponde a los días que corren, me aventuro a pensar que el museo del nuevo milenio acabará por ser plural e integrador, en equidistancia con las dos polarizaciones que apuntan a desvirtuar los espacios de arte tradicionales: el museo estrella, espectacular y efectista, que interviene con la mera fuerza de su arquitectura en la interpretación de la sensibilidad moderna y el museo efímero —como ironizaba Francis Haskell— que queda encerrado en la grandilocuencia de una sucesión de muestras temporales, solapadas con la celeridad que exigen los programas vigentes. Un catálogo más en el anaquel de saldos virtuales.

Hay indicios razonables, sin embargo, de que en ese despliegue espacial expositivo siempre quedará un rincón para la silenciosa presencia del arte sin tiempo, de un género descuidado por las modas historiográficas en boga o para una insólita y sorprendente yuxtaposición esclarecedora que eche por los suelos normas y formas convencionales. Por fortuna, parece que el dibujo adquiere al fin la significación estética que merece y numerosas muestras coinciden en su reivindicación actual. En Chicago, el Museo Universitario Smart vuelve al estudio del dibujo modernista alemán temprano, en una muestra diligente que pude ver el mes pasado. El Courtauld Institute de la Universidad de Londres recurre al dibujo para clarificar el signo plástico fugaz del impresionismo, e incluso en el otoño neoyorquino un coloquio con la Frick Collection devolvía, también el mes pasado, al dibujo el protagonismo que la complejidad de la percepción sensible contemporánea exige. Acabará por tener razón Santayana. Sostenía que los criterios del arte partían de dos supuestos que deberían complementarse: lo que es bello para uno parece absurdo que lo sea para todos, en consecuencia el «test de verdad» del arte exige que una noción consensuada de belleza debe pasar por el tamiz apreciativo del gusto del crítico mejor preparado.

A Matisse le obsesionaba el dibujo. «Os he mostrado mis dibujos para aprender a representar un árbol, como si jamás hubiera representado uno. Lo veo desde mi ventana: la masa del árbol, después el árbol mismo, el tronco, las ramas, las hojas... El árbol es también el conjunto de efectos que despierta en mí... El signo del árbol. El punto de coincidencia de mis emociones en él.» En efecto, las hojas del árbol pueden ser tratadas por cualquier artista. Los grandes pintores nos han dado una lección. Claude Lorrain, Poussin, han inventado su manera de expresar las hojas, de imponerles su lenguaje personal. Bien, pero debemos imitar a los chinos, como quería Mallarmé, y encontrar nuevos signos que demuestren la capacidad imaginativa del artista y nos obliguen a mirar los árboles, las hojas, con atención distinta, que multipliquen el signo hoja en la percepción sensible del espectador.

En nuestro tiempo de sobresaturación visual, de machaconería imaginativa, se percibe con claridad que la importancia de un artista se mide en relación con la cantidad de signos nuevos que es capaz de imponer en el lenguaje plástico, en la gramática del arte que ha hecho propia. Vemos así hojas «de» Matisse, «de» Picasso, en las cuales la transposición ilusoria del naturalismo tradicional nada cuenta. Se imponen como hojas de artista.

El creador actúa con un material expresivo del que conoce sus propiedades. E incluso, pienso en Tàpies, las ignora intencionadamente a veces para descubrir el máximo de sus posibilidades formales. El artista experimenta con el lápiz o el pincel sobre la superficie rugosa, dúctil o resistente a la presión de la mano. Su acción se convierte así en un ejercicio de tacto, de percepción de las distintas gradaciones y texturas que descubren la orografía de la nueva superficie plástica.

El dibujo y la intervención sobre el papel requieren un método equilibrado que delimite y sujete el libre fluir gestual. O bien desarrolle en tramas textuales azarosas ese fluido matérico —el grafito— hasta transformarlo en el núcleo de una nueva proyección formal. La dialéctica apropiación y copia, originalidad y reproducción, adquiere trazos nítidos en la exposición de Giacometti que podemos visitar estos días en el IVAM. Compárese, y es otro ejemplo, como simple ejercicio visivo el trazo continuo que define las ágiles figuraciones de Matisse y el caos aparente de tracerías sobrepuestas del que emerge el núcleo expresivo que construye los apuntes de Kokoschka, y es un tercer ejemplo, sensible a las marcas e irregularidades del soporte. Para no hablar del difuminado equilibrador y volumétrico de Lipchitz, excelente grafista, siempre alerta en el dominio de las sombras.

El dibujo, como podemos ver, establece un juego de resistencias entre la presión expresiva y la aridez del utillaje técnico. La economía de gestos regula la acción de marcar intencionadamente: la génesis de las formas se percibe como un proceso de relaciones cuya intensidad viene dada por su desarrollo mismo y escapa a cualquier otra denominación, estilística, narrativa o diferencial. La dinámica formal ocupa por entero el espacio sensible. Su fuerza condiciona el resultado de la obra.

Twombly deriva los componentes figurativos hacia un haz de grafismos fácilmente identificables. Las formas plásticas se transforman en elementos dramáticos que dominan el espacio sensible. Las obras se definen como meras sugerencias que concluyen en los límites exactos del cuadro: signos alusivos o, si se quiere, escritura sin más.

Los dibujos tempranos de Beuys son los de un heredero desdeñoso de la filosofía romántica de la naturaleza, que además ha perdido el respeto sacral, que al parecer debe impregnar la menor ocasión pictórica. Ha sido aleccionado por el dadá, y se ha convertido en un aprovechado intérprete de Duchamp: el significado de la obra es responsabilidad de la obra misma, sus interpretaciones alargan en el tiempo la capacidad interventiva. Sin embargo, los trabajos gráficos del artista configuran una de las obras más expresivas de nuestra época y muestran sin palabras que la fuerza comunicativa, su única potencia estética, resulta de la mágica contaminación de los materiales.

Keifer, por el contrario, es el maestro de la concisión expresiva. Explora como nadie en su generación las posibilidades simbólicas y energéticas de los materiales: «assemblage» y «poverismo» están en la raíz de su actividad. Pero con la ambigüedad y la imprecisión necesarias para transformarse en cualidades pictóricas, entre el espontaneísmo y el materismo gestual y efectista. Se trata de paradojas conceptuales con pretensiones de representación, por utilizar un criterio cauteloso. En resumidas cuentas, materia y naturaleza como representaciones indisociables.

Kounellis ha sugerido, a mi entender exageradamente, que el oficio de pintor es la visión. La pintura quedará apenas en mera técnica, mientras la visión —la obra de arte— será el resultado más acabado de la imaginación. Tal vez no precisemos de abstracciones tan extremas. La visión se traduce a realidad sensible mediante un equilibrio de formas o estructuras formales que traducidas a estilos o lenguajes codificados vigila la historia del arte. O, sencillamente, son mundos formales que constituyen sin duda la cultura visual de una época, sea o no la nuestra.

Lo había captado como nadie William Blake: quien no ve una luz más clara y mejor que la de nuestros ojos perecederos, ése no ve nada.

(7 de enero de 2001)

UN ARTISTA VISIONARIO

La historia se presta a la doble lectura en los tiempos de mudanza que definen los programas museográficos al día. En 1852 Ruskin concluye «Las piedras de Venecia» y, según parece, a tenor de las disposiciones testamentarias de Turner, recibe el encargo de diseñar y organizar un museo con las obras del pintor que considere de mayor relevancia artística para su tiempo. Ruskin seleccionó una significativa muestra de dibujos que, por circunstancias no demasiado claras, nunca llegó a realizarse. Otro misterio a sumar al legado del artista a la Royal Academy todavía sin esclarecer por entero.

Ruskin, sin embargo, en una carta que escribió a su padre, no podía disimular el entusiasmo despertado por el compromiso. «Quiero construir —decía— una galería que constituya un ejemplo para las exposiciones pictóricas del futuro. Es una idea que me ronda por la cabeza desde hace años. Quiero que la galería tenga la forma de un laberinto... Que se pueda prolongar a voluntad, iluminada desde arriba, y que comunique entre sí diversos espacios como los eslabones de una cadena, de manera que las obras grandes se contemplen a distancia, pero todas alineadas a un mismo nivel de visión. Jamás una pintura sobre otra. Cada pintura con la luz que requiere, independiente y autónoma, en su pequeño espacio propio... Cada dibujo en su vitrina, siempre cerrada excepto cuando se contemple esa obra determinada. En el centro de la sala, todos los bocetos que acompañaron el nacimiento de la obra, incluso con los grabados de prueba. La estructura laberíntica impedirá que coincida la "multitud" ante una obra. Salas para todas las obras y un espacio abierto que permita verlo todo.» Inalcanzable utopía, todavía hoy.

Turner vuelve a Picadilly. La exposición que muestra una exigente colección de acuarelas de Turner ocupa ahora la Royal Academy londinense y celebra el 150 aniversario de la muerte del pintor. No se respetan, por supuesto, los viejos proyectos del audaz Ruskin, difíciles de atender desde la estética contemporánea de acumulación, pero con buen sentido se priorizan las acuarelas, de voluntad y originalidad inigualables en la extensa obra de Turner. Son obras acabadas que responden a encargos precisos —paisajes y vistas, ilustraciones para libros y «estampas» de repertorio que acercaban al espectador lugares de la memoria cultural de su tiempo: clasicistas y sentimentales como exigía el espíritu de la época—. Uno de esos libros ilustrados *Italy*, de Samuel Rogers (1830), había de despertar en el joven Ruskin, con apenas trece años, una fascinación por el artista que marcaría para siempre su sensibilidad.

Sin embargo, Turner fue un artista de academia sin complejos y desajustes. Estudió dibujo en la década de 1790 y asimiló las lecciones de Joshua Reynolds con envidiable distanciamiento: durante toda su vida expuso en las Summer's Exhibitions anuales sin inquietarse lo más mínimo por las modas y gustos del día, y participó activamente, cuando se le requirió, en la administración y presencia pública de la Academia. Profesor de Perspectiva más tarde, simultaneó sus exposiciones en galerías privadas de Picadilly, con conferencias y talleres reiterados con monotonía y voz inaudible: clasicismo, disciplina de oficio e imaginación visual eran sus consignas. Una dieta que sólo asimilan los genios, tan cercana a la que en nuestro siglo pasado convirtió a Morandi en referente incuestionado de la sensiblidad moderna.

Las cien acuarelas presentadas en esta ocasión sintetizan la subversión del género por parte del artista, y nos permiten ver por vez primera algunas obras todavía en manos privadas. Las arquitecturas clasicistas de las viejas casas de campo, formulación pertinente de lo «pintoresco» desde la estética romántica, abren un camino original que descubre, e incluso inventa, el paisaje inglés y culmina en las series de acuarelas suizas de 1840, cuando el estilo Turner domina con genial luminosidad los colosales valles alpinos.

Es instructivo rehacer el proceso creativo de Turner. Las primeras acuarelas configuran los estáticos «dibujos coloreados», tan gratos a la sensibilidad ilustrada —contornos en tinta o grafito, coloreados después con aguada al pincel—. Pero pronto destaca el imaginativo artesano que sabe llevar al extremo los desarrollos ténicos de los maestros: Canaletto y Piranesi, pero sobre todo las escenografías artesanas del teatro —eficacia y simplicidad—. Turner investiga las raíces del oficio, descubre nuevas texturas en el papel, experimenta con pigmentos inhabituales hasta conseguir los efectos lumínicos deseados: la técnica al servicio de una imaginación desbordada que recrea cuanto mira.

Tres ejemplos serán suficientes. Con sólo quince años, diseña *The archibishop's Palace of Lambeth* (1790), de composición tradicional, en efecto, pero que independiza formalmente los cielos y aligera así la pesadez constructiva del género. *Fall of the Reichenbach* (1804) es, sin duda, un modelo de la consideración trascendente del paisaje y su disolución en un potente despliegue formal: el foco luminoso funde la cascada de agua en el paisaje convertido en una cegadora secuencia cromática. *Heidelberg Sunset* (1841) y *The Red Rigi* (lago de Luzern) (1842) son obras maduras del mejor Turner y nos llevan a las grandes pinturas de la actual Tate Britain. Las anécdotas figurativas —ambientes y personajes— quedan devoradas por las iridiscencias del color que plasman desnudas sensaciones sensibles: pintura, en suma.

Para Turner no existen géneros menores. Las acuarelas alcanzan tamaños pictóricos y desafían la retina del artista incluso con mayor audacia que los pigmentos grasos. La rectificación es difícil y requiere un aprendizaje magistral. El triunfo del medio, como ha señalado un crítico premoderno. Tal vez.

Si durante sus peregrinaciones italianas el artista descubre el despliegue desbordante de color que jalona las puestas de sol mediterráneas, en Suiza las transforma en paisajes imaginarios:

montañas, lagos, hondonadas, compiten —«heroicamente»— por adquirir el protagonismo en la composición —aquella romántica querencia por la naturaleza «natural».

Avaro de su tiempo y de su intimidad, Turner no permitió impertinentes incursiones en sus trabajos. Sin embargo, el hijo de su viejo amigo y protector, Walter Fawkes, lo espió a hurtadillas mientras trabajaba en *First Rate. Taking in Stores* (1918), y quedó estupefacto. «Derramaba pintura húmeda sobre el papel hasta que quedaba saturado. Después raspaba, revolvía y mezclaba los pigmentos en un caos... del que emergía como por ensalmo un paisaje divino.» *Goldau* (1843) es el ejemplo extremo. Intensas áreas de color que diluyen en matices breves pinceladas transparentes; pequeños toques de brocha que forman texturas pigmentadas... El *gouache* blanco añade opacidad y densidad a los contrastes... Siempre dominados por un deslumbrante destello de luz que «hace» la obra. Se desgasta el mundo con el paso del tiempo, y se desgasta el arte... como repetía Blunt citando a Timón de Atenas, con *a nostalgic air*.

(21 de enero de 2001)

MITOS URBANOS

Dickens describió en una ocasión la ciudad de Londres como una «linterna mágica» de su invención. Venía a decir que sus inverosímiles paseos por la capital le encendían la imaginación y le disparaban la inventiva literaria en un despliegue de motivos no siempre de sencilla verificación objetiva. Era en los barrios —pequeñas unidades de significado social— donde se construía la metrópolis contemporánea: Bloomsbury, Chelsea, la City, los núcleos migratorios de Portobello o Queensway y Chinatown universos humanos bien diferenciados pero unificados por la quimera moderna que llamamos ciudad. El caso de Nueva York es aún más notorio: renovadas sobreposiciones de estratos inmigratorios aunados por la ideología de una modernidad rampante entre los que barrios como el Village, Tribeca o Queens intentan mantener su singularidad marginal.

La ciudad es el tema de la primera exposición de la Tate Modern y su flamante equipo directivo, bajo la tutela de Iwona Blazwick. La muestra, sin embargo, se vertebra sobre un lugar común que origina el desconcierto logrado: la ciudad, se arguye, es el medio natural del arte moderno. Nada que objetar si se matiza que hoy son los museos y los espacios públicos los receptores naturales del arte nuevo, por dimensión y estética cuando menos.

La Tate Modern presenta en breves esquemas visuales nueve ciudades que han alcanzado en el siglo XX su momento de fulgor y que, en alguna medida, han marcado la evolución del imaginario cultural contemporáneo. Se trata, al parecer, de reconstruir esos momentos privilegiados a partir de los «iconos» más significativos que los evocan. Y aquí se agazapa el malentendido: a lo largo de la modernidad, las ciudades han sido detonantes de innovación y cambios, pero en circunstancias muy diferentes a partir de configuraciones a menudo contradictorias. Sólo una apropiación actual de lo que entendemos como espacio ciudadano —democratización del consumo, ocio urbano, cultura multirracial...— permite sobreponer clichés convencionalmente selectivos en un tiempo dado.

París es la ciudad de la modernidad al despertar el siglo. Allí se cuecen las vanguardias, en la muestra una retahíla de ismos: fauvismo, cosmopolitismo, cubismo, ballet ruso... hasta Josephine Baker. Figuras y lugares de la memoria que el buen hacer de Serge Faucherau ordena como puede. Aquí un Matisse, allá un Dufy, más allá una fotografía de Nijinsky. Obras desiguales que danzan en la música del tiempo con pie inseguro.

Viena es, cómo no, la ciudad de Freud y el psicoanálisis. Aquí Richard Calvocoressi hace lo que puede para textualizar el pansexualismo estridente de Schiele y Altenberg con retratos como *Loos*, de Kokoschka, y las previsibles proyecciones arquitectónicas: la Michaeler Platz. Kraus y Wittgenstein son figuras sin paisaje que pretenden argumentar los sinsentidos del derrumbe burgués en una ciudad ya de barricadas —estamos en 1918.

Moscú es por antonomasia la ciudad «revolucionaria» y aquí la sensibilidad cinematográfica de Lutz Becker saca buen partido del despliegue gráfico de unos años de excepción: de 1916 a 1930. La vanguardia quiere tomar la calle, y el teatro y el cine apuestan por una nueva sensibilidad colectiva que neutralice las caducas jerarquías artísticas y asimile la tecnología imaginativa del momento. Rodchenko, los constructivistas, Tatlin —reconstruido—, y los *Prouns* de Lissitzky, conviven con Malevich y el cine de Vertov y Eisenstein. El punto final se llama estalinismo. Las colectivizaciones y la industrialización bélica quedan definidas en una contundente imagen de retorno al orden: Vera Mukhina documenta, con una escultura de estética Lladró, la unión triunfal del proletario y la oronda campesina, armados de hoz y martillo de porcelana.

Hasta el momento, el hilo del relato se ajusta a un guión histórico sincopado. A partir de aquí, el azar y las necesidades afirmativas de los comisarios adquieren el protagonismo absoluto. Río de Janeiro es la ciudad de los cincuenta. Con la arquitectura organicista de Niemeyer y la bossa nova... pero también del neoconcretismo visual de Lygia Clark y Frank Weissman... y de la «Chica de Ipanema» y los Mundiales de fútbol. Se trata de ajustar la mirada y usar el angular preferido.

Nueva York vive los setenta con el ritmo acelerado de siempre y genera la «noticia» que el entomólogo cultural de turno crea genuina: conversión de los viejos almacenes en estudios improvisados para el radicalismo casi gestual emergente, las provocativas *performances* de Acconci, la consolidación de un arte alternativo en convivencia con el materismo ecologista de Matta-Clark: pequeños mundos que testifican la transformación galopante de la nueva sensibilidad pero que no resultan más significativos que otros al azar.

Tal vez como sucedía en Tokio durante esos años, con la especulación que transformó la ciudad en una colmena y la calle en campo de batalla de los radicalismos alternativos: «Provoke», el Nuevo Teatro, y el activismo interventivo de Akasegawa Genpei. Quizá se trataba de un ciclo global de reconversión socialdemócrata poscolonial que asimilaba mal el hundimiento inexorable de las utopías liberadoras nacidas con el siglo.

El tratamiento que la exposición da a Lagos, Bombay y el Londres posmoderno es curioso. Responde a la corrección política de nuestra cultura de bienestar tutelado: multiculturas, sincretismo artístico, espectáculo visual subvencionado, en suma. Una llamada a la benevolencia del visitante cuajada de guiños evocativos de las identidades perdidas. Ni una palabra sobre la folclorización de los residuos ancestrales en Namibia o el hervidero religioso hindú, ni sobre los costes sociales de la conversión de esas culturas en la subcultura proletaria y mediática que satura las periferias urbanas. En cuanto a Londres, es la ciudad del milenio para los comisarios, reconquistada al fin por el posmodernismo artístico competitivo que arrincona los viejos tópicos turísticos. Que el nuevo arte británico sea poco más que un recocido sincretismo de la subjetividad anglosajona desnortada de siempre, poco importa. El nuevo arte es un «catalizador» de la imaginación. Ponga el lector nombres: Sarah Lucas, Tracey Emin, Ofili...

La efervescencia de las culturas urbanas contemporáneas se presta a cuantos enfoques se aventuren y constituye la imagen pública del rodillo globalizador que unifica los lenguajes expresivos y orienta la comunicación hacia una ligereza mediática irreversible. La exposición de la Tate Modern tiene garantizado el éxito de público y la complicidad de la crítica. Reproduce estampas equívocas e intercambiables. ¿Por qué no Praga 1968? ¿Por qué no el Berlín y la Roma fascista? ¿O quizá La Habana o Estambul?... Detonantes de cualquier ficción urbana contemporánea.

Elegir unas ciudades o ciertos momentos para narrar la sensibilidad del siglo pasado es una opción arriesgada que exige sutileza e investigación en dosis paralelas. Lo otro, el paseo familiar dominical entre fetiches evocadores de emotividad televisiva es un paso más hacia la subcultura de la banalidad, que no distingue ni razas ni credos, sólo consumidores. Alcanzar un ascensor de la Tate en día de fiesta es una proeza casi sobrehumana.

(18 de febrero de 2001)

KAIROUAN, PUERTA DEL DESIERTO

Con diestro efectismo casi plástico, Ortega y Gasset rescata una vieja definición nómada para los libros de viajes: de andar y ver, dice, llaman los árabes a los relatos de aventuras que todavía hacen tan enriquecedora a la mirada occidental la tradición oral islámica. Saber escuchar es, en efecto, una virtud escasa en nuestro ruidoso Occidente del despilfarro: músicas de cualquier índole ahogan nuestros espacios públicos e impiden centrar la atención en el rumor inesperado.

He vuelto a Kairouan, de retorno a la civilización del asfalto, después de una breve travesía por el desierto que me ha llevado hasta Borj el Khadra, en la cuña fronteriza donde Túnez se disuelve en Argelia y Libia —ruta todavía de camelleros y tránsfugas desajustados de nuestro mundo globalizado—. Oasis sin memoria, por otro lado, y escenario de viejos enconos milenarios entre pastores y granjeros. Hoy los bereberes son apenas una reserva turística, emboscados en chozas de arcilla y grutas arañadas en las estribaciones del Atlas, y las tribus nómadas se reconvierten aceleradamente al bienestar occidental como subempleados de ocasión en los supermercados de Londres y París. Las tres poblaciones que mantenían hasta finales del siglo XIX la peculiaridad cultural y el idioma bereber —Cenini, Douirat y Guermessa— se han visto empujadas a lo largo del pasado siglo por el panislamismo unificador y sólo algunas viejas balbucean arcanas expresiones que hablan de dotes nupciales pagadas en camellos y de graneros fortificados *(ghorfas)* al amparo de la avidez conquistadora.

Recuerdo, y es una apreciación que debe tener presente el viajero inquieto, el irónico comentario del viejo explorador inglés Thesiger a la audacia sabionda de un recién llegado: «El problema fundamental para el camellero es llegar al día siguiente».

Pero volvamos a Kairouan. Hace más de treinta años que no visitaba la vieja ciudad, con Medina, la Meca y Jerusalén lugares obligados para la devoción islámica, saturada de edificios religiosos. La Gran Mezquita y la bellísima Zaouia testifican el antiguo esplendor y el celo religioso que no permitió la entrada de infieles hasta la ocupación francesa. Recordaba la ciudad menos suburbial y polvorienta, menos desgastada por el turismo de *charter* que la satura en los períodos de vacación. Y hasta más «exótica», si la expresión resulta aceptable. Vuelve a ser el viejo *caravasar* donde los beduinos se pertrechaban de lo necesario en su avance hacia el desierto. La puerta del desierto, dicen los árabes, en la que hoy se aglomeran los autobuses que descargan potenciales clientes del regateo insufrible de la medina. Sin embargo, me ha sorprendido la homogeneización europea de formas y atuendos —la chilaba es ahora rara— y la políglota habilidad de los jóvenes que se saben ya parte esencial en la definición de un país moderno que prioriza la escuela sobre el Corán. Los viejos reductos religiosos están ahora vedados al infiel y vigilados por cancerberos de vara e hisopo que sólo permiten atisbar a media luz los suntuosos interiores islámicos.

Pero en Kairouan me llegó la noticia de la muerte, a los noventa años, del gran artista tunecino Aly Ben Salem, personalidad singular del arte moderno que el provincialismo europeísta se empeña todavía en ignorar. Quizá en su obra se definen las contradicciones de la cultura tunecina moderna. Sus obras son una muestra brillante de las dificultades del arte moderno en los años de despegue poscolonial, cuando asimila el decorativismo de la arcaica iconoclastia islámica, pero que apuesta a todo riesgo por la mirada moderna que sólo se capta a través del aprendizaje formal. Ben Salem fue un admirador crítico de Matisse —cercano en muchas cosas al recuperado Albert Marquet—, que descubrió a tiempo el dibujo de trazo seguro y simple de la Escuela de París.

La «inocencia del ojo» que prescinde de la experiencia racional y atempera la fantasía artística, como quería Leonardo, pero que se contenta con mostrarnos una sugestión, una «impresión» primera original e inmediata. También Paul Klee descubrió en Túnez el valor lírico del color, y sus acuarelas adelantan una versatilidad cromática que debe mucho al expresivismo visual norteafricano. En 1914, visitó Kairouan con Delaunay y Macke, y fue un viaje iniciático que sacudió las viejas convicciones decorativas del color y abrió su arte a una consideración más abstracta y efectiva del color-forma.

Salem fue ciudadano sueco por matrimonio y residencia, pero sin embargo ha depurado al extremo una genuina estética mediterránea del color, permeada por la tradición artesana tunecina. Fue fundador de la Escuela de Bellas Artes de Sfax y supo reivindicar las artesanías de El Jem y devolver al mosaico una vitalidad incuestionable en pleno sobresalto colonialista, cuando la polémica de las identidades culturales amenazaba con cuartear el legado artístico. Con una sensibilidad de etnólogo, buceó en el imaginario popular tunecino a la búsqueda de tradiciones y ritos acallados durante décadas. Con Revaud a pie de excavación en Dar El Monastiri, y con Soustelle y Leiris en el Musée de l'Homme, reconstruyó los fragmentos de una identidad cultural cosmopolita que fue púnica, romana y más tarde islámica en una secuencia milenaria de enriquecimientos y mestizajes artísticos.

Tuve la suerte de conocer a Ben Salem en uno de aquellos imprevisibles Encuentros Mediterráneos que financiaba la euforia de la transición española. Era un anciano distinguido que sabía convertir la anécdota más trivial en una divertida aventura épica: sociable, agnóstico, *bon vivant*, que conocía el destino amargo que espera a quien ha sido educado para la belleza. «El arte es el desafío del mundo a la creación divina», repetía entre guiños en una sobremesa inolvidable, flanqueado por dos poetas fallecidos: el turco Soliman Salom y el valenciano Lluís Guarner. Poesía y humor.

Que fuera un anciano alegre es quizá comprensible, que lo fuera en su juventud es una sorpresa que nos regalan sus obras.

Poesía y humor, en efecto. La belleza es responsabilidad de la acertada elección formal. Goethe hablaba del paisaje ideal del que estaba construida la Arcadia. La mirada moderna mitifica los fragmentos de significados desaparecidos en una belleza ideal que elude el abandono y la aridez de un presente galopantemente unívoco y aburrido.

Kairouan comparte con Samarkanda e Hispahan un legendario origen mítico. Y un bellísimo nombre, evocativo y querencial, que sobrevive al tiempo.

(4 de marzo de 2001)

CRÓNICA DE UN DESENCUENTRO

En memoria de Ignasi de Solà-Morales

La trama narrativa pertenece a Popper, que convirtió la anécdota en una lanzada definitiva contra la filosofía analítica del lenguaje, hegemónica en el ámbito del pensamiento anglosajón desde inicios de siglo. En su celebrada autobiografía *La búsqueda sin fin*, publicada en 1974, Popper cuenta que en una ocasión, ante la insistencia en reivindicar la entidad de los problemas filosóficos, Wittgenstein, que jugaba nerviosamente con el atizador de la chimenea utilizándolo como batuta para enfatizar sus proposiciones, le exigió un ejemplo perentorio de ley moral. Popper replicó también airado: «No amenazar a los conferenciantes con atizadores». En un arrebato de ira, Wittgenstein soltó el atizador y abandonó la habitación de un portazo. Hasta aquí Popper.

Dos reputados periodistas de la BBC —David Edmonds y John Eidinow— han perseguido la veracidad y las circunstancias del relato y han reconstruido, con admirable sentido del tiempo y de la complejidad de los personajes, las biografías intelectuales sobrepuestas de Wittgenstein y Popper a partir de aquel momento: la tarde del 25 de octubre de 1946, durante una sesión ordinaria del Cambridge Moral Science Club, en la que Popper intervenía como conferenciante invitado ante los filósofos del King's College, a propuesta de Bertrand Russell, y que estaba presidida —vigilada, más bien— por Wittgenstein.

La agresiva confrontación se convirtió de inmediato en leyenda. ¿La filosofía debe clarificar los contrasentidos del lenguaje, o bien desentenderse de la corrección de los enunciados y apuntar soluciones precisas a los problemas del mundo?

Sin embargo, cuanto ocurrió durante aquellos tensos diez minutos es todavía hoy tema de profundos desacuerdos. En su relato, escrito veinte años después, Popper se retrató como el vencedor indiscutible: es el filósofo social al servicio de una interpretación crecientemente racional del mundo. En efecto, la *Lógica de la investigación científica* (1935) y *La sociedad abierta y sus enemigos* (1945) demostraban una pericia precoz en la filosofía de la ciencia y el desenmascaramiento de la conjura autoritaria del viejo idealismo —poético en Platón, histórico en Hegel, y revolucionario en Marx—. Pero ¿es tan sencillo diferenciar rompecabezas intelectuales de problemas científicos esenciales? Además, el enunciado de los problemas, ¿constituye siempre un acertijo?

El sutil conglomerado de filosofía, historia, biografía y destreza narrativa convierte *El atizador de Wittgenstein*, de los periodistas citados (Londres, Faber & Faber, 2001), en una novela de intriga que se devora con la avidez del *best seller* mejor tramado. Wittgenstein y Popper son dos brillantes judíos asimilados por la cultura vienesa que deslumbró durante el *fin de siècle*. Cambridge era el último refugio de la excentricidad de clase, visiblemente dañada por la guerra. Y Bertrand Russell era todavía el excepcional catalizador —un tótem filosófico— que frenaba la disociación entre la comprensión del mundo de los hechos y la intervención ordenadora en el discurso de la polis. Las vidas de los antagonistas difícilmente podían parangonarse pese a los casuales acercamientos de circunstancia, tiempo y lugar. Habrían coincidido, sin duda, en la Ringstrasse de Viena y compartido complicidades al producirse la forzada integración anglosajona —Moore, Keynes, Hayek, el propio Russell. Pero poco más.

Wittgenstein era un fascinante malabarista intelectual, dotado de una mímica intransferible que dominaba al milímetro sus posibilidades expresivas: tonos, acentos, estilos, maneras y manierismos de hablar y actuar. Un genio que imponía su personalidad en proposiciones de carácter oracular y difícil comprensión, reiteradas con vehemencia y convicción «ultraterrena». Rodeado siempre de su pequeña «falange compacta», que desde el atuendo a las maneras lo mesmerizaba todo del maestro. Era por derecho propio una leyenda: multimillonario austríaco, su padre fue un magnate del acero de alcance intercontinental, sensibilidad patológica y reacciones imprevisibles. En 1910 Wittgenstein había inventado un radiador termodinámico de importancia para la navegación aérea; durante la Gran Guerra había sido un disciplinado soldado de infantería condecorado por su arrojo y presencia de ánimo, y además, había redactado en las trincheras el *Tractatus logico-philosophicus* que le abrió las puertas de la universidad británica. Durante los años veinte, fue un innovador y autoritario maestro de escuela rural, un sorprendente arquitecto y diseñador racionalista. En la Segunda Guerra Mundial un imaginativo asistente de laboratorio, inventor también de un eficaz método para medir la presión arterial. Después, un súbito doctorado en Cambridge con Moore, una beca de investigación con Russell, y el profesorado... con apenas veinte mil palabras publicadas.

El joven desconcertado que llamó a la puerta de Russell en 1911 había roto de una vez con todas las convenciones que habían tejido durante siglos la insalvable respetabilidad británica: extranjero, de formación heterodoxa, ensimismado y abstruso, poco dado a actos y estratagemas, y altivamente seguro de los errores del mundo. Un alma atormentada que destilaba las contradicciones del gran mundo vienés en pleno abismo: Mahler, Schönberg, Berg, pero también Moritz Schlick y su círculo, el demoledor Kraus y el inconfesable Weininger. Es curioso que cuando las identidades se crisparon durante la anexión nazi, los Wittgenstein hicieron piña y consiguieron «arianizar» su linaje a fuerza de millones y maniobras financieras internacionales. El propio Ludwig viajó dos veces a Nueva York para discutir con los abogados de la familia la estrategia más oportuna y menos costosa.

Popper procedía de la élite profesional vienesa consolidada por la benevolente autarquía del emperador. Su padre era un brillante abogado y su madre un exquisito ejemplo de alta burguesía cultural. Una familia que personalizaba las viejas virtudes del liberalismo austríaco: propiedad, derecho y cultura. Convertida al protestantismo, además, como iniciativa ética exigida por la reivindicación de una modernidad cosmopolita. Sin embargo, las férreas leyes nazis de Nuremberg fueron menos matizadoras y dieciséis miembros de la familia acabaron en Auschwitz.

Popper se formó en el socialismo atemperado de la escuela liberal y se radicalizó durante los conflictos revolucionarios de 1918 hacia un comunismo sentimental. Universitario brillante, fue profesor de bachillerato mientras preparaba *Lógica de la investigación*, cuando ya Hitler invadía Austria. Un viejo compañero de Carintia, en riguroso uniforme SS, lo persuadió bien pronto del cariz de los tiempos: «Yo no argumento —le confesó—. Disparo».

Con su libro fresco y la mejor acogida —Bohr, Carnap, e incluso Einstein, quedaron impresionados—, Popper se lanzó a la conquista de Inglaterra en una serie de conferencias que marcaron época y descubrieron las habilidades dialécticas del pulverizador del dogmatismo historicista. Exiliado durante la guerra en la Universidad de Canterbury, en Nueva Zelanda, Popper redactó *La sociedad abierta y sus enemigos*, publicada entre mil dificultades y con el concurso de Gombrich en Londres en 1945. Su impresionante laboriosidad —en 1944 había publicado también *La miseria del historicismo*— y los buenos oficios del adusto Hayek le abrieron la London School of Economics, desde donde alcanzó a ser uno de los indiscutibles maestros del pensamiento de la sociedad occidental contemporánea, en su vertiente neoconservadora, cuando menos.

Es curioso, pero en la tensa atmósfera de la destartalada habitación universitaria de Cambridge se zanjó, al margen de desautorizaciones y rectificaciones posteriores, el futuro de un pensamiento incandescente e irreductible a los severos correctivos de la historia. El magnético Wittgenstein, fascinador de Bloomsbury y protagonista de excepción de una filosofía sin condescendencias mundanas, rompía la baraja frente al probabilismo antiutopista de Popper. Un diálogo imposible. Las quince referencias a

Wittgenstein en *La sociedad abierta* son todas hostiles. Descartes había buscado en sí mismo los argumentos para un conocimiento seguro. Los empiristas británicos, con Locke y Hume, habían establecido una tradición basada en la cautela y el buen sentido, temerosos de las generalizaciones engañosas. A partir de Russell, sin embargo, las palabras son el filtro para comprender el mundo. No podrá entenderse sin ellas. Wittgenstein abandonó paulatinamente el dramático idealismo lingüístico —la caza de cualquier malentendido comunicativo— por un lenguaje comunitario de reglas de significado. Pero Popper fue siempre un luchador que pretendió reinventar tentativas razonables de diálogo para viejos argumentos demasiado abstractos. La filosofía condensa todas aquellas primitivas proposiciones que asumimos como verdaderas en la ciencia sin probarlas; un programa arriesgado, por supuesto. Para quienes nos ocupamos del arte, la actitud fue premonitoria: si es difícil decir lo que se percibe, el silencio parece un elegante gesto de respeto.

Nuestro olvidado Joan Fuster concedía a la filosofía analítica, que incendió nuestra vieja universidad de curas y funcionarios, un efecto detergente. La prepotente filosofía de Popper provoca todavía, sin duda, un saludable efecto astringente en pleno desmadre verbalista posmoderno.

(18 de marzo de 2001)

AZUL DE PRUSIA

El romanticismo fue sin duda un acto de fe en el arte. El «espíritu del tiempo» romántico define al artista moderno como el creador audaz que apuesta por la trascendencia estética y descubre el significado de una obra determinada en un mundo sobrepuesto al arte. El artista debe mostrar a las «almas de plomo», incapaces de elevarse por encima de su estatura, cómo transfigurar un universo que es y no es subjetivo, y sólo a medias personal: el reino del arte. Madame de Staël, en un desproporcionado tratado de contundente fuerza persuasiva en su época, *De la influencia de las pasiones sobre la felicidad* (1796), proponía el retorno al juego de la imaginación, la vuelta al cosmos de las imágenes donde la subjetividad es aún capaz de recrear el estado de naturaleza y gozar su propia sensibilidad e incluso abandonarse al deseo sin objeto. Pero el artista es un ser apasionado por definición, y las pasiones nos inclinan a la dependencia, al sometimiento, a las querencias por encima de cualquier exigencia normativa.

La recuperación de Caspar David Friedrich para el lector anglosajón por mi viejo amigo Werner Hofmann, antiguo director de la Kunsthalle de Hamburgo, en una modélica monografía, tiene algo de síntoma renovador de la historiografía al uso y pretende subvertir los criterios tradicionales de adscripción y escuela llegado el momento de valorar la singularidad artística de un creador. En efecto, el libro de Hofmann representa la primera ofensiva seria de romper los moldes homogéneos del estilo y separar el romanticismo artístico de incómodas determinaciones nacionales, articuladas en la época para centrarse en el hilo conductor que teje las semejanzas y disonancias que se afirman visualmente en toda obra de arte original.

Inquieto ante la caracterización «étnica» del artista que permite la invención de un germanismo romántico articulado a partir de la obra de Friedrich, Hofmann apuesta por diferenciar una sensibilidad nórdica —no clasicista— del romanticismo fácilmente discernible en el despliegue cultural prusiano, en el que como cruel paradoja el artista fraguó sus mundos de arte. Un mundo históricamente concreto en el que objetividad y religiosidad se entrecruzan en busca de lo sublime universal y que impregna incluso la reflexión sugerida por la estética de la subjetividad del arte de Kant y Lessing —argumentada años atrás por el historiador norteamericano Robert Rosenblum.

De hecho Caspar David Friedrich consolida la tradición del paisaje romántico sentimental, como pudimos constatar en la brillante exposición del Prado años atrás, que también habíamos visto en la Fundació "la Caixa" de Barcelona. Su obra deriva de una minuciosa investigación de la naturaleza, pero se fundamenta en la escrupulosa secuencia de dibujos que configuran un momento de visión, sintetizado con la mayor intensidad formal en el desarrollo de la obra de arte. No es casual que las mejores obras de Friedrich sean las más tempranas, puesto que demuestran que jamás pretendió la mera transposición de la naturaleza mediante el ilusionismo artístico realista, sino su apreciación desde la «mirada interior»: la intensificación formalizada del sentimiento y su trascendencia significativa. Un orden estético de fuerte contenido emotivo y escasa voluntad descriptiva.

Hofmann aclara con prosa precisa las innovaciones que el artista establece para lograr esa nueva configuración visual que, en adelante, se calificará de romántica. Friedrich elude las convenciones constructivas del renacimiento y acentúa la fuerza de la pincelada autónoma, directa, que rebasa el límite del plano pictórico en una suerte de expresionismo atemperado de certera eficacia cromática. Además, una astuta manipulación del sombreado y la composición en planos superpuestos alcanza efectos de profundidad que lo acercan al colorismo aéreo veneciano, pero sin estridencias, y lo distancian de las cadencias realistas e incluso de la perspectiva lineal.

Friedrich se propone espiritualizar la naturaleza a través del arte y descubrir en ella las raíces de un panteísmo programático que intensifica la reflexión artística del romanticismo —con Hölderlin, Novalis y el joven Hegel— como vio mejor que nadie Benjamin. Curiosamente Friedrich capta de espaldas a los personajes, perfilados en una naturaleza imprecisa que difumina su fisicalidad. Esta actitud pictórica quizá induzca a pensar en Constable y Turner. Pero con una diferencia esencial: las escenas nunca quedan esbozadas en trazos de signo impresionista *avant la lettre*, sino más bien parecen rehechas artesanalmente. *Árbol solitario*, hoy en Berlín, alegoriza sin duda la soledad constitutiva de la humanidad —un árbol desmochado en un paisaje en el que la luz gradúa la evolución volumétrica hacia un infinito de colores irreales—. Un paisaje «ideal», en suma, evocador e interventivo, y muy distinto del que impondrá en el siglo siguiente el dramatismo expresionista y gestual de Beckmann y Kokoschka.

Los paisajes de Friedrich son siempre aproximaciones épicas a la naturaleza, traslaciones casi literales de su grandeza cósmica que van más allá de determinaciones locales. No por azar Hofmann apela a la «iconización» del paisaje para dar cuenta de esa metáfora trascendente que somete el paisaje natural a la sensibilidad poética de la filosofía del arte. Una figuración inédita que se justifica en la tensión refleja entre naturaleza y visión.

Crepúsculo sobre el mar (1822) muestra tal vez la quintaesencia del legado pictórico de Friedrich. Un hombre y dos mujeres recortados sobre una roca, absortos ante un mar detenido en el tiempo. Apenas podemos aventurar qué están mirando, pues tan intenso es el equilibrio visual que exige el cuadro. ¿El estilizado velamen de las naves? ¿El reverbero violáceo del agua? *Retrato de mujer* (1842) muestra a su mujer en pie, a contraluz, en una habitación oscura que simula un mundo ajeno, cortada en la ventana que se abre al Elba. En lontananza, los árboles del embarcadero y los mástiles de las pesqueras que surcan el río. Acaso en estos breves apuntes plásticos se condense mejor que en cualquier digresión teórica la poderosa «aura» de un paisaje idealizado que aspira a alegoría de la contemplación religiosa. Se afirman como momentos sublimes de la experiencia estética.

Que Friedrich compartiera las esperanzas de libertad que estimularon la emancipación revolucionaria del pueblo alemán, que las simbolizara en estas ensoñaciones inefables, es tema abierto a discusión. La pureza del espíritu debe buscarse no en la vida, sino en el lenguaje poéticamente formado, decía Benjamin. Pero los románticos descubrieron también el «aspecto nocturno de la naturaleza», oculto en las serenas escenas contrarrealistas de Friedrich.

También el arquitecto Schinkel recuperaba los temas patrióticos que se gestaron durante la ocupación alemana para atemperar su visionario clasicismo berlinés. Las brillantes panorámicas, deslumbradas por la luz, se interpretaron en su tiempo como metáforas de las aspiraciones «góticas», nacionales, simbolizadas por la catedral medieval: un potente emblema de la identidad de un pueblo. Pero eso es otro asunto, y atañe a la fantasía romántica de figuras con paisajes, de hombres y pueblos anulados por el realismo político de la Europa imperial. A menudo la distancia entre simbolismo y *kitsch* la señala una tenue hebra de seda.

(1 de abril de 2001)

UN SIGLO DE ARTE MODERNO

Con discreción anglosajona, la galería Whitechapel de Londres cumple cien años. El dato es relevante por razones distintas y constituye un motivo de satisfacción para quienes nos interesamos por la evolución del arte contemporáneo y, lo que es más importante, las gradaciones contradictorias que desde el punto de vista del arte plástico han forjado la sensibilidad actual.

La puerta de la galería Whitechapel se abrió en marzo de 1901. Su objetivo fundacional pretendió ofrecer un espacio respetable para las exposiciones temporales dirigidas a un público que ya se entendía ambicioso y plural. Una audiencia nueva formada en la didáctica de Morris, el movimiento Arts & Crafts y el magisterio de Ruskin. Un mundo que reivindicaba la artesanía y la destreza profesional, por supuesto, pero que apostaba también por las audacias de la imaginación creativa en tiempos de prevanguardia. Éstas eran, al menos, las aspiraciones de sus fundadores: el canónigo Samuel Barnett of Toynbee y su esposa Henrietta, dispuestos a romper lanzas por las empobrecidas comunidades migratorias del East londinense. Una sucesiva oleada de recién llegados —hugonotes, somalíes, judíos huidos de los pogromos europeos y rusos, como los padres de Guston y Rothko, bengalíes y nativos de la conflictiva Bangladesh—. Un estrato social multicultural, multirracial y abigarrado, sólo unificado por una pobreza alarmante y agotado por dos lacras que muestran el envés del esplendor imperial —el alcoholismo y la prostitución.

Una propuesta ética, si bien se mira, confiada a la terapia del arte. Lo cierto es que a lo largo del pasado siglo la Whitechapel ha presentado más de setecientas exposiciones, diez mil obras en total, exhibidas en un programa intenso, completado con conferencias, talleres y visitas guiadas en un momento de suntuosidad artística burguesa, cuando lo importante parecía ser visualizar el esplendor británico. Un auténtico contrapunto. No es casual, cuenta la anécdota, que la entrada de la galería esté situada a pie de calle, sin escalones ni *hall* efectistas que invoquen el distanciamiento que solía ser característico de los «templos del arte» (Royal Academy, National Gallery...).

Además, y no es efecto mínimo, la galería puede vanagloriarse de haber impulsado el despegue creativo de algunos artistas fundamentales para comprender el siglo (caso Freud), estimulados por la autonomía y el inconformismo de las propuestas pioneras de Charles Aitkl, su primer director. Un proyecto para iluminar e ilustrar el sórdido mundo dickensiano con la desafiante mirada vanguardista de Gaudier Brzska a Gris y Julio González, Picasso, los cubismos y el vorticismo de Pound y Wyndham Lewis a partir de 1930, cuando la Asociación de Estudiantes convirtió los espacios de la Whitechapel en el lugar de sus manifestaciones radicales. Eran los años de la efervescente entreguerra británica.

Nada menos que el *Guernica* de Picasso pudo verse en sus salas —emblema de la exposición «Nuevo arte español» de 1939—, frente al que Clement Attlee lanzaba un vehemente alegato republicano para recabar fondos. Nicholas Serota intentó, durante los ochenta, repetir la hazaña de vuelta a España del tótem artístico, pero la experiencia no tuvo lugar, lamentablemente. Eran otros tiempos.

A partir de 1948 la galería se estabilizó económicamente con un activo patronato dirigido por Hugh Scrutton, que negoció fondos de los consejos locales y del Art Council, que acababa de inaugurarse. Por primera vez, se mostraban también en una presentación pionera el arte tradicional y el popular como una unidad significativa de indiscutible valor moderno: interesaba provocar una respuesta estética sensible en el espectador. Black Eyes y Lemonade lo consiguieron con creces, y dieron entrada a un despliegue sorprendente de grandes individualidades creativas, que marcan el desarrollo de lo nuevo: Mondrian, Malevich, De Staël, Poliakov junto a grandes británicos como Henry Moore o Robert Colqhoum, Lucien Freud y David Hockney ya en los años setenta.

La exposición conmemorativa intenta dar cuenta de este pasado brillante, dejando hablar, sin demasiadas apostillas didácticas, a casi un centenar de obras —pinturas, dibujos, esculturas y vídeos encargados para celebrar el acontecimiento—. La muestra, confiada al ojo posmoderno de Anish Kapoor y Rosemarie Trockel sobre una idea de Catherine Lampert, arranca, como exige la corrección política actual, del efecto sorpresa, y atempera la linealidad histórica de movimientos y tendencias. La consecuencia es a menudo saludable, a veces penosa, como es fácil aventurar, asumido el riesgo de desplegar un complejo heterodoxo de «cosas» que han sido calificadas como arte en nuestro conflictivo siglo pasado.

Es sugerente la inclusión de pioneras esculturas híbridas como *Loca* (1962), de Anthony Caro, las frágiles tramas de Eva Hesse, *Tomorrow Apples* (1965), y los soberbios retratos de Frida Kahlo y Philip Guston. La primera se presentó junto a las fotografías de Tina Modotti en 1982, para captar el contexto revolucionario mexicano en los veinte. Siqueiros y Toledo, éste el año pasado, demuestran la sensibilidad de la galería hacia obras extraterritoriales. Como las de Tunga (1989) o Kuitca (1995), en un ambicioso proyecto de colaboraciones internacionales que, en mi época, pasaba por el IVAM y después por el Reina Sofía.

La impresionante pintura autobiográfica de Guston *Painting smoking, eating* quiere ser un manifiesto de la nueva figuración desde la ironía estética del criticismo consumista: un hombre tumbado en un lecho con un cigarrillo en los labios, sepultado por un marasmo de productos de supermercado. *This is tomorrow poster* (1956), de Richard Hamilton, abrió la galería al arte de la calle y fue un pretexto para una empresa colectiva —doce arquitectos, pintores y escultores, protegidos por el legendario *collage* del artista, que demostraban la civilización del consumo e inauguraban la era pop de la cultura visual británica que culminaría con los Beatles.

De hecho, el radicalismo instigado por la galería Whitechapel ha permitido muestras tan renovadoras como «Modern Dutch Art», en 1921, que hizo justicia al neoplasticismo constructivista de importancia poderosa en el arte actual. O las arriesgadas «New Generation», a partir de 1964, que contagiaron el páramo artístico británico del momento, anclado en el decorativismo paisajista, de las maneras rupturistas del objetivismo contemporáneo: Bridget Riley, Patrick Cauldfield y Philip King.

Ivona Blazwick asume la dirección el próximo verano. Firmemente implicada en el éxito mediático de la Tate Modern y una de las conservadoras estrellas del nuevo firmamento británico posmoderno, debe formular una respuesta que respete la sensibilidad histórica —o el legado impresionante de cien años de arte grande— y apueste por un espacio de arte para la imprevisible sensibilidad del siglo que empieza. Enorme desafío.

Nietzsche ha denunciado con mayor eficacia que nadie el agobio de la historia sobre el hombre moderno. El historicismo miraba a la historia retrospectivamente para congratularse en lo glorioso y logrado de su curso. Frente a ello, la inseguridad del sentimiento de la vida: nadie sabe a ciencia cierta quién es y hacia dónde quiere ir. Ansia de imitación, de lo inauténtico: el espíritu del como si. Hasta aquí el filósofo, con su acerada advertencia. Que el espíritu Whitechapel culmine el nuevo siglo.

(15 de abril de 2001)

UN REALISTA EXCÉNTRICO

Parece que asistimos al retorno del realismo artístico. La nueva figuración arrasa en los espacios expositivos y una reticencia, más caprichosa que argumentada, pretende cuestionar cualquier configuración de la percepción sensible —performativa o visual— que prescinda de la legitimación historicista. La actitud no es nueva ni original: basta pensar en la reconversión clasicista de la entreguerra europea.

Ni siquiera el genial Turner pudo eludir el reproche académico. Sus pinturas descuidaban la línea y la composición clásicas para transformarse en meros «ejercicios de imaginación». Incluso el fiel Ruskin se las vio y deseó para justificar las maneras impresionistas e intuitivas del artista, obstinado en componer sus pinturas a partir de un deslumbrante foco lumínico que protagonizaba el «drama cromático» plasmado sobre el lienzo.

Para quienes hemos sido educados en la didáctica de la memoria, el realismo es el lenguaje artístico de la tradición occidental. Los tratadistas del arte renacentistas inventaron un nudo de conceptos básicos que sintetizaban la formulación matemática del universo y permitían su transposición a escala en el cuadro. Los grandes creadores de la época tradujeron el canon de verosimilitud al que los griegos adaptaron la figura humana en una sintaxis artística polivalente capaz de alcanzar la semejanza con el mundo natural a través de una depurada idealización de los rasgos clásicos distintivos. Se ha dado en llamar a la conversión normativa estilística académica de esos rasgos formales «realismo», calificado de ilusionista para sugerir el carácter forzado y artificioso de la construcción figurativa.

También *Mímesis* para los griegos significa imitación, pero idealizada, puesto que persigue un modelo de belleza que quiere ser perfecto e intemporal. El realismo anatómico adquiere sin embargo en el renacimiento tantas formulaciones como propuestas artísticas válidas para captar «una cierta idea» de verdad sensible más allá de la experiencia. Algo así como la perfección a escala humana. Los géneros artísticos se emancipan de la figuración, pero mantienen el principio de fidelidad normativa que hace legible el arte para la tradición occidental: un realismo, pues, de convenciones.

Curiosamente lo que hoy entendemos por realismo artístico transgrede esa convención teórica que proporciona un arte sin tiempo y media con intencionalidad expresiva, narrativa o gestual, en el espacio artístico para dar una visión subjetiva de un tema determinado. El naturalismo decimonónico de tendencia fotográfica no fue otra cosa que la extrapolación de esta actitud: un realismo amanerado de puro convencional, fijado en la objetividad retiniana del motivo artístico.

El distanciamiento militante del modelo historiográfico en boga hasta ayer, empecinado en una secuencia de estímulos y respuestas visuales, lo que llamamos estilos, ha dado entrada a la reivindicación de modos expresivos originales, con mayor o menor solvencia artística, que quedaron arrumbados por el fragor de la batalla vanguardista y basaron en su excentricidad su vigencia intempestiva. Azares mil, como la remodelación nacionalista fulminante de los fondos de la Tate Britain, han estimulado el redescubrimiento actual de la obra de Stanley Spencer, un pintor original que consiguió una curiosa autonomía en el debate de los realismos de entreguerras: clasicismo o intervención fue la fórmula mágica frente al escapismo intelectual de la abstracción, bien fuera lírica o neoplasticista.

Spencer (1891-1959) fue hijo de un organista rural y destacó en la escena londinense de preguerra con *John Done arriving in heaven* (1911), presentado en la segunda exposición postimpresionista. Mostraba ya las claves de una estética personal que el tiempo aceró sin apenas cesura. La exposición que hasta julio muestra la Tate resulta quizá excesiva y de carácter demasiado acumulativo. Intenta hacer justicia a la obra del artista sobreponiendo sin demasiado equilibrio formal dibujos y óleos con el laudable propósito de demostrar que la aparente excentricidad británica de su pintura responde a una razonada estética de largo aliento: la naturaleza cambiante de la experiencia artística contemporánea.

Sin embargo, el recorrido por las salas viene a corroborar la chocante fidelidad de Stanley a su tiempo, desde una actitud francamente singular e indiscutiblemente narcisista. Un amplio despliegue de pintura religiosa, obsesiva en su obra, que realza el testimonio de sus años bélicos en el frente macedonio durante la Gran Guerra. *Swan upping* (1915) clarifica el distanciamiento de Spencer de la antifiguración generacional, y *Travoys* (1918), tal vez la más ocurrente de las obras en liza, adelanta la visión metafórica de un descalabro moral: la pérdida del paraíso y el abismo de una época dislocada que abrió la guerra. Una década después, volverá al tema en el *Memorial chapel* (1927-1930) como homenaje al soldado caído. Su tributo a Giotto, en la capilla de Padua, es equívoco: prefiere el óleo al fresco y evita la grandiosidad moralizadora para incidir en el día a día de un desconcertado soldado: «Quiero reflejar las maravillas de un nuevo día de paz». Pero Spencer debe su popularidad a una fórmula de discutible originalidad: un detallismo pictórico de disciplina prerrafaelita y una estructura planimétrica virtual casi cubista. Así, *A village in heaven* (1937) describe una contenida orgía campestre, teñida de figuración surreal, mientras que *Adoration of old men* (1937) es un homenaje al Bosco con pretexto bíblico que acentúa la irreverencia. *Christ in the wilderness* (1939) convierte al artista en un cristiano disidente —Cristo desnudo en pacífica compañía entre las bestias.

En el caso de Spencer, la pintura no disimula los rasgos trágicos y sobrecogedores de la autobiografía intencionada. *Beatitudes of love* es una serie a la memoria de su esposa Hilda, con quien rompió pronto pero a la que convirtió en confidente ideal. Impresionan las cartas que le escribió después de muerta, ¡algunas de cien páginas! En la Segunda Guerra Mundial, Spencer pacta con el mundo exterior e interviene en proyectos del comité de artistas en guerra: las piezas del altar para el proyecto de Glasgow son el resultado —*Burners* (1940) y *Wilders* (1941), por ejemplo, apocalípticas premoniciones de una industrialización deshumanizadora e irreversible.

Desde mi punto de vista, sin embargo, en la obra de Spencer destacan los retratos y los soberbios desnudos —algunos tan explícitamente eróticos que fundamentaron la vergonzosa persecución del artista y la acusación de obscenidad que lo llevaron a abandonar la Royal Academy—. La viveza y rotundidad del retrato doble, *Self portrait with Patricia Preece* y *The leg of mutton nude* anuncian a Freud, y en *Hilda unity and dolls* y *Desire* un malicioso barruntó a Botero.

Como experto manipulador de las convenciones del realismo antiexpresionista se aproxima a Otto Dix, pero carece de la dureza emotiva y la nitidez formal del alemán, como tampoco alcanza la etérea plasticidad de las fantasías religiosas de Chagall. La comparación con Hooper me parece gratuita, pues elude los espacios casi metafísicos del norteamericano y su atmósfera de cotidianidad inquietante. Tal vez *Love letters* (1950), de la colección Thyssen-Bornemisza, nos da la síntesis más certera del lenguaje imaginativo de Spencer. Un homenaje a la mujer transformada de nuevo en retablo de altar. Un realismo con fronteras, en definitiva. En este caso, las aguas traicioneras del Canal.

(14 de mayo de 2001)

ARTE AL CUBO

La definición más asequible del cubismo se la debemos a Juan Gris: intentar hacer concreto lo que es abstracto... «Si Cézanne convierte una botella en un cilindro, yo saco una botella de un cilindro.» Sin embargo, la práctica artística se encargaría pronto de demostrar las dificultades de poner en acción tan sencillo enunciado. Una temprana evidencia de la complejidad del tema y las serias dificultades que entraña la renovación de un modelo perceptivo nos llega ahora por partida doble: la fascinante recuperación del itinerario imaginativo de Albert Gleizes —Museo Picasso de Barcelona, hasta el 5 de agosto— bajo la invocación equívoca de «Cubisme en majestat», y la concienzuda monografía de Peter Brooke *Albert Gleizes. For and against the twenty century* que acaba de publicar Yale University Press.

Gleizes ha sido víctima del simplismo historicista de Kahnweiler —no hay más cubistas que los míos: Picasso y Braque— y de la complicidad un punto hermética de los artistas citados, que nunca se tomaron demasiado en serio los acertijos adivinatorios del esforzado galerista de París, y mucho menos la especulación formal trascendente que desde un primer momento adelantó Juan Gris. Y eso pese a que a partir de 1912 Gleizes es el autor de *Du cubisme*, escrito con Jean Metzinger, ensayo pionero de interpretación y sistemática del cubismo de gabinete que tan buenos argumentos sigue suministrando a los historiadores.

Por el contrario, Christian Briend prioriza en su retrospectiva barcelonesa las obras como un todo cohesivo, consiguiendo un admirable equilibrio formal que muestra la seriedad constructiva del proyecto de Gleizes y deja en anécdota la dudosa vuelta a la figuración de los años maduros. *Portrait de l'éditeur Eugénie Tipier* y *Joueurs de football* ejemplifican el desafío visual del cubismo de Gleizes en su momento más denso, cuando se desentiende de formularios y aventura una admirable estética original que se cierra con los grandes retratos de preguerra. Así pues, ni epígono ni segundón, sino un riguroso fantaseador del legado formal cubista entendido como la configuración sensible mejor conseguida de la modernidad contemporánea. Pero el cubismo de Gleizes termina por reivindicar el impulso visivo, que se sitúa por encima del cerebral equilibrio compositivo. Gleizes adquiere así plena conciencia del carácter activo de las formas que reinventan sobre el lienzo un drama plástico, pero a partir del ritmo que regula el complejo sensible.

El fenómeno de la creación —la fórmula es de Gleizes— no puede ser la mera imitación superficial de lo que preexiste, sino la búsqueda de la ley interna de la representación. No es casual que Gleizes rechazara pronto el impresionismo, puesto que para él la percepción instantánea, intuitiva «deformaba» cualquier solidez formal. Se imponía la vuelta al volumen, sobreposición de puntos focales para captar una «imagen total» sobre la tela, y la reivindicación de la superficie plana como campo de afirmación de la pintura. Tales son, en opinión de Brooke, los conceptos que vertebran el ideario estético de Gleizes: una apropiación atenta y creativa, si bien se mira, de las estéticas formalistas que Berenson y Venturi proponían en aquellos años, pero también es verdad que la experiencia norteamericana, el impacto urbano de Nueva York en los meses de Armory Show influyeron fuertemente en la orientación de Gleizes hacia el futurismo primero y el divisionismo cromático más tarde. En definitiva, la asimilación artística, sin complejos de tendencia, de la condición decorativa que impone la dinamización de los vectores formales en el cuadro.

La estridente conversión de Gleizes al catolicismo tras la guerra y su compromiso con el padre Regamey por un nuevo arte sacro, y después el retorno a una estética medieval pero sazonada brillantemente por los logros figurativos del orfismo, son un eslabón ajustado al repudio de las estéticas tecnológicas que se imponen en el espacio del arte a lo largo del siglo.

El cubismo supuso, en efecto, una ruptura radical con el viejo arte aferrado a la traducción ideal de los modelos naturales. Representar la tercera dimensión y el volumen sobre el plano sin evocar la dimensión espacial abierta exige sobreponer simultáneamente en él los diferentes aspectos que dan forma a un objeto cualquiera. Un ejercicio intelectual de la pintura, en suma, y el retorno al laboratorio del arte que había desautorizado el realismo óptico de la pintura *à plein air*.

Pocos pintores vivieron esta aventura intelectual con la intensidad de Gleizes. Compartió con Picabia y Duchamp el fragor de la batalla vanguardista que invalidó para siempre el confort constructivo tradicional. Pero su obra prueba el calado teórico que acompañó sus trabajos pictóricos. Para Gleizes, la abstracción y el auge antifigurativo de la pintura moderna es la consecuencia más saludable de la revolución cubista.

Los movimientos artísticos que agitaron los siglos XIX y XX demostraron sin graves fisuras la misión emprendida por el cubismo —escribía Gleizes en 1949—. El cubismo fue el primer movimiento pictórico que denunció la preponderancia usurpadora del tema, apresurándose en ofrecer a la mirada una pintura que busca en sí misma su razón de ser. Un arte de ritmos y secuencias frente a la exploración espacial renacentista.

La majestad dramática que Apollinaire veía en las representaciones de Gleizes permite captar la individualidad formal de los elementos en despliegue, pero ha devenido con el tiempo en ocurrente jugueteo cromático que convierte en corrientes de aire fresco artístico las obras últimas del artista. El ciclo *Supports et contemplations* o los *Arabesques* de los cincuenta son el mejor ejemplo de la «dinámica de la mirada» que activa, con eficacia contagiosa, el denostado legado de la abstracción. Al parecer, casi eterno.

(3 de junio de 2001)

MALRAUX, UN CORAZÓN AVENTURERO

Los argumentos no hacen más que perjudicar la belleza de una idea, adelantaba con deje amargo Wittgenstein desde el frente austríaco. Me perdonará el lector, pero con esta sensación cierro la magnética biografía *Malraux. Une vie*, de Olivier Todd, recién publicada por Gallimard. Arrastrado por el personaje, el biógrafo ajusta cuentas con su tiempo desmenuzando con frialdad notarial los desajustes y enormidades urdidos por un «corazón aventurero» convertido en mitómano persuadido hasta la patología de la verosimilitud de sus propios desvaríos. Malraux fue hombre de extremos y parece injusto someter al ejercicio del rigor el rapto épico al ritmo del que Malraux tramó su vida. Una vida de «cicatrices» jamás cauterizadas, según el emotivo alegato final de Todd.

La construcción de la utopía en una sociedad de masas y democrática ha sido el sueño inconfesado de los grandes rebeldes que fracasaron, reconocía recientemente un activo ideólogo en retirada. La búsqueda de la utopía fue quizá la clave ideológica de la modernización industrial en los albores del siglo pasado, transformada en la mitología de un mundo nuevo pero narrado con el lenguaje contrapuesto e irreductible de las fuerzas hegemónicas en conflicto: el capitalismo universalizador emergente y las equívocas consideraciones de un socialismo imposible. El sueño utópico ha tenido, por qué negarlo, un inmenso poder de persuasión que ha transformado la percepción moderna del mundo material y multiplicado por magnitudes inconcebibles la investigación tecnológica que ha potenciado la rectificación irreversible de lo que llamamos «el mundo del hombre».

Una consecuencia tal vez no deseada de ese estado de cosas es la inseguridad galopante que caracteriza los trabajos de recuperación histórica y la construcción de narrativas que hagan inteligible nuestra historia inmediata. Así, entre las estrategias narrativas en alza vive momentos de excepción el género biográfico, más sufrido que el relato histórico descriptivo por su ductilidad en la evocación de personajes y circunstancias que el rigor del dato concreto no siempre autoriza. Las biografías son, para decirlo con brevedad, libros de autor. Reconstrucciones intencionadas de los detalles que mejor se ajustan al perfil requerido por el tiempo narrativo impuesto por el autor.

Olivier Todd ejerce el periodismo de investigación con éxito unánime. Educado en la Sorbonne y Cambridge, responde a la formación fronteriza que se exige al mejor profesional. Dos tentativas biográficas previas lo aseguran con creces: *Jacques Brel. Une vie* (1977) y su modélico retrato *Camus. Una vida*, traducido al castellano con elocuente eco crítico. Tood es, además, un narrador hábil y autor de relatos de ficción de trasfondo histórico —*Une demi-campagne* (1957), *Les canards de Ca Mao* (1975), entre una decena larga de títulos.

En *Malraux. Une vie*, el personaje es casi un mito fundacional de la cultura contemporánea francesa. La Francia de casi ayer tampoco resulta un tema neutro. Todd airea los entresijos del mito hilvanado sobre la trama legendaria de una época que ya no es nuestra, y avanza nuevas conjeturas sobre evidencias cardinales desatendidas o ignoradas que acaso nos devuelvan un tiempo ido sin la bruma contradictoria y vital que lo convierte en aquello que quisiéramos que hubiera sido.

Malraux saltó a la escena literaria francesa a finales de los veinte. *La tentation d'Occident*, *Les conquerants* y *La condition humaine* impusieron en la cultura francesa un estilo de fuertes tonalidades personales y autobiográficas que aspiraba a reconciliar, a fundir en la acción, en el gesto interventivo radical, literatura y política, a partir de una parábola moral sobre el destino del hombre. Una exigencia, si bien se mira, llevada al extremo teórico por Camus y forzada a la subversión de lo cotidiano por el mejor Sartre: el existencialismo fue para Malraux, a su pesar, el «nido ecológico» natural que justificaba los arrebatos verbales y convertía en consignas los marginales diálogos entrecortados que tejen sus obras.

La vida real de Malraux, escrutada ahora con curiosidad de entomólogo por Todd, nos devuelve el negativo del personaje «deconstruyendo» la secuela de fantasías que el genial novelista impuso en la recuperación personal de su impresionante paseo mundano. Ni prometedor heredero de una saga de banqueros, ni dickensiano desamparado por la destemplanza paterna. Un sensible hijo díscolo de la clase media con mayor audacia que medios, forzado a un trabajo subalterno temprano y convertido enseguida a la aventura especulativa —artística, imperialista, revolucionaria, política..., de todo hubo— pero adiestrado en las armas que manejan con maestría impecable los hombres hechos a sí mismos: la arrogancia y una oportuna amnesia circunstancial. Tood demuestra que la aventura indochina fue poco más que una desastrosa apuesta por el contrabando arqueológico... pero con altas dosis de riesgo, en pleno despertar del anticolonialismo asiático. El legendario descubrimiento del imperio de la reina de Saba en Abisinia parece una patraña de aficionado con buenas relaciones en el Ministerio de Colonias.

De las andanzas aéreas del «coronel» Berger nos quedan *L'espoir* y *Sierra de Teruel* como testimonios indestructibles de una «voluntad de acción» que prioriza lo vivido sobre lo real e incluso lo evidente. Las turbias maniobras malrauxianas en el Moscú de los treinta remedan a Koestler y desfiguran a Ehrenburg. La egolatría trepidante del maquis Dordogne o el Groupe Combat y una oportuna, y fantaseada, actividad resistente *avant la lettre* lo convierten en el aclamado héroe de la liberación que seduce a De Gaulle y lo transforma por ensalmo en el artífice, casi imperial, de la nueva cultura francesa: la recuperación del patrimonio y una hábil política de proyección intelectual que llevó *La Gioconda* a Washington fueron logros mediáticos notables.

Quisiera incidir, sin embargo, sobre un punto que se resiste a la demoledora evidencia de Todd: la temprana conciencia artística de Malraux y su ingenua argumentación de la condición esencial del arte para el hombre. Según Malraux, el arte surge en el tiempo y de su tiempo, pero se convierte en obra de arte cuando alcanza a decir una verdad universal. Y esta verdad se llama inmortalidad, infinito, rebelión, rechazo de la banalidad de la condición humana, en una palabra. El artista es un «combatiente» que afronta el conflicto insoluble entre lo que es y lo que puede ser —de nuevo la utopía— y que el arte preanuncia como posible.

Los libros de arte de Malraux son sin duda magníficos álbumes de las imágenes más inesperadas. El lector se debate entre un texto plagado de afirmaciones rotundas, ajeno a cualquier desarrollo discursivo, y un montaje ilustrativo de probada destreza cinematográfica, casi una cinta muda de figuras sobrepuestas al azar. Los historiadores del arte han sido siempre reticentes con Malraux. Gombrich desmontó su expresionismo artístico reivindicando la tradición como campo de intelección necesario para la obra de arte. Malraux era así un romántico, como Winckelmann o Ruskin, en busca de un absoluto intangible que va más allá de la obra de arte. El mediocrón Duthuit consideró *El museo imaginario* el oráculo del lector inculto que amontona cromos sin conocer su filiación. Algunos malévolos citan la *Historia del Arte* de Faure como el libro de cabecera para el virtuosismo formal de Malraux y ven en la disciplinada *Summa artis* de Pijoan el archivo de datos sensibles al alcance del inescrupuloso depredador...

Sin embargo, ya en el siglo XXI, la vehemencia combativa del esteta Malraux adquiere nuevos matices. El «museo de la imaginación» se acerca como ninguna otra construcción erudita a la sensibilidad posmoderna, saturada de historia y lanzada a la búsqueda de sensaciones inéditas sin cuestionar su procedencia ni la corrección de su percepción actual. La obra de arte permanece, pero la mirada cambia con el tiempo y la recepción responde a las ansiedades de cada época.

¿Agota la historia la experiencia artística? Con ojo contemporáneo, Malraux descompone viejos fetiches escultóricos orientales y los reordena a su voluntad sin respeto por su genealogía formal. Pero ¿qué hacía Picasso? La fotografía colabora como ningún otro medio a la magnificación expresiva del detalle y hace verosímil la convivencia de los objetos más diversos, unificados ahora en tamaño y profundidad. ¿Desorden, intuición, instinto? Tal vez, pero también atención a las metamorfosis de las cosas que amueblan el bazar heterogéneo de imágenes y percepciones que construye el imaginario contemporáneo.

Nadie puede negar que el arte actual vive de la reproducción. La apropiación «creativa» que falsea escalas y proporciones. La «confrontación de metamorfosis» en la equívoca invocación de Malraux. *Le musée imaginaire*, *La psicologie de l'art* y *L'Univers des formes*, la colección dirigida por Malraux que marcó época en la presentación del arte, van más allá de la mera proposición visual artificiosa y sugieren fecundas interrelaciones artísticas basadas en el montaje de imágenes sin tiempo como referente obligado de nuestra cultura visual activa. El relato artístico entendido como una secuencia de flashes perturbadores.

Los escritos de Malraux reflejan premonitoriamente el mestizaje artístico de hoy, cuando la familiaridad con la cultura visual de la humanidad en su conjunto pasa por Internet y alcanza a todos. Malraux asegura que el único método válido de apropiación del arte exige reivindicar la experiencia artística que despierta: en el museo imaginario cada cual puede ordenar las obras que mejor cuadren con su sensibilidad. *Les voix de silence* y *La tête d'obsidienne* conmueven todavía con mayor intensidad que los heteróclitos destilados que rezuma la sutileza historiográfica. ¿No es la estética una ciencia adivinatoria? ¿Qué más cabe esperar de un fascinante fabulador de barricada?

(17 de junio de 2001)

LA CASA DEL SUEÑO

La Tate Modern celebra su primer aniversario cediendo su espacio más significado al artista español Juan Muñoz. Motivo de satisfacción para todos los ciudadanos españoles y particularmente para quienes desde Londres hemos seguido entre el interés y la sorpresa la singladura de la vieja Power Station.

Años atrás, cuando el proyecto del Guggenheim bilbaíno empezaba a despuntar, un buen amigo norteño me garantizaba el éxito de la iniciativa: Bilbao necesita el museo, la gente de la calle lo quiere y las instituciones precisan un gesto optimista que devuelva el viejo orgullo a la ría. Mi amigo tenía razón. El nuevo museo había de convertirse a no tardar en el símbolo de una nueva voluntad resurgida del rescoldo histórico. Que la inversión fuera costosa, que el programa se resintiera de una teledirección no demasiado considerada, que la franquicia expositiva disimulara malamente la carencia de una colección argumentada con criterios artísticos..., en el fondo eran pequeñeces. La realidad es un hecho, y el pellizco de titanio de Gehry asombra a propios y extraños. Las exposiciones se suceden al ritmo de novedad de los tiempos y las cuentas se diluyen en el espacio público como una justificada apuesta por la cultura común. Debo confesar, y lo adelanté en los inicios del proyecto, que la institución beneficiada es el legendario Museo de Bellas Artes de Bilbao que ha sabido aprovechar el buen viento para reordenar su proyecto hasta convertirse en uno de los territorios de arte más ajustados a los criterios que ordenan cualquier museo histórico de calidad internacional que se precie.

El caso de Barcelona es distinto. Las Olimpiadas abrieron la ciudad al mar y reconvirtieron al diseño posmoderno las viejas quimeras ciudadanas. La trama museística de Barcelona es antigua y acreditada, y hubiera bastado un leve ejercicio de convicción para presentarla a la altura del siglo. Pero la hipoteca rupturista gravita todopoderosa sobre el imaginario intelectual. El Museu d'Art de Catalunya, el Museu Picasso, la Fundació Miró y la pionera colección contemporánea de "la Caixa" satisfarían la más ansiosa alternativa de reconocimiento cultural en cualquier sociedad mínimamente equilibrada. Los esfuerzos titánicos del Macba con la imprescindible incursión Meier tiene sobrado contenido en cuanto de nuevo se formula en el cercado del arte visual que se hace hoy, sin impertinentes componendas, a la espera de un programa que clarifique sus objetivos. Lo demás, a qué sorprendernos, es cometido institucional que una política cultural de *seny* y respeto al contribuyente debería subsanar sin demasiadas cesuras.

Sin embargo, la Tate Modern nacía impulsada por una vieja carencia: la sensibilidad contemporánea había sido sintomáticamente menospreciada por las políticas artísticas británicas casi desde siempre. En un solo año, la Tate Modern ha conseguido marcar una diferencia específica, equilibrando el elitismo con una razonada proyección informativa.

Hace un año se discutía, por fortuna fugazmente, la identidad del proyecto. Hoy la ciudadanía londinense admira y respeta el arte que se hace en su tiempo. Es verdad, a qué ocultarlo, que un excesivo protagonismo «curatorial» ha llevado a desvirtuar los viejos fondos de la Tate Gallery en audaces añadidos no siempre conseguidos. Conviene no olvidar que en la base del proyecto anida la afortunada trivialidad de Serota «experiencia versus interpretación» que ha servido para definir los ideales museográficos. Como si la interpretación no fuera la imprescindible racionalización de la experiencia.

Bien. El primer aniversario de la Tate se celebra con una cuidada recuperación del *arte povera* italiano de los sesenta, de Fabro de Merz, admirable selección: una secuencia de obras de impacto pero concienzudamente vaciadas de la intencionalidad reivindicativa y molesta que estaba en su origen —hacer hablar a los materiales de desecho hasta convertirlos en arte grande—. Y otra admirable selección de Morandi que sorprende por su calidad. También es verdad que Morandi representa hoy la quintaesencia de la corrección política en el ámbito artístico.

Pero el protagonismo del aniversario corresponde a Juan Muñoz. Con audacia de visionario reestructura la emblemática *mezzanina* que fractura el impresionante *hall* de entrada, pero en lugar de convertirla en pedestal para sorprender al visitante ingenuo que se desliza por la rampa de entrada —como hizo la astuta Bourgeois—, la transfigura en un doble fondo en el que se nos presenta una atrevida instalación equívoca y perturbadora. La parte inferior es un angosto hangar que desconcierta: de pronto, sobre un techo ficticio y forzado, unos extraños personajes de la peculiar iconografía del artista desarrollan, ensimismados, un ritual de gestos que destilan una sorprendente narrativa de movimientos en suspenso. Cuchichean, se debaten frente a un espacio ciego, comparten juegos y secretos, al parecer gratificantes por sus muecas, o se abandonan con grave riesgo al abismo. Actúan como una comparsa de vieja trama en el vientre descompuesto de unos residuos urbanos tecnologizados. Al fondo, en un equívoco desafío de luces, dos ascensores vacíos iluminan el acceso a un espacio superior, que sólo se alcanza a través de la *mezzanina*, y nos ofrece un desolador tablero de geometría ilusoria, voluntariamente culta, más cercana a las estructuras imposibles de Escher que a los pavimentos fantaseados de las mejores arquitecturas de Delf, como puede verse en la National Gallery. El desconcierto es absoluto: ¿existen o los imaginamos? Abren a la luz el sórdido interior donde enanos y *gremlins* ensayan una risotada compulsiva.

Es la «casa del sueño» de que hablaba Benjamin. El despertar como un proceso desesperado. Cada época posee una vertiente proclive al sueño, su lado infantil... La irrupción imperiosa de la conciencia despierta consigue la primacía sobre la historia: los hechos se transforman en algo que acaba de acontecer y quedan fijados en gestos que son el cometido del recuerdo. El despertar, ese sopor de duermevela, representa un momento ejemplar del recuerdo: cuando nos atrevemos a recordar lo más próximo, lo más banal. Las múltiples facciones del momento vivido, esquizoides, discordantes, temibles. Muñoz acepta el desafío del espacio cerrado y más que inventar ordena sus viejos fetiches en el claroscuro. Que la instalación despliegue mayor sutileza que su realización es algo que escapa al artista, como la dudosa intervención sobre el imaginario del visitante que busca el espectáculo. Será importante discernir, a un año vista, la experiencia del gesto indiferente: la huida frente a la incomodidad de una mirada que, como la de Jano, nos abre el abismo de lo inaceptable.

Frente a la Tate, el puente vacío de Foster, un año después, nos advierte en silencio de la necesidad de un amplio rodeo para llegar al museo. Contentémonos con invitar a mirar, no pretendamos comprender, decía Braque. O como nos advierten en el metro de Londres: *Mind the gap* (Ojo al hoyo).

(1 de julio de 2001)

UN CRÍTICO DE GENIO

A finales de junio moría en Londres David Sylvester. Tenía setenta y ocho años y era uno de los críticos de arte más brillantes y respetados en el mundo anglosajón. Su obra escrita, tensa, directa y sin condescendencias retóricas, mereció el reconocimiento internacional cuando en 1993 fue el primer crítico de arte galardonado con el León de Oro de la Bienal de Venecia. Curioso, puesto que su formación, virtualmente autodidacta, se había forjado en un disciplinado y nada indulgente aprendizaje de la mirada. Entre los críticos anglosajones de su generación se han multiplicado las conversiones al arte moderno: Wollheim, Golding, el intempestivo Sewell, Rosenblum, Russell, Norbert Lynton y el imprevisible Hugues, todos dotados de una apreciable capacidad visual que los convierte en discutidos referentes casi intemporales del diálogo artístico. Pero el caso de Sylvester era singular y apreciado unánimemente por su agudeza inquisitiva: el descubrimiento de la colosal estatura artística de Giacometti, la complejidad artística de Bacon y la ironía educada de Magritte son hallazgos del crítico difíciles de disolver en la «prosa del tiempo».

Sylvester descubrió el arte a partir del arte y con el pretexto de Matisse. Una reproducción en blanco y negro de «La dance» le impresionó de tal modo que renunció al viejo didactismo decimonónico —toda pintura debe contar una historia— y se lanzó a interpretar el vocabulario formal abstracto del arte: los ritmos formales generan la tensión expresiva que cautiva la mirada del espectador.

Una nota sobre el dibujo enviada al azar a *Tribune* llegó a las manos de Orwell, quien le encargó personalmente recensiones de libros. Pero gracias a la revista conoció a Henry Moore, Sutherland y el grupo de radicales del Soho londinense: Freud, Auerbach y Bacon. En el taller y la taberna cuajó el aprendizaje visual del crítico. Sin embargo, su crítica exigente se ajustaba mal al populismo de posguerra y la experiencia periodística acabó enseguida. Descorazonado, huyó a París y sobrevivió unos años de traducciones y tareas editoriales. Pero en la bohemia existencialista encontró el estímulo que necesitaba y en pocos años llegó a ser uno de los críticos ingleses más fiables: Matisse, Picasso y Klee constituyen desde entonces el núcleo formal de sus diatribas críticas. Más tarde, sus entrevistas radiofónicas con artistas contemporáneos fueron famosas. Brancusi, Léger, Laurens, Masson y Giacometti son los primeros focos de su atención crítica. Su sorprendente buena sintonía con Merleau-Ponty le ayudó a afilar un utillaje crítico siempre más formalista que descriptivo. Klee le descubrió las *Constellations* de Miró y el respeto hacia la abstracción lúdica. Sylvester acuñó incluso el subversivo término «afocalismo» para describir la versatilidad visual e icónica de Masson y Miró en un ensayo de 1950.

Pero resulta todavía más decisiva la conversión del crítico a la abstracción entendida como la «norma» del arte nuevo, es decir, forjada desde el tiempo del arte y distanciada del referencialismo historicista tradicional. Hartung, Bram van Velde, Staël, constituyen sus primeras apuestas fuertes con Pasmore y Nicholson en Inglaterra. Sin embargo, sus firmes convicciones figurativas, pero no realistas por supuesto, acentuaban el carácter incompleto de la abstracción y exigían de la obra de arte un beligerante «compromiso humanista» que la frialdad metafísica de Balthus no acababa de satisfacer.

La certera gestión de Kahnweiler le puso en contacto con Giacometti, cuya obra sería un potente desafío durante los próximos años. La figuración fundamentada en el dibujo natural, pero estilizada en la obra autónoma. No es casual el militante antiexpresionismo de Sylvester, siempre fascinado por la «vibrante y misteriosa fuerza de lo aparente, lo visual y sensible», frente al gesto intencional y protagonista del artista.

La ruidosa polémica con John Berger, notable crítico entonces del «New Statesman», enraíza en este punto de vista. Berger proponía un realismo didáctico y doctrinal, identificado con el tema, que veía en Bacon «un monstruo de depravación» y en la obra de Giacometti un ejemplo de su «disecada visión de la vida». La sutileza de Sylvester desconfiaba de este abuso de moralismo de *scout*, y exigía la seria consideración de los motivos del arte: su contradictoria estructura sensible. La repulsa a una estética de «fregadero» y la desautorización pública del ideologismo de Berger obligaron a Sylvester a argumentar en *Hacia un nuevo realismo* sus puntos de vista sobre el arte poshistórico. El hombre moderno, escribe, concibe la realidad como una serie de sensaciones e ideas que se suceden en la conciencia individual. El arte moderno, así, es privado y subjetivo, puesto que no debe representar objetos, sino secuencias determinadas de percepciones sobre un objeto. Un sistema de aspectos, en definitiva. Lo que a partir del cubismo es francamente cierto.

Desde mediados de los cincuenta la actividad de Sylvester se centra en el comisariado de exposiciones y va a demostrar el dinamismo de su reflexión teórica. Moore en 1951 y 1968, Giacometti en 1956, Auerbach en 1954, durante los años ilusionados del Arts Council británico. Es la década también de la nueva apreciación del expresionismo abstracto norteamericano, considerado desdeñosamente desde una moral de guerra fría. Sin embargo, Pollock, Rothko, Johns, acentuaban en sus obras algunas preocupaciones imperiosas del arte actual —evitar lo gratuito y banal en la representación visual sin «producir su opuesto»—. Hamilton, Rauschenberg, Oldenburg y el pop le permitirán durante los sesenta apostar por la iconología irónica y figurativa de la imagen seriada.

Tal vez la más acerada contribución de Sylvester se centre en su dilatada reflexión sobre Bacon, al que consideraba excepcional. Una primera impresión fue, sin embargo, descorazonadora. Bacon era efectista, caricaturizador, monstruoso... Para descubrir después las grandes pinturas del artista: su absorción de las formas, la gravedad del color, el movimiento de planos y círculos con independencia del tema... «pintura y pintura, que deriva de su fuerza la magia del efecto final».

Sylvester sabía ser desconcertante cuando quería y coqueteaba a gusto en situaciones forzadas. Caroline Dufferin, aristócrata casada con Lucien Freud, lo invitó una vez para sonsacarle malicias sobre Bacon. El crítico se despachó sobre los hábitos gastronómicos neoyorquinos, la imposibilidad racional de perder peso y la inexorable comercialización del deporte televisivo, que anulaba su «fisicalidad»... A la salida, reparó, al azar, en una postal de Bacon sobre la repisa de la chimenea. Le echó un vistazo y murmuró: «Vaya, también nos dejó». Fue su lacónico comentario final.

(15 de julio de 2001)

CITA EN DELFT

Con el resonante eco mediático que cabía esperar, la National Gallery londinense recibe la exposición «Vermeer y la escuela de Delft». Constituye un potente repaso de la actividad artística de la ciudad a lo largo del siglo XVII pero, sobre todo, una tentativa seria de situar en el ambiente correcto la enigmática obra de Vermeer. La exposición, preparada años vista por el Metropolitan Museum de Nueva York, reparte, sin embargo, la responsabilidad intelectual bien argumentada en el impecable catálogo: el historiador norteamericano Lietke y el conservador británico Axel Rüger coordinan un equipo de investigadores de primera línea que abordan detalladamente los artistas seleccionados, perfilando influencias y afinidades de género, técnica e incluso patronazgo, sin descuidar el análisis, a menudo luminoso, de las obras más significativas.

Con todo, en el despliegue británico se perciben los puntos débiles de la habitual franquicia expositora contemporánea: la muestra reduce sensiblemente el número de obras que pudieron verse en Nueva York durante la pasada primavera, y desenfoca, en una medida sensible y desde mi perspectiva innecesaria, la presentación del proyecto en las angostas salas del semisótano, pésimamente iluminadas además. La admirable artesanía de Delft, sus cerámicas policromadas, las tapicerías y el interiorismo, bien visibles en Nueva York, quedan reducidos aquí a la anécdota, cuando la idea inicial apuntaba a convertirla en el eje de la sorprendente calidad técnica e innovadora de los artistas de Delft.

La ciudad de Delft constituye por sí misma un fenómeno curioso de la evolución de la cultura urbana europea. Durante el siglo de oro, apenas superaba los veinticinco mil habitantes, integrados por una potente red artesanal que podríamos llamar «moderna»: una incipiente sociedad civil dotada de instituciones bien diferenciadas —gremios, guildas, asociaciones, estamentos administrativos y, lo que es todavía más notable, un núcleo consistente de coleccionistas de gusto dispuestos a invertir en arte con criterios casi contemporáneos: el buen gusto y la calidad suntuaria de las obras—. El origen de la importancia de Delft es también curioso. Guillermo el Silencioso asentó en la ciudad su cuartel general durante la lucha por la independencia del dominio español. A diferencia de La Haya, Delft era una fortaleza de primer orden y garantizaba la seguridad del arsenal bélico. El asesinato del príncipe en 1584 añade densidad a la leyenda en el momento de transformación en una activa sociedad comercial. Se estima que de las cuatrocientas casas que configuraban la ciudad, dos tercios poseían y apreciaban obras de arte y daban vida a un floreciente negocio artístico, con marchantes acreditados que hacían y desfiguraban famas. La explosión del arsenal en 1654 destruyó la ciudad y abrió otra leyenda: la dispersión de su mejor tradición y la conversión en moda cosmopolita del interiorismo suntuoso y detallado, de refinada sensibilidad y mejor técnica, de los talleres de Delft, incapaz ahora de discutir la soberanía capitalina a La Haya.

La invención romántica de Vermeer como un genio aislado queda en la actualidad sensiblemente atenuada, y aparece como un pintor genial en una comunidad artística que usaba el puerto de La Haya como canal de difusión internacional para su mercado artístico. Peter de Hooch, y el discípulo preferido de Rembrandt, Carlo Fabritius, explican en alguna medida la elocuente calidad del arte de ese tiempo. La cerámica de sencilla decoración lineal en azul sobre blanco indica una sensible asimilación de los modelos chinos, al igual que la sofisticación de bodegones, paisajes imaginarios y suntuosas escenas domésticas, procedentes de acabadas tapicerías de estilo aún gotizante demuestran la elegancia y bienestar de los tempranos consumidores del arte.

Para el historiador del arte, además, tal multiplicación de motivos de calidad decorativa suscita una vieja perplejidad, apuntada tiempo atrás por Panofsky. La conquista sobre el lienzo de las apariencias naturales de las cosas y su sometimiento a unas leyes científicas de ordenación visual debieron de producir gran impresión sobre los creyentes contemporáneos, que aún esperaban de la pintura un estímulo emotivo de presencia religiosa. Las complicadas iconografías barrocas, trenzadas de símbolos y alegorías, invocaban algún mensaje trascendente y visualizaban para una sociedad educada las imágenes del credo cristiano o alguna piadosa moraleja. La riqueza simbolizadora del arte quedaba ahora revolucionariamente sometida a la eficacia formal de un escenario artístico. La transparencia de copas y vasos, la limpieza de fuentes y arroyos que ilustran las figuraciones piadosas, eran un símbolo de fácil comprensión de la «pureza» eterna de los personajes representados: María, el Niño, o las enrevesadas imágenes del *Cantar de los Cantares*. Pero el realismo progresivo del arte de Delf iniciaba al espectador en una nueva lectura de la obra de arte centrada, sin alusiones didácticas, en la calidad formal de los resultados obtenidos y en la habilidad artesanal para conseguir nuevos efectismos en la representación.

No sorprende así, que el «descubrimiento» de Vermeer se diera en el siglo XIX, cuando el detallismo y la verosimilitud visual se revalorizan a extremos casi fotográficos. La obra de Vermeer «dramatizaba» esta nueva situación: obra escasa, impecablemente construida y de temática laica, que celebraba la cotidianidad confortable pero siempre equívoca del «mundo del hombre».

Es ilustrativo comparar al respecto, y la muestra lo consigue diestramente, algunas de las obras tempranas de Vermeer, *Diana y sus amigas* por ejemplo, que demuestran la incomodidad del artista en el espacio tradicional de la mitología clásica y su pugna por asimilar un lenguaje visual y compositivo de ecos venecianos. Caravaggio se convierte así en el modelo para el artista que condiciona la escena a los efectos lumínicos, y transfiere al color la configuración volumétrica de las escenografías. Se especula sobre un viaje a Italia de Vermeer, de quien tan poco se sabe, e incluso sobre el Caravaggio que poseía su suegra... *The procuress*, una escena de taberna, indica el nuevo rumbo hacia una pintura magistral que convierte un realismo de voluntad objetiva y científica en genuina «figuración mágica». Se insiste hasta la saciedad en la importancia que tuvo para Vermeer y sus contemporáneos el desarrollo de los nuevos utillajes científicos que facilitaban la transposición bidimensional de los objetos. La «cámara oscura», por ejemplo, que traducía a escala invertida sobre el blanco un motivo artístico, y la difusión de su uso en la construcción de perspectivas imposibles y panoramas ideales. Sin duda fueron inapreciables instrumentos artísticos que denotan la elevada disciplina profesional de los artistas.

Pero la perturbadora complicidad de *La joven de la perla*, de La Haya —lamentablemente ausente de la muestra—, o *El geógrafo*, también de La Haya, dejan clara la tensión dramatizadora esencialmente artística de Vermeer y la belleza sublime de sus obras maestras, ajenas al tiempo y distanciadas de todo esquematismo unidimensional: forma y gesto contribuyen a intensificar la complejidad de la mirada de Vermeer, que busca siempre la complicidad del espectador, como vio mejor que nadie un Proust conmocionado por las «presencias reales» adormecidas en la obra del artista y conjuradas a la visión inquisitiva del observador sutil. Proust vio en el Jeu de Paume la *Vista de Delft* del Museo de La Haya. La pequeña mancha amarilla, *le petit pan de mur jaune*, encerraba el misterio insoluble del arte grande y la confidencia que aniquiló a Bergotte en *En busca del tiempo perdido*.

La copa de vino o *Joven tocando un virginal* hacen justicia a la manera grande de Vermeer: personajes y figuras abstraídos por una cadencia inaprehensible y transformados en una atmósfera transparente, diferenciadora, en la que todo detalle es imprescindible para evocar la armonía y destreza formal que exige de la sensibilidad una obra maestra. «Serenidad» llamaba el clásico a ese efecto estético.

El mejor ejemplo expuesto de la claridad de visión de Vermeer lo ofrece *El arte de la pintura*, 1666-1668, del Museo de

Viena. Una obra saturada de la simbología personal del artista que desafía cualquier explicación. Los datos son escasos: Clío es la musa de la Historia, ¿representa la fama que corona el itinerario del artista? El mapa sobre el muro, ¿contrapone un arte menor, y artesanal, al intelectualizado interior del estudio? El ilusionismo depurado que consigue la composición cerrada activa la luz sobre las superficies que irradia en pequeños detalles: la lámpara, por ejemplo, la tangibilidad de las sedas acuchilladas del blusón del pintor, el rojo de las medias sobre el blanco de las botas «cañón», como se decía a la española, en contrapunto con las geometrías del pavimento... La silla vacía, ¿invitación a participar de la escena, o efecto añadido de profundidad sobre el escorzo constructivo? Se ha sugerido que dos espejos colaboraron en la eficacia visual de la obra: uno largo situado frente a la pintura para ampliar las dimensiones de las estancias y otro pequeño utilizado como retrovisor. Tal vez. Pero el montaje óptico desaparece en la obra: el artista y su modelo se diluyen en la miríada de sensaciones que transfiguran lo cotidiano en un universo de significados velados pero persistentes que detienen por un instante lo fugitivo de las cosas.

(29 de julio de 2001)

UN AMIGO DE BARCELONA

El centenario de Roland Penrose ha pasado inadvertido. Es un dato curioso cuando se piensa que fue el 2000 el año triunfal del arte contemporáneo británico, con la sonada inauguración de la Tate Modern y la normalización, por así decir, de la presencia contemporánea en la arena artística británica.

Al parecer el nuevo año ha removido conciencias y acaba de publicarse una caracterización biográfica de Penrose —*The friendly surrealist*, Munich y Londres 2001— debida a su hijo Anthony. Además, y el hecho es todavía más significativo, la ciudad de Edimburgo dedica su verano artístico a conmemorar la imagen del matrimonio Penrose: Dean Gallery, hasta el próximo septiembre, en una recapitulación necesaria del arte de Roland, entendido a la ligera como un segundón surrealista, y la Scottish National Gallery of Modern Art, recupera la figura descomunal de la fotógrafa Lee Miller. Asimismo, la familia ha rehabilitado la vieja granja de Sussex, Farley Farm, auténtico escenario del arte moderno durante unas décadas irrepetibles que abrieron la estética insular a la tradición de lo nuevo: los conflictivos treinta y la difícil reconstrucción posbélica.

A Penrose lo calificó André Breton de *«surrealiste dans l'amitié»*, sorprendido por la destreza del artista para tramar el nudo de complicidades que permitió importar el surrealismo a Inglaterra y convertir el London Group en el fermento de un arte radical y cosmopolita. Roland, Nash, Read y Moore implicaron a Breton, Éluard y Man Ray en una conjura hoy inconcebible de obras, casi 400, de Arp, Brancusi, Chirico, Dalí, Domínguez, Duchamp, Giacometti, Miró, Picasso, Picabia... «The international surrealist exhibition», presentada en The New Burlington Gallery durante el verano de 1936, fue una locura. El 11 de julio, nada menos que 1.150 personas asistían al *vernissage* de lo que fue un auténtico tifón en las quietas aguas artísticas londinenses: The Film Society presentó *El perro andaluz*, de Buñuel, y Dalí habló de «Fantasmas paranoicos» disfrazado de buzo, en una proeza que pudo costarle cara, incapaces los amigos de abrir la escafandra que amenazaba con ahogar al artista real.

Roland Penrose había nacido en una estricta familia cuáquera. Su padre era retratista y propietario rural; su abuelo, banquero, como toca. En 1922 huyó a París, donde vivió hasta 1935 y se convirtió en pintor primero y habilidoso imaginativo del *collage*. Pero su complicidad surrealista estaba cantada —Ernst, Man Ray y Miró fueron sus mejores amigos y Picasso le admiraba por su seguridad como coleccionista—. Fue uno de sus primeros clientes «con conocimiento de causa», como maliciaba el malagueño. De vuelta a Londres, la estética de Bloomsbury le resultaba demasiado emotiva y los logros artísticos escorados hacia la decoración: un peculiar postimpresionismo de interiores al que renunció enseguida. Las obras surreales de finales de los treinta, *Captain Cook* (1936), *Night and day* (1937) y los objetos de *Drew machine*, particularmente, demuestran la asimilación original de la iconografía surrealista, con influencias notables de Magritte a Man Ray, pero de una riqueza imaginativa y sobriedad narrativa envidiables.

Barcelona constituía una querencia añeja de Penrose. Al estallar la Guerra Civil visitó el frente con su primera mujer, Valentine, y el matrimonio Zervos, íntimos de Picasso, para desmentir sobre el terreno la propaganda fascista que denunciaba el vandalismo artístico republicano. Miembro activo del grupo liberal británico, exigió inútilmente de su gobierno la intervención a favor de la República. Sus meses barceloneses, en colaboración estrecha con el Ministeri de Propaganda, junto a la plaza Catalunya, le persuadieron de algunas amargas verdades políticas que el ambiente de euforia y solidaridad republicanas no alcanzó a disolver: los odios ancestrales entre facciones de izquierda. A la inversa de Orwell, Penrose fue un escéptico simpatizante comunista instigado por el insobornable David Gascoygne, convencido de la imperiosa necesidad de un núcleo organizativo fuerte, que pronto iba a vertebrar la resistencia francesa. El testimonio de la experiencia republicana de Penrose es su contribución a *The catalan art from the 9th to the 20th century* de Zervos, y *Arte y crisis en Cataluña*, ilustrado con fotografías inéditas de Capa, conseguidas asimismo por un método surrealista: se presentó en su casa de París y persuadió a su madre de que le cediese algunas fotos. Incapaz de hablar otra lengua que el húngaro, la buena señora no entendió nada y le vendió a peso las fotos, utilizando una vieja balanza de mercado.

Durante la Segunda Guerra Mundial el capitán Penrose fue oficial de camuflaje, para demostrar de una vez por todas la utilidad elocuente de sus fantasías surrealistas. Había conocido a Lee Miller, asistente de Man Ray y diestra en el fotomontaje experimental, acreditada corresponsal gráfica de *Vogue* en Europa. A Lee y a Schermann debemos el estremecedor testimonio de los campos de concentración de Dachau y los escombros del búnquer de Hitler en Berchtesgaden, en fantasmagórico incendio todavía.

Inventor con un grupo de visionarios vanguardista del ICA, Arts Council, en Londres, Penrose fue el anfitrión de lujo de Dubuffet, Max Ernst, Miró y Picasso, del que el ICA mostró en 1951 su primera antológica intencional. Su libro *Picasso, vida y obra* es todavía el más completo retrato vivo del arte de Picasso desde su evolución interna, cautamente distante de la tormentosa biografía del pintor. No es casual que los espacios del ICA apostaran por una superposición de géneros y tendencias artísticas pioneramente mestizas —fotografía y fotomontaje, objetos casuales, tecnología— y que la propuesta de Penrose impregnara de audacia la programación de la Tate, de la que fue activo patrono.

Penrose tuvo por Barcelona una predilección continuada que se desbordó tras la muerte de Franco. *Picasso*, *Miró* y *Tàpies* son las únicas monografías concienzudamente preparadas y las mejor escritas de Penrose y transmiten, por encima de la precisión de los datos, el entusiasmo juvenil que lo trasplantó al Barri Gòtic y el Raval barceloneses. Su alta figura, su singular cabeza cercada en perfil por unas inolvidables gafas gruesas de miope, constituía una presencia necesaria en los actos fundacionales de nuestra democratización cultural: compartiendo mesa con Sert y Miró en casa de los Gaspar, o perdido en aquella irrecuperable jungla nocturna de la Barcelona preolímpica.

En el caso de Miró, puede hablarse de devoción. El artista se hospedaba en la granja de Penrose y llegó a rectificar allí mismo una vieja pintura suya, *Le désir* (1925), porque estaba inacabada... desde hacía cuarenta años.

Pero Penrose veía realizados en Tàpies los postulados de una pintura catalana de aspiraciones universales. Aceptó escribir su libro, me contaba Anthony, como un desafío, pese a que no se sentía cómodo con la abstracción. Sin embargo, la iconografía irreductible de Tàpies y el rastreo de las huellas de sus rabiosos arañazos sobre el muro son para Penrose el testimonio, en su desolada resistencia, de la vitalidad de un arte irreconciliable con la decoración y el consumo. El arte de Tàpies interviene a través de una simbología agresiva y siempre incómoda en un mundo de arte que ya es de todos. Penrose parecía convencido de la esencial «democracia aristocrática» del arte. Tiempo ido.

(12 de agosto de 2001)

PRESENCIAS INCÓMODAS

En un alegato vehemente contra la esclerosis, rígida y dictatorial, de la historia del arte de los museos, la sensibilidad de Antonio Saura dio con una definición habilidosa que servía para recuperar el arte, de impronta figurativa, propuesto a partir de la década de los cincuenta por un grupo de artistas ajenos a la modernidad lineal a la moda. Se trataba de una presencia «anómala», incómoda, formada por individualidades poderosas, capaces de reinventar en las figuras pintadas unos mundos de arte nuevos cercanos todavía a la gran tradición naturalista, pero críticos con la abstracción todopoderosa y reticentes también frente al expresionismo desbocado y narcisista centroeuropeo. Picasso, las tremendas mujeres de De Kooning, los retratos descarnados de Dubuffet, las deformaciones figurativas de Giacometti, Bacon, Baselitz y Auerbach.

En efecto, se trata de una anomalía figurativa en un espacio artístico definido por la sobreposición comercial de «ismos», en una forma inédita de encarar la realidad con procedimientos exquisitamente plásticos y artísticos, sin innecesarias condescendencias referenciales como iba a demostrar bien pronto el arte del propio Saura. Un proceso, en definitiva, que conduce a la imagen sólo a través de los medios del arte. Una pintura pintura, pero sin las ductilidades de tendencia que arroparon la nueva figuración beligerante durante los felices ochenta. Serían unos artistas, así, «precursores de la nueva subjetividad».

La reciente programación de la Royal Academy de Londres

parece sensibilizada en el rescate, casi descubrimiento diría, de esas singulares personalidades del arte acalladas por la estridencia de las novedades de temporada. Acaba de inaugurarse una retrospectiva que desde este punto de vista cabe calificar de excepción: «Frank Auerbach. Pinturas y dibujos (1954-2001)». El artista vuelve a la escena londinense, y es un decir, puesto que vive un legendario exilio interior en su estudio de Camden, donde no expone desde 1978, todavía en el momento dulce del *Arts Council*. Y vuelve, como entonces, presentado por la consumada pericia de Catherine Lampert, testigo privilegiado de los años recientes del artista. Con Norman Rosenthal se recupera ahora una tradición de fuerte presencia en los orígenes del arte moderno británico. El personalismo figurativo de Bacon, Lucian Freud, Kossof y Auerbach, obstinados en la reflexión sobre las formas de la figura humana en este tiempo de identidades en conflicto.

La evolución de Auerbach es curiosa y presenta las marcas de un tiempo difícil. Nacido en Berlín, sus padres judíos consiguieron enviarlo a Londres en la primera emigración provocada por la consolidación del nazismo. Premonitoriamente, puesto que la familia entera sería una de las primeras en sufrir la deportación y el exterminio. Huérfano en Inglaterra, educado por una familia de adopción, Auerbach es el resultado de la sensible disposición británica hacia el refugiado político en los años amargos de la posguerra. Estudió en St. Martin School of Art, y después en el Royal College, donde se graduó en 1955. Aunque, sin embargo, su formación genuina responde a las aspiraciones y la exigencia artística de una figura olvidada por los avatares académicos anglosajones: David Bomberg, que enseñó en el periférico Borough Polytechnic entre 1953 y 1954, y mantuvo una atmósfera de radicalismo sin tiempo de influencia definitiva entre sus alumnos. Auerbach es, junto con Leon Kossof, otro refugiado, un artista destacado del Borrough Group y más tarde de la Borrough Bottega. El expresivismo y la preferencia por las empastaciones densas, casi modeladas por el pincel, se perciben con claridad ya en las primeras obras seleccionadas, de las ciento cuarenta, entre retratos, paisajes y dibujos, que constituyen la muestra. *Smithfield meat market*, de 1962, puede ser un buen inicio.

A partir de 1954, Auerbach se concentra en su estudio de Camden, que todavía ocupa y que apenas ha abandonado un par de semanas en los últimos cuarenta años. Una reiteración casi claustrofóbica de los mismos modelos, que reproduce inmisericordemente durante sesiones inacabables, y el descubrimiento del paisaje entorno —los desmontes urbanos de Primrose Hill— llenan un mundo de imágenes. Sus personajes emergen casi excavados de un caos matérico dominado a la perfección. *Head of Leon Kossof*, de 1954, reduce al mínimo la gama cromática, un opaco magma amorfo, del que surge en borrones claros un rostro espectral. Los brochazos que configuran la singularidad de sus modelos tienden, es verdad, a concentrarse en genéricos —hace cabezas más que rostros— pero en todos se adivina una potente voluntad de individualización psicológica que exige siempre la detenida, y a menudo desapacible, observación formal. Un expresivista, repito, ajeno al expresionismo agresivo pero distanciado también de la gestualidad instintiva. Inquiere sobre la personalidad del modelo a través de una masa informe de colores. No es casual que el artista se imponga en secuencias cerradas que sólo el tiempo ha permitido diferenciar en caracteres determinados. *Cabezas de J.I.M.* durante los setenta, *Julia I-IV* y *E.O.H.* en los sesenta. La pigmentación de Auerbach es casi natural, colores de arcilla aplicados con morosidad obsesiva en gruesas capas que tardan años en secar. Como si los contornos figurativos se fueran consolidando en el tiempo. «La pintura es aspiración», ha sugerido el artista.

Auerbach fue el artista británico seleccionado en la Bienal de Venecia de 1986, y compartió ajustadamente el León de Oro con Sigmar Polke. Fue entonces cuando pudimos apreciarlo en Madrid y experimentar la profundidad de sus razones pictóricas, bastante más complejas que el naufragio matérico parecía insinuar. Tiziano, particularmente *Perseo y Andrómeda* de la Wallace Collection de Londres, *Baco y Ariana* de la National Gallery, son, sin duda, contrapuntos pictóricos que han estimulado la investigación cromática de Auerbach. Sus últimos retratos demuestran, sin embargo, una mayor contención en los empastes y la propuesta de planos de color como trasfondo volumétrico y compositivo. *Reclining head of Julia II*, de 1966, es un buen ejemplo.

Los paisajes urbanos de Auerbach nos devuelven al norte de Londres y recuperan con tensión cromática contenida su escena cotidiana de Camden Town. La desaparición de las viejas residencias georgianas, los primeros bloques comunales de los treinta, las huellas de los bombardeos bélicos y la reconversión suburbial en mercadillos durante los sesenta vivifican emotivamente los escenarios de los sintéticos apuntes de Auerbach, particularmente en las secuencias que podríamos titular «peregrinajes contemporáneos»: serie de *Studios*, a partir de 1950. Son, en efecto, reevocaciones de los lugares de la memoria cotidiana a través de una mirada personal en transformación que reconoce las síntesis visuales de Sickert, vivió aquí durante un tiempo, y la definición del paisajismo inglés, cielos abiertos y azul brumoso, de Constable.

Los dibujos que cierran la exposición acentúan la densidad de la reflexión visual del artista sobre los viejos maestros. Las variaciones sobre *Sansón y Dalila* de Rubens son una lección plural de la mejor pintura: equilibrio de volúmenes, estrategias de geometría formal a la búsqueda de una arquitectura interna, circunscrita al reducido espacio dramático de la representación, que ahora cede al color la iluminación, abiertamente arriesgada, de la escena.

La «materia» de la pintura matérica de Auerbach, aventuró años atrás David Sylvester, posee un valor alegórico. Simboliza la relación entre el hombre y los burdos medios que sojuzga para construir un universo de significados humanos. Como la intimidad que establece el jinete con su caballo, el bailarín con su pareja y el jugador de azar con sus naipes, interviene Dubuffet.

(23 de septiembre de 2001)

BLANCO SOBRE BLANCO

Un agudo problema de matiz diferencia la percepción del arte moderno de otros momentos artísticos de disciplina más bien historicista. El arte exige hoy interpretación, y provoca la discusión sobre sus objetivos y la síntesis formal más adecuada para alcanzarlos. El arte nuevo, además, tercia activamente en la polémica poniendo en juego una versátil avanzadilla argumental que abarca por entero nuestro campo de comunicación globalizado. La concepción de la historia contemporánea, tan sutilmente metamorfoseada por el arte, es móvil, cambiante, equívoca y a menudo contradictoria. Las razones históricas se sobreponen a los motivos formales que demandan, asimismo, la atención detallada a sus orígenes, no siempre paralelos al devenir temporal del arte. Tiempos muy distintos, por supuesto, de épocas anteriores en las que se esperaba del arte una rigurosa lógica, casi artesanal, para realizar programas iconográficos concretos, debidamente sancionados por la tradición, que cumplían encargos precisos resueltos en el ámbito diferenciado de los géneros: paisaje, retrato, naturalezas, narrativas simbólicas o historicistas. Hoy, sin embargo, ningún artista se sustrae al imperativo de nuestra mercantilizada modernidad artística: iluminar la conciencia creativa y estimular en el espectador una experiencia estética de raíces perceptivas. Es decir, psicológicas y formales.

Hasta entrado el ochocientos, el artista era fundamentalmente un experto en las argucias de la representación verosímil, debía conseguir sobre la superficie bidimensional del cuadro la transposición viva de una escena acordada por las reglas del juego artístico.

Sólo los románticos se atrevieron a transgredir esta convención convirtiendo el espacio en el campo de afirmación personal del artista, de sus pulsiones expresivas y de su sensibilidad como omnipotente manipulador de los «poderes de la imagen». Basta comparar Corot con Goya. Al maestro aragonés le sobra con una certera pincelada para descomponer una figura que aspira a representar las cualidades de una psicología bien determinada. Un arte efectista, sí, que administra sabiamente los viejos secretos de taller en razón de una eficacia expresiva del todo actual. Parece que el lenguaje artístico es mudo: sólo habla cuando articulamos a su través nuestras experiencias perceptivas. La coincidencia en Londres de dos exposiciones casi contrapuestas desde una perspectiva formal, e incluso narrativa, evoca ese núcleo de contradicciones perezosamente argumentadas en la reflexión artística. La Colección Estorick muestra a Carrà en el momento de distanciamiento futurista, cuando se avizora la llamada al orden figurativo que explica, casi a la letra, el neoclasicismo de entreguerras. La Galería Nahmad, de Cork Street, presenta la antológica más acabada de Ben Nicholson en manos privadas, con algunas sorpresas que singularizan el acontecimiento.

El futurismo pretendió a toda costa llevar el cubismo a la calle. Las visiones simultáneas de Boccioni (1911) concentraron en una atmósfera pictórica inestable escenas cotidianas y sobreposiciones volumétricas esencialmente formales. Eran como mirar el mundo desde, ironizaba un crítico ocurrente, la ventana de un dormitorio. *Mujer en una ventana* (1912), de Carrà, invoca a Delaunay, pero desde la monocromía del cubismo analítico: un desnudo recortado en planos que se interpone entre la mirada del pintor, que todavía es la nuestra, y una acelerada instantánea urbana. Un flash. A partir de 1917, sin embargo, la pintura de Carrà vuelve a la armonía espacial y reproduce objetos cotidianos «con la sencillez y dignidad» que comparte Morandi, y transforma en enigmáticas sus naturalezas etéreas. Son ahora los elementos formales, y su capacidad asociativa en el espacio del cuadro, la coloración y el tono, los motivos estilísticos por excelencia... La realidad se configura a los acordes de una composición ocasional, efectiva desde la mirada del artista. El resultado es una realidad fictiva, formal, artística, que hace de los objetos reales significativos datos visuales (*Naturaleza con triángulo*, 1917).

Una vez reconquistadas las tracerías renacentistas, corresponde a la perspectiva invertida hacer legible el mundo del arte... pero en clave poética, expresiva, personal en suma. No es casual que las figuras de Carrà participen por derecho propio de un inquietante realismo mágico que elude el abigarramiento literario y referencial del surrealismo para priorizar las nuevas asociaciones formales dramatizadas sobre el lienzo. *Pino sobre el mar* (1921), hoy en la exposición «Forma» del Museo Thyssen, viene a demostrar que la «agitada carpintería arquitectónica de Carrà» se orientaba hacia una mitología clasicista embebida del romanticismo trascendente de Friedrich en mayor medida que deslumbrada por el equilibrado luminismo figurativo mediterráneo, que acaba imponiéndose casi enseguida. Curiosamente *Dos mujeres en la playa*, de Picasso, data de 1922. Las conexiones entre el ilusionismo renacentista italiano y el realismo francés *fin de siècle* son imprecisas y pasan por Courbet —afirma Severini en su *Vida de un pintor*—, pero nos devuelven a Cézanne y a cuanta experimentación teórica concluyó en 1910. Propuesta enigmática, es verdad.

Paradójicamente, la pintura de Nicholson nace también de la voluntad de orden que caracteriza el mejor arte europeo de entreguerras. Una realidad desconfiada frente a los excesos del expresionismo y, sobre todo, frente a la creciente politización del arte, argumento que culminará en el peculiar realismo social, historicista o propagandista, que impregna fuertemente el diseño y la cartelística durante la década de los treinta. Nicholson absorbe en París la pintura de Picasso, la gravedad figurativa casi etérea de los veinte, pero desde un punto de vista formal. Le interesa su desconcertante formalización del color, el protagonismo de tono y matiz sobre la neofiguración más agresiva. Nicholson desconfía por igual de la abstracción que del expresionismo gestual y apuesta por un orden imaginativo centrado en la composición y en las posibilidades sensibles de los medios tradicionales del arte. No es caprichosa su fascinación temprana por el Miró de la década, «el primer pintor libre»: esos círculos blancos sobre azul saturado, subrayados por una línea de añil eléctrico que se convierte en foco de energía visual.

White Relief (1934) inicia en Nicholson una nueva forma de arte que impregna su obra madura. De composición lejanamente cubista, priorizando el plano y el contorno espacial concéntrico, su pintura es una apuesta cabal por las posibilidades reales de la percepción sensible. Un arte de elementos simples ensamblados en presuntas asociaciones visuales tramadas a conciencia. Blancas formas circulares o rectangulares se recortan sobre el blanco de un espacio que debe su profundidad al contraste y la sobreposición. Formas, además, artesanalmente reconstruidas, ajustadas al lugar preciso de la mirada por el espacio plástico. Una belleza sin mediaciones, es cierto, que confía su eficacia constructiva a la sencillez del enunciado. Sin duda es razonable hablar aquí de la aproximación de Nicholson a las estéticas de la tendencia abstracción-creación, pero ajeno al voluntarismo constructivo de Mondrian, por ejemplo, y siempre atento a la vieja disciplina británica de la artesanía manual: cartones, maderas, papel que se recorta hábilmente en fortuitas asociaciones que invocan una belleza esencial. También el viejo Matisse terminó subyugado por la energía del recorte ocurrente. Las confrontaciones espaciales de Arp, los exquisitos ácromos de Manzoni, los blancos relieves de Nicholson consolidan una manera convergente, si bien se mira, de una economía figurativa magistral que confía la experiencia estética a la mera afirmación del blanco sobre el blanco.

Cerca de mi casa en Kensington, justo en De Vere Gardens, existe todavía el apartamento de Henry James donde The Master pasó los mejores años de su vida. Y una cita, a buen seguro apócrifa: «Escritura clara y limpia... capaz de matizar el blanco sobre blanco».

(21 de octubre de 2001)

BALTHUS EN SU LABERINTO

La exhaustiva muestra que Jean Clair presenta en el Palazzo Grassi de Venecia hasta el próximo mes de enero tiene mucho de recuperación. Incluso me atrevería a afirmar que es reivindicativa, pues pretende subrayar de una vez por todas la presencia esencial del pintor para la comprensión y el debate del arte moderno. Es un dato significativo que Balthus sea el gran marginado en las narrativas historiográficas que han configurado el siglo que fue suyo (1908-2001). Apenas citado en los manuales artísticos cardinales, de Gombrich a Lynton, su obra se ha visto utilizada como la justificación a contrapelo de un realismo casi imposible, de tendencia clasicista y voluntad enigmática o abiertamente surreal.

Clair ha sido con Monnier el responsable del catálogo razonado del pintor y comisario de la retrospectiva que en 1983 descubrió al artista primero en París —Musée d'Art Moderne— y más tarde en el MoMA neoyorquino. A Clair se debe, además, una clarividente interpretación temprana de Balthus —*Las metamorfosis de Eros* (1984)— y la coordinación del ingente catálogo que acompaña la muestra veneciana. Se trata de un auténtico *corpus* biográfico y repertorio iconográfico detallado de cada una de las doscientas cincuenta obras presentadas. Extraordinario, es verdad, cuando se considera que la obra entera del pintor apenas rebasa las trescientas telas. Conviene recordar que Jean Leymarie, al parecer con el concurso del artista, presentó en Madrid una antológica considerable que pudo verse en el Reina Sofía durante la primavera de 1996.

A la muerte del pintor el pasado febrero, se multiplicaron los diagnósticos sobre su personalidad y se repitieron los tópicos que acompañan desde siempre su trabajo: carácter hermético, lenguaje realista anacrónico intempestivo, destreza premoderna para el retrato y contundentes opiniones sobre los desvaríos del arte contemporáneo, sazonado todo por una mal disimulada animosidad hacia la abstracción, o con mayor precisión, hacia la voluntad antifigurativa impuesta por la ortodoxia vanguardista durante los años centrales del siglo. El retorno contemporáneo a la obra de Balthus nos permitirá, sin duda, una mayor distancia crítica y la aproximación mejor orientada hacia sus puntos de vista jamás lineales y saturados de circunloquios y matices técnicos, figurativos y estéticos.

La biografía de Balthus constituye una proeza de la habilidad reconstructiva del personaje, en paralelo quizá con su admirado amigo Malraux. A lo largo de su curiosa vida, el artista ha ido tejiendo con hebras de diversa consistencia una urdimbre de referencias casi concéntricas que se asemejan al garabato gráfico que configura los retratos de Giacometti: un revoltijo de líneas espesas del que emerge al fin el detalle caracterizador —a menudo cruelmente definitorio— de una personalidad. En unas recientes memorias póstumas, recogidas por Alain Vircondelet, el pintor se extiende por vez primera sobre su infancia, el disciplinado magisterio de su padre, prestigioso historiador del arte especialista en Cézanne, y la bohemia incontinente de su madre Baladine, amante de Rilke, en el París de los veinte. Curiosamente Rilke fue el artífice de la iniciación artística de Balthus. A Baladine se deben el escrúpulo y la tenacidad de las copias clásicas que Balthus hizo en el Louvre, su afición primera por Poussin y las directrices figurativas de Maurice Denis. Un año de formación en la «escuela de la copia» que llevaría al impulsivo autodidacta Balthus al convencimiento de la importancia de la destreza artesanal y los secretos de taller de la pintura entendida como tradición. El número excepcional de relaciones parisinas impresiona todavía al lector actual: Bonnard, Derain, Marquet, el buen sentido del marchante Drouet y la revelación de la identidad huidiza de la materia artística. La densidad de los fragmentos y la transparencia del color, «el empastado que da presencia y vida a la pintura y revela el espesor del mundo». *Enfants au Luxemburg* (1925), dos niños en colores claros jugando a la petanca, vigilados por una desdibujada estatua equívoca, son un buen ejemplo del primer quehacer.

En 1926 Balthus descubre Italia. En Arezzo estudia los frescos de Piero en la iglesia de San Francisco. Después Florencia y Fra Angélico. Más tarde Masolino y Masaccio en la capilla Bracacci, y se admira ante «la insistencia en representar la figura en términos de la experiencia diaria». No es casual que en una obra tan discutida como *La rue* (1933) Balthus recupere la composición también desde la cotidianidad e intente disponer el espacio a la manera de la *Flagelación* del Palacio Ducal de Urbino. *La montaigne* (1937) es una obra impresionante que adelanta los motivos del arte de Balthus: figuras minuciosamente pintadas que actúan con ritualidad hermética, sobrepuestas a un paisaje de constructiva formalidad cezanniana y cromatismo plano pero de estridencia casi fauve. Comenzaba la leyenda de un pintor «del que nada se sabe».

Las décadas de París son ahora menos crípticas de lo que se pretende. Una incondicional amistad con Alberto Giacometti y la devoción por Derain —«El mago»—, al que representa mayestático e imperioso. Los retratos de *Miró y su hija Dolores* (1938) y del fiel galerista Pierre Matisse, del mismo año, hablan de un soberbio dominio técnico y acentúan el habilidoso contrapunto espacial que irrealiza los motivos figurativos priorizando la atmósfera cromática. De 1940 datan el sorprendente *Autorretrato* y *Le cérisier*, homenaje elocuente a Poussin en el doble ámbito compositivo y colorista: un sobrio clasicismo, en definitiva, que cuida obsesivamente el detalle y marca para siempre la mejor obra de Balthus.

La admiración del pintor por Artaud, Bataille y Pierre de Mandiargues, la proximidad anecdótica al surrealismo —nada más ajeno a Balthus que el abigarramiento literario surreal— y el diálogo formal con Michaux han dado pie a un cierto «malditismo» cuidadosamente alimentado en los años de Chassy que impregna la obra madura de Balthus. «No se daba sólo la tentación del paisaje —confiaba años atrás el pintor—, de su eternidad, sino también la voluntad febril de romper los espacios, el tiempo, de acceder a la realidad de los sueños. Al momento definitivo de las cosas.» Pero Balthus intenta transcribir el espesor del sueño a través de la materia plástica, los pigmentos, la luz sobre las leves capas de pintura, las veladuras y transparencias.

Sin embargo, es en el interés casi patológico de Balthus por las muchachas en flor, persistente desde *La leçon de guitare* de 1934, el motivo unánime de su calificación pública como un pintor desconcertante y amanerado. «Me irritan —saltaba el artista ante una sugerencia molesta— las interpretaciones estúpidas que pretenden que mis jovencitas provienen de una imaginación erótica... Es su lenta transformación del estilo angelical al juvenil el que me preocupa, poder captar el instante de lo que yo llamaría un pasaje —una cierta inocencia del espíritu—.» Pero obsesivamente vuelve al tema. «Las niñas de las que hago apuntes y retratos pueden revelar una actitud complacida y erotómana... Yo me he defendido no viendo más que imágenes celestiales. Pero el universo de algunos de mis amigos —de nuevo Artaud y Bataille— no es totalmente inocente... Creo en la dualidad profunda de los seres y el trazo de mis modelos lo revela: luz de las tinieblas y luz celestial.» Una manera de sublimar «su destino mortal».

Es cierto que en las pinturas de Balthus los personajes parecen detenidos en una atmósfera onírica, disecados en gestos casi inexpresivos. Su pintura asimila la estructura de los viejos grabados directos del expresionismo lineal centroeuropeo, sin duda, pero severamente encapsulados en montajes formales de disciplina clásica. No es tampoco irrelevante que el artista exija trascender la anécdota y reparar en el esfuerzo constructivo, en la morosidad material que demuestran sus obras. Los paisajes romanos acentúan la reflexión constructivista a partir de Cézanne, con una ligereza cromática oriental que en ocasiones los transfigura en etéreos. *Paysage* (1960), *Paysage de Mont Calvello* (1979). Se trata de encontrar las vibraciones que unen el arte chino con los primitivos toscanos, en confidencia del artista.

En el repaso detenido por la exposición sorprende la rudeza matérica de las superficies pictóricas, allanadas en la reproducción fotográfica. Viejas técnicas de pigmentación sometidas a la presión expresiva contemporánea. «La práctica del arte, los saberes artesanales que precisan la tenacidad y un tiempo infinito son mis útiles de trabajo. Pintar es intentar llegar a la profundidad de las cosas.» Casi una declaración de principios.

Con sus contemporáneos el respeto de Balthus es selectivo: Picasso siempre y un cierto Miró también. Y entre los artistas vivos la excepción es Tàpies, a quien adjudica «una profundidad y una riqueza que vibra en sus telas a través de la sabia ordenación de unos empastes monocromos sometidos a una luz disolvente». Hay algo de chino en Tàpies, confiesa Balthus, «esa manera de crear el vértigo, el movimiento de la vida en una inmensidad de negros. Pintor que va a las raíces, de un solo trazo, que accede por mera simplicidad a lo Innombrable, aquello que los chinos llaman todavía lo Universal».

(4 de noviembre de 2001)

CANDOR Y PERVERSIÓN

La semana pasada llegaba al lector londinense la esperada biografía de la desconcertante personalidad de Blunt. *Anthony Blunt. His lives,* publicado por el sello editorial MacMillan, sintetiza ocho años de frenética investigación de Miranda Carter, que muestra su dominio de las argucias del género biográfico por vez primera y aspira a situarse entre los títulos señeros de la temporada literaria.

Instalada en una envidiable asepsia posmoderna, todo sucede inexorablemente, la autora convierte la pluma en estilete y disecciona limpiamente las capas que se solapan en la huidiza verdad del genial historiador. Sin guiños cómplices ni conmiseración alguna, llamemos historicista. Carter confina en compartimentos estancos las diferentes realidades que marcaron la peripecia vital de Blunt: historiador de arte, soldado, espía, hombre de mundo y estrella rampante de la sociedad londinense posbélica, apagada por el soplo delator de la iracunda baronesa Thatcher, cuando parecía que un pacto de honor había conjurado para siempre el peligro de la delación pública y la defenestración fulminante.

A su muerte, en 1983, Blunt lo había sido todo en la cultura oficial británica y curiosamente se vio acusado con idéntica impunidad de casi todo: muertes de agentes aliados durante la contienda mundial, comprometedoras especulaciones artísticas, chantaje a la Casa Reinante y, como era casi de rigor, de pedofilia. Un sinfín de patrañas surgidas al calor del escándalo publicístico que desterró la imagen de Blunt de la escena pública. Un apestado.

Con buen sentido, la autora levanta una a una las máscaras que disimularon al hombre Blunt —esteta siempre, comunista a su tiempo, homosexual expectante, espía de ocasión y convicto irredento—. Si su reputación internacional como historiador del arte ha quedado vinculada al Courtauld Institute, del que fue legendario director y eficaz profesor a lo largo de treinta años, es verdad que el nombramiento, casi honorífico habitualmente, de Supervisor de las Colecciones Reales lo lanzó al gran mundo y dio pábulo a otra leyenda: el probo súbdito, educado y discreto, que se aventura a todo riesgo para sacar el máximo provecho de unas relaciones de excepción, que le llevan al ennoblecimiento temprano en 1956. En definitiva, suposiciones y medias verdades tejidas por el hilo grueso de la envidia.

La reconstrucción escrupulosa de Carter permite entender, ahora, su vinculación decisiva al grupo de Cambridge como la secuencia natural del malestar generacional forjado en la Universidad de entreguerras. A la inversa de Burgess —auténtico diablo malo del cuento— y las intemperancias proselitistas de Philby y Maclean, Blunt vivió simultáneamente existencias separadas que lo convierten por derecho propio en una figura enigmática.

Vinculado por remota parentela a la Reina Madre, hijo del capellán de la Embajada británica en París, de formación bilingüe y temprano testigo del cosmopolitismo de clase, su iniciación intelectual fue, sin embargo, más bien triste: en París tuvo que sobrevivir dando clases particulares y enseñando inglés por horas a los hijos del coleccionista René Gimpel... que jamás le permitió traspasar los límites del criado. Unos años miserables en el internado para vástagos de clérigos modestos de Marlborough adiestraron a Blunt en las estrategias de la resistencia y el disimulo que dominó a la perfección. Vive oscuramente, parece que fue su lema. Su devoción en solitario por el arte se forjó entonces, en las visitas semanales a Londres con su hermano, ya en Oxford, a los museos y librerías de Charing Cross. En Zwemmer's descubrió los *Cahiers d'Art* de Zervos, motivo razonable de su conversión a la religión del arte con el fervor del misionero, por supuesto.

Es curioso, sin embargo, que su ingreso en Cambridge lo avalaran sus conocimientos matemáticos, que le consiguieron una discreta beca y pronto quedaron en nada: un humillante segundo puesto, bien alejado de las ensoñaciones juveniles de Blunt. En Cambridge ni siquiera hizo amigos, sólo cómplices y confidentes, pero descubrió a «Los Apóstoles», radicales de Bloomsbury que le iniciaron en los placeres de la sensibilidad sin clases y la importancia de las formas y los modos en el aprendizaje de la promoción social.

La estética evanescente de Clive Bell, a la zaga de los valores absolutos del arte, y la discusión sin fin sobre la difusa identidad personal en una danza de disfraces sociales —con la homosexualidad casi ritualizada y el alcoholismo para terapia cotidiana— dotaron de argumentos fuertes la forja de un rebelde difícil de convertir a cualquier causa. La Guerra Civil española y el radicalismo marxista de la década de los treinta —Blunt empezó entonces a escribir sobre arte en *Cambridge Review* y *Spectator*— impregnan de voluntarismo doctrinario las primeras críticas: duro con Picasso e inmisericorde con el decorativismo estetizante de las vanguardias, pero defensor sin disimulo, a qué negarlo, de un realismo histórico casi estaliniano del que pronto abjuraría para atrincherarse en un exquisito neopositivismo de calidades estéticas, que lo conduciría a Poussin y al descubrimiento del clasicismo francés.

Es cierto, pues, que la reacción a los excesos ideológicos de las estéticas radicales hizo de Blunt un mesurado historiador del arte germanizado, de evidencias más que de convicciones. En el Warburg Institute veló sus primeras armas eruditas y en el reducto exigente de los refugiados alemanes encontró su camino hacia la Historia. Fritz Saxl y Rudi Wittkower le orientaron en el camino de Warburg, Panofsky y la iconología para mostrarle la ambigüedad esencial del arte, que sólo se determina en el espacio de la tradición, de la historia de las formas sensibles cuando se realizan en el tiempo y se convierten en estilo. Profesor enseguida, supo transmitir a sus alumnos la certeza de que también sobre el arte cabía hablar con precisión, e incluso que la historia del arte podía ser una disciplina rigurosa ajena a la mera verbosidad emotiva de Bloomsbury, con Fry a la cabeza. La «ciencia del arte» era el objetivo del Instituto Courtauld cuando Blunt fue nombrado director en 1946.

Miss Carter relata con sobriedad la fuerte impronta generacional de la pobreza de los años treinta, sobre el trasfondo de la catástrofe española, en la conversión de los radicales de Cambridge en colaboradores de la *intelligentzia* soviética durante la guerra, que transformaba en acción un difuso comunismo de intenciones. La rotunda presencia de Burgess, encantador, amoral y astuto tejedor de insondables lealtades personales, parece definitiva en la militancia subversiva de Blunt, que jamás negó su colaboración en la transmisión de información cifrada —la URSS era entonces aliada de Gran Bretaña, conviene recordarlo—. Ni Burgess ni Philby cuestionaron después el evasivo enfriamiento de Blunt, que según opiniones autorizadas la Corona conocía al dedillo: son admiradas todavía sus audacias en Alemania, durante la guerra fría, para recuperar comprometedores documentos de la Monarquía.

La influencia decisiva de Blunt en la formación de una generación crítica de historiadores de arte ocupa un capítulo fascinante del libro. Todavía hoy *La teoría del arte en Italia...* (1936) es una pieza fundamental del saber histórico. Por mi parte, puedo asegurar el entusiasmo que Blunt despierta aún entre sus alumnos tempranos, de Golding y Sewell a Green y Miller, y el respeto que Gombrich mostraba a la menor ocasión por el historiador. Poussin era el gran olvidado, el pintor filósofo admirado por su manera gélida y cerebral de representar las grandes iconografías barrocas en una nueva formulación clasicista. Blunt hizo el catálogo razonado del artista, y mostró en París, en mayo de 1960, la primera gran exposición de Poussin y su mundo, con préstamos irrepetibles de Moscú y Leningrado, que fue motivo para ulteriores descubrimientos de obra inédita del pintor y abrió el debate sobre las atribuciones dudosas, auténtico revulsivo en las adormecidas placideces académicas. Chastel, Rosenberg, Mahon, Clark fueron entonces los contrapuntos de una polémica que fortificó el carácter científico e interdisciplinar de la historia contemporánea del arte.

Los años negros de Blunt son conocidos de sobra. Acusado de traición de lesa patria, fue desposeído de todas sus calificaciones públicas —incluso del Profesorado Emérito... que confiere la edad—. También colaboró la actitud de reserva, un punto altiva, y su impasividad ante el proceso de ostracismo ciudadano que lo acompañó hasta la muerte. Un apestado, en efecto. Un monstruo, según la prensa amarilla... y no tanto. «Fríos sofismas. Autosatisfacción en una mirada fría y cortante como el cristal» escribió un notable maestro de humanistas entonces. Brian Sewell, incondicional en la desdicha, ha contado la historia del maltrecho cuadro de Poussin *Rebeca y Eliecer* que perteneció a Blunt, hoy en el Museo Fitzwilliam de Cambridge. Pésimamente restaurado, apenas muestra un rastro del viejo esplendor de los pinceles del artista. ¿Una premonición?

Un añoso aristócrata británico me decía la otra noche comentando el libro: «Vivir bien fue su mejor venganza». Tal vez.

(18 de noviembre de 2001)

GIACOMETTI

A la memoria de David Gascoyne

Se cierra el centenario de Alberto Giacometti —había nacido el 10 de octubre de 1901— con la inauguración, en el Museo de Arte Moderno de Nueva York, de la completa antológica inaugurada por el Kunsthaus de Zurich y la conmemoración casi simbólica de su versatilidad artística en The Sainsbury Centre of Visual Arts de Norwich. También el IVAM adelantó el homenaje, a finales del pasado año, con una recapitulación rigurosa de su obra sobre papel. El dibujo, como es sabido, fue para Giacometti algo más que una apresurada síntesis formal, para convertirse en la radiografía siempre borrosa del proceso imaginativo del artista.

Giacometti fue, en efecto, de personalidad versátil. Pintor primero, escultor más tarde y dibujante cerebral siempre. Su padre, Giovanni, había sido pintor de querencia tardoimpresionista, que orientó a Alberto hacia la disciplina de la academia: École d'Arts et Métiers en Ginebra, y un año entero en Florencia copiando imaginativamente el naturalismo de manual para aventurarse después en la experimentación. A partir de 1925 se instala definitivamente en París, y comienza la búsqueda de un lenguaje sensible personalizado de incuestionables influencias de época: las planimetrías cubistas que configuran el valor visual del volumen y el descubrimiento del arte tribal —no sólo africano, curiosamente— de potente impronta en la emancipación creativa de la escultura moderna temprana. Si *Torso* (1925) acusa la mirada de Laurens, *The Couple* (1926) parece explicitar una estética cubista sometida a los imperativos expresivos del artista. Hombre y mujer traducidos a figuraciones formales estilizadas a través del relieve que acentúa su frontalidad.

Spoon Woman, sin embargo, deja a las claras su firme desviación del simplismo decorativo ancestral, absorbido sobre todo en el Musée de l'Homme. La estela casi artesanal de Lipchitz ocupa los años 1926-1927, cuando se fundamenta la armonía constructiva que connotan los primeros bocetos figurativos. Búsqueda de «conjuntos», en efecto, ha señalado Sylvester, pero persecución casi monotemática de un equilibrio sensible exclusivamente formal. Sin duda *Cubist Composition* (1928) es un buen ejemplo. Como quizá *Gazing Head*, del mismo año, de complejidad figurativa difícilmente superable. Desde entonces la talla y el modelado definen el campo de acción en el que se afirma el trabajo escultórico de Giacometti. Siempre entre oscilaciones bruscas hasta alcanzar esas notables figuras —solitarias o en conjuntos de presencia coral— que han definido la visión madura del artista.

Entre 1930 y 1935 Giacometti comparte las convicciones estéticas —las éticas eran para él otra cosa— del Movimiento Surrealista, y construye unos objetos audaces que atenúan la efervescencia surreal a través de una voluntad constructiva abiertamente volumétrica. Pienso en *Suspended Sphere* (1930) y *Point to the eye* (1932), mucho más que escarceos psicologistas con pretexto plástico. Molesto con el dirigismo omnipresente y manipulador de Breton, Giacometti se aproxima a los disidentes surrealistas —Masson, Leiris, Queneau, Desnos— y descubre en las insinuaciones estéticas de Bataille el mejor correctivo a la grandilocuencia bretoniana. El crítico Carl Einstein, olvidado resistente del vanguardismo no dogmático, y el magistral desarrollo formal poscubista de Laurens, Lipchitz y Brancusi, cierran los años de aprendizaje de Giacometti.

A partir de 1935, sin embargo, los obsesivos modelados a pequeña escala, sobre el perfil de su hermano Diego, y las escayolas antropoides refiguran un espacio artístico ya definido. Su proyección a escala superior durante la década siguiente constituye el paso de gigante que convierte a Giacometti en el artífice incuestionado de la figuración escultórica moderna.

En 1936 Giacometti cierra filas, casi providencialmente, con Pierre Matisse y su galería neoyorquina, obstinado ya por entonces en la difusión americana del mejor «arte de autor». La relación no fue fácil, por supuesto, pero contamos con el testimonio de primera mano de John Russell que ha escrutado la correspondencia inédita entre el artista y el marchante, que nos ofrece hoy el relato ajustado de sus personalidades irrepetibles. Giacometti encontró en Matisse un confidente responsable y respetuoso, siempre dispuesto a rectificar improvisadas apreciaciones a través del diálogo. Capaz de entender, era también hijo de artista, los titubeos y vacíos inexplicables que jalonan el proceso creativo. Además, Matisse le descubrió al entonces matrimonio Matta: él emprendedor *performer* de exposiciones, con una sensibilidad única para recrear espacios plásticos; ella, Patricia, una ferviente convicta a las posibilidades revolucionarias de las nuevas tecnologías. Convertida en Patricia Matisse, fotografió el devastado taller y las figuras en proceso de Giacometti y colaboró como nadie en la superación de los momentos oscuros del artista.

Matisse se empeñó seriamente en la primera antológica de Giacometti en Nueva York, y parece que el artista era consciente del esfuerzo: «Siento no poder ir más rápido... —escribe—. Es desagradable constatar que las cosas no salen como uno quiere. Quienes han visto la escultura piensan que es de lo mejor que he hecho, pero yo veo los defectos, todas sus carencias para alcanzar el movimiento debido». A la tensión productiva cabe añadir unas exigencias de exclusividad artística en pugna: Giacometti había expuesto algunas obras sin demasiado éxito en la galería de Julian Levy de Nueva York en 1934, y el marchante no renunciaba a establecer un nuevo acuerdo. Alfred Barr, febril director del reciente MoMA, pretendía comprar en París algunas de las *têtes* de Giacometti, pero aventuraba sugerencias no demasiado oportunas. «¿No podría hacer alguna de piedra caliza?... Es de tonos bonitos.» Giacometti cortaba tajante: «La única piedra posible es el mármol». Pero matizaba enseguida: «La caliza es demasiado porosa». La obra acabaría fundida en bronce y en las manos ávidas de Peggy Guggenheim.

En enero de 1948, por fin, Matisse pudo mostrar en su galería la obra de Giacometti. El catálogo añadía un texto aquilino de Sartre que, quizá por vez primera y de sorpresa, sabía ajustar su eficaz retórica estética a las impresiones sensibles. «Todo está por hacer —escribe el filósofo—. No hace falta reparar en la mirada antediluviana de Giacometti para adivinar su orgullo y su voluntad de situarse al inicio del mundo... No se considera más "avanzado" que sus contemporáneos de Altamira... Desde esa extrema juventud de la naturaleza y el hombre en la que ni la belleza, ni el gusto, ni la gente de buen gusto, ni la crítica existen: todo está por hacer.» Grumos de pasta blanca que «coagulan» en filiformes figuraciones inquietantes. La tarea del escultor es para Giacometti «desengrasar el espacio», convertirlo en una tenue atmósfera que circunda sin tocarlas sus figuras alerta.

A partir de 1950 la escultura de Giacometti parece como descarnada, muestra esa rugosidad de lo inacabado que la hace única. Pintura y dibujo hablan también de las dificultades del artista para conseguir unos signos sensibles propios, que sean expresivos sin desvirtuar en un personalismo devorador su capacidad de comunicación. Sylvester —viejo amigo y modelo ocasional de Giacometti— me aseguraba que, como en Cézanne, esos momentos de incertidumbre son los que mejor descubren la belleza extraña de Giacometti, sin impertinentes pretensiones de estilo, frenando una imparable fluidez imaginativa, enfrentado obsesivamente a la presencia humana y sacrificando las cualidades estéticas a este último valor de veracidad.

Éste es Giacometti. Unas estructuras claras en las que se alinean irrepetibles personajes fibrosos, contrapuestos o seriados en ocasiones en pequeñas unidades de significado. Dibujos y óleos que captan la personalidad huidiza del modelo «arañando» la superficie plástica con el lápiz o el pincel, raspando planos frontales en los que destaca, en relieve insinuado, una figura inaprensible pero potente, de singular viveza formal. Ninguna evocación romántica: figuras ofrecidas a la mirada del espectador «casi amenazantes», como quería Giacometti. Pero «para la voluntad artística no queda sitio», había escrito Franc Marc en 1915.

(2 de diciembre de 2001)

QUERIDOS MONSTRUOS

Acabo de leer un inmisericorde varapalo periodístico a Luchino Visconti al hilo de la recuperación en las salas del Institute of Contemporany Art londinense de sus filmes más notables. Es fácil hoy, sin apenas conciencia histórica y abandonado a una globalización tribalizada profundamente analfabeta, ajustar cuentas con las obras de cultura de ayer o con sus protagonistas, y someterlos a una aséptica desinfección ideológica bajo el pretexto de la presunta tonalidad extemporánea. Visconti fue comunista en su momento —como también lo fue Picasso sin complejos— arrastrado por la certeza de la insolvencia moral de la aristocracia vencida de la que formaba parte. Sus relatos históricos denuncian la ceguera de los poderosos sin cuestionarse ingenuamente la inanidad de los débiles, por supuesto, pero con clara lucidez acerca de las irreversibles vueltas de tuerca que convierten el presente, en casi un tris tras, en pasado.

El marxismo del cineasta fue quizá de consigna, pero la belleza de su descripción de la decadencia de un mundo de significados que tampoco era ya el suyo alcanzó cotas difícilmente repetibles. El príncipe Salinas es un personaje de impacto —Visconti supo despertar una desconocida versatilidad en Burt Lancaster, que reiteró en *Confidencias*— y las jugarretas sentimentales que precipitaron el fin de Aschenbach en *Muerte en Venecia*, no por azar músico fracasado, despiertan hoy una sonrisa caritativa. Visconti era un *pazzo*, me susurraba con suficiencia anglosajona su centenaria cuñada Franca de Grazzano, que jamás se sobrepuso al desdeñoso menosprecio paterno. Tal vez. Pero no todos los emotivos menesterosos son Visconti, por mucho que sus personajes, su mundo y sus fabulaciones hayan desaparecido. Las visiones de Visconti intensifican nuestra sensibilidad para la belleza y nos estimulan a tolerar los acertijos de la psicología humana sin sobresaltos.

Sacred Monsters, Sacred Masters (Londres, Jonathan Cape, 2001) contiene una galería de perfiles de primera mano de John Richardson, celebrado biógrafo de Picasso, cuyo tercer volumen ultima para su publicación en los próximos meses. La fortuna literaria de Richardson ha sido tardía y arrastrada en medida considerable por el éxito internacional de su aventura picassiana. Recuerdo que cuando *The Spectador* comentó su *Manet* en 1958, breve apunte impersonal más bien ramplón sobre pintura y dibujos editado por Phaidon de Londres, afirmaba que Mister Richardson era un «hábil comentarista artístico» formado en los gustos y la convivencia de Douglas Cooper, el mayor coleccionista de cubismo de entonces, dotado de un ojo proverbial para el arte y figura controvertida y difícil en la cabalgata social en los difíciles años de la reconstrucción europea. Íntimo de Picasso, Braque, Léger, sin embargo, Cooper acabó por ser el personaje imprescindible en la peritación de cuantas colecciones de arte contemporáneo empezaban a configurarse en los primeros años de bonanza económica posbélica, particularmente en Norteamérica. La mejor escuela, por supuesto, para la sensibilidad de Richardson, como ha contado con destreza en *El aprendiz de brujo*, biografía de Cooper e involuntaria memoria personal del autor.

Con buen sentido, Richardson recupera ahora viejos papeles y construye personajes y situaciones insólitos que han marcado su historia a lo largo de casi cincuenta años. Son personalidades monstruosas convertidas en fetiches de un tiempo borroso —como el autoritario doctor Barnes, los evanescentes Siwells o la inaprensible Eugenia Errázuriz, «segunda madre» de Picasso, y otros queridos maestros más próximos en el difícil equilibrio de sobrevivir.

El libro se lee sin apenas respiro, con esbozos meditados sin premura y trufados de evocaciones ocasionales, que responden a un registro narrativo eficaz. Nos dan cuenta del testimonio vivo de un observador irónico que recupera sabores, comparsas y figurones diluidos por el tiempo. Richardson cumplirá setenta y ocho envidiables años y presentó recientemente una polémica caracterización televisiva de Picasso con una destreza sorprendente: convertía bustos mudos como Françoise Gilot o el astuto Rosemberg en locuaces confidentes. Ni el legendario lord Clark, que sucumbió ante la cámara a los encantos de su propia pomposidad, ni el avispado Hugues al repasar el arte de anteayer, siempre demasiado convencido de sus virtudes comunicativas, ensombrecen la presencia de Richardson, convertido en hábil manipulador de imágenes y dotado de esa «mirada fuerte» capaz de desconcertar al incauto mejor adiestrado.

Pero, además, Richardson nos ofrece en su libro algunos incisivos relieves, casi a punta seca, de algunos artistas de protagonismo radical cercanos a nuestra comprensión de la modernidad y sus enemigos. La semblanza de Mario Praz activa la presencia del esteta florentino donde menos amable ha sido la publicística actual: su escrupulosa colección de arte decorativo del Segundo Imperio. La malignidad, ubicuidad intelectual, honestidad sabia y desgraciada peripecia vital de Praz son confidencias no siempre pertinentes que llenan *La casa de la vida*. Sin embargo, la envergadura de su proyecto de rehabilitación del gusto neoclásico a partir de la democratización de un coleccionismo accesible durante el romanticismo tardío, sitúan a Praz en la estela de Walter Benjamin y lo presentan como el último byroniano obsesionado a destiempo en la construcción del «museo del alma» que debe ocupar el enorme vacío de horas muertas en nuestra televisiva civilización del ocio.

El berlinés Schinkel, el decorador Frank, las exigencias de Laure de Noailles, colaboran en la descripción de esa «atmósfera» singular que vivifican los mediocres pobladores del Palazzo Ricci de Praz: los objetos añadían pequeña verdad al mosaico de su soledad intranquila, concluye Richardson.

El retrato de Paul y Domenica Guillaume es una aportación

decisiva para entender la íntima patología del coleccionismo contemporáneo. Un desfile de personajes de Simenon que se lee como una novela de intriga y pasión, trama detectivesca incluida. La colección, hoy en el Musée de l'Orangerie gracias a la eficacia persuasiva de Malraux, disimula sus turbios orígenes en un ejercicio de exaltación patriótica francesa.

Para mi gusto, entre las disecciones artísticas destacan algunos monstruos disfrazados de maestros: Miró y Lucien Freud entre ellos. A Miró le dedica Richardson unas páginas desmitificadoras no demasiado simpáticas, militaba a la postre en la banda de Picasso, que chocarán al lector peninsular, deseducado por la hagiografía al uso. Para Richardson, Miró fue un personaje huidizo que supo dominar hasta el final su realidad doble. Un surrealista a contrapelo dotado de una capacidad fabulosa para el disimulo y no menos fabulosa para la transfiguración onírica de la sexualidad y la escatología. Sus dibujos denotan ostensiblemente variaciones sobre un mismo tema: el sexo, que es vida y misterio. Para Richardson, inglés sobre todo, Miró es un catalán de *auca*, con todos los tics pequeñoburgueses: horror a la inseguridad, realismo a destiempo, convencionalidad tribal, emotivismo casi racial tan cercano a Foix, *seny* en definitiva... Pero dotado de una *rauxa* demoníaca que lo llevaba a encerrarse enloquecido en su estudio para fantasear perversas fabulaciones gestuales que amenazaban con anularlo. C*onstellations* de Miró alcanzan, sin embargo, una depuración visual universal, poesía y pintura, que lo convierten en el artista del siglo XXI.

Pero el desconcierto que produjo en la percepción del artista, el expresionismo abstracto y la pintura gestual de Pollock y compañía, descubiertos durante su primer viaje norteamericano en 1947, ensombrece la limpieza sígnica de Miró, en opinión de Richardson, y lo conduce al efectismo reiterativo, en tamaño y motivos, que decolora sus últimos años, ya convertido en un fetiche vivo de la cultura catalana democrática. Richardson es quizá cruel con los murales de Miró y un punto injusto con el galerista Maeght, a quien considera responsable de una latente comercialización negativa del arte de Miró.

El perfil de Freud es tal vez más personal. Es amigo de juventud y contemporáneo, y además lo ha pintado en alguna ocasión. Pero el contrapunto es siempre Bacon y la interpretación es francamente sugestiva. Freud tiene el candor devastador del artista puro: no es un neoexpresionista ni un melodramático objetivista, sencillamente emula a Durero, la perfección de *Adán y Eva*, y la intensidad de observación de Ingres son las señas de identidad del realismo figurativo del artista. Sin excesos ni grandilocuencia, sencillamente con verosimilitud, sus desnudos se han impuesto en la mirada contemporánea. Bacon es un manipulador extremo, un jugador arriesgado que transmite información y sensibilidad con sus pinceles, pero que parece incapaz de reconocer sus horas bajas. Hay momentos exquisitos y rutinarias soluciones de urgencia. Y esto Bacon no lo perdona desde su honestidad casi artesanal.

Warhol sin máscaras, tímido y trascendente siempre, apátrida más que extraterritorial y perversamente dependiente de su madre (Richardson pronunció la oración fúnebre tras la muerte del artista), las veleidades de Truman Capote, la grandeza personal de los últimos años de Braque y la evocación sentimental de Pablito Picasso, devorado por la incomprensión autista de su abuelo, son capítulos que completan este excepcional retablo. Casi una memoria sentimental de nuestro añorado siglo XX.

(16 de diciembre de 2001)

LA INVENCIÓN DEL CUBISMO

Casi en vísperas de la inauguración en el Museo Reina Sofía de una muestra sobre la escultura cubista, de corte escrupulosamente visual en mayor medida que histórico y referencial, de la que soy responsable, me llega una noticia que en estos tiempos crédulos cabría calificar de providencial: la certera adquisición por este museo de la impresionante *Tête de femme* de Picasso, presuntamente modelada a partir de los rasgos de Fernande Olivier, compañera entonces del artista, y fantaseada sobre la orografía abrupta de un par de veranos en Gòsol y Horta de San Joan. La obra es el testimonio pionero del cubismo tridimensional y el ejemplar adquirido responde, al parecer, a los escasos vaciados del primer momento (1909). Un motivo inesperado de satisfacción para quien se interesa por conocer las raíces del arte moderno. Con la soberbia *Escultura* (1915) de Lipchitz, textualizada por la generosa donación de la viuda del artista, y la *Mujer con abanico* de Laurens (1919), alcanza la colección del museo madrileño una cabal representación que sin retórica podemos calificar de la prehistoria o historia natural de la escultura cubista.

El relato fundacional del cubismo, anecdótico como todo lo verosímil, es conocido de sobra pero no me resisto a recuperarlo. La idea del cubo entra en la discusión del arte nuevo con una observación de Matisse a ciertos paisajes representados en el Salón de Otoño de París de 1908. Constituyen, en opinión del artista, «una pintura hecha de pequeños cubos». Esos cubos no eran otra cosa sino la tenue abstracción figurativa de un paisaje convencional: las casas de un pueblecito del mediodía francés. Si queremos, el gesto de geometrización de Braque, a quien pertenecían los paisajes discutidos, permitía acentuar el volumen, el espesor de las casas en derivación sobre la colina. Las casas hechas cubos eran así un elemento esencial para la composición sensible en el espacio restringido del cuadro. El beligerante crítico Louis Vauxcelles volvió sobre el tema y habló claramente de «esquemas geométricos, cubos», con lo que quizá sin quererlo bautizó un movimiento artístico que sería clave para la evolución del pensamiento visual moderno.

Es conocido también el papel rupturista del realismo perceptivo de Cézanne en las convenciones visuales heredadas del impresionismo, que disolvían los objetos en una miríada de fulgurantes fragmentos sensibles. Por el contrario, se imponía ahora construir formas autónomas, sólidas e independientes en el espacio plástico que representaran la estructura permanente de las cosas en su realidad «tangible». Y en esta predilección por lo táctil sobre lo visual se sitúa el origen de la escultura cubista. Un asalto en toda regla al naturalismo. Al sorprendido profesor berlinés Simmel le espetaba Rodin, ante el sincopado dibujo de un gavilán egipcio (se trataba de un trabajo de estilización estrictamente geométrica, de reducción absoluta del modelo a unas breves líneas y planos decisivos): «Ésta sería aproximadamente la mayor obra conocida natural». Algo por entero distinto al naturalismo: no la realidad particular, sino esa verdad encubierta por ésta, un ideal apenas vislumbrado que indica cómo debería ser la realidad.

A partir de la *Tête de femme* las energías figurativas de Picasso se articulan mediante planos facetados que configuran volúmenes. Los objetos —guitarras, violines, cabezas, el legendario *gueridon*— descubren su estructura volumétrica y se ordenan en razón de un equilibrado sistema constructivo que impone la geometría del espacio.

En efecto, para Picaso y Braque la fuerza constructiva exigía el distanciamiento de los modelos ilusionistas tradicionales e imponía la deformación del objeto artístico según unos imperativos formales que acentuaban la emancipación del referente figurativo, el mundo de las cosas, potenciando de este modo el equilibrio sensible de la representación. Una «simplificación terrible», en opinión de la crítica, que traspasaba al plano y sus configuraciones sensibles la responsabilidad de la visión en profundidad alcanzada tradicionalmente por la perspectiva.

El cubismo rompe así con la perspectiva habitual, renacentista. Lo que viene a significar que considera los objetos desde un punto de vista relativo, desde diferentes direcciones ninguna de las cuales posee el predominio absoluto... Además, a las tres dimensiones fundamentales se añade una nueva: el tiempo. La mirada del espectador que gira en su entorno y mira en cada ocasión una configuración nueva. El cubismo se alinea así entre las tentativas antiperspectivistas radicales que caracterizan las vanguardias históricas al romper el siglo. Un cambio radical en la comprensión del arte.

Sin embargo, la escultura cubista responde todavía a la tradición clasicista del arte y exige de la representación una superposición visible de formas en la escrupulosa armonía interna que define un objeto determinado. No es casual que la *Tête de femme* invoque el dinamismo constructivo, la dialéctica de cóncavo y convexo para sugerir las sobreposiciones analíticas de la pintura cubista. Archipenko descubrió el peso del vacío en la configuración de sus audaces figuras, ya casi abstractas. Lipchitz utilizó la sintaxis cubista para vitalizar sus concepciones siempre naturalistas. Laurens inventó los objetos tridimensionales —*Clown*— y activó bloques rotundos tallados en directo, articulando planos a menudo coloreados que disparan ambivalentes volumetrías de indiscutible eficacia figurativa.

Acaso en esta múltiple figuración cubista se disimulen los últimos residuos de una tradición visual que sólo alcanzarán a disolverse en tiempos más recientes, con la traumática suplantación de la obra de arte por un objeto plástico propuesto por la descarada retórica dadá y urgido por las estéticas radicales que protagonizaron el debate artístico a lo largo de la década de los sesenta. Picasso, el último artista clásico, pero más bien el penúltimo a partir de los sorprendentes resultados de las impresionantes configuraciones escultóricas cubistas. Él lo vio antes que nadie. «Lo que desconcierta a la gente es sencillamente la representación múltiple de los objetos.» Pero los «planos sobrepuestos» no son ya una perspectiva, apuntaba maliciosamente Kahnweiler... aunque sí un medio eficaz para sustituirla, insistía Picasso.

Volvemos así a la raíz de la idea del cubismo desde el punto de vista de sus fabuladores: la identificación formal de los valores «táctiles» en el espacio pictórico y su desfiguración formal en la construcción espacial, en la escultura. Ciertos críticos malintencionados se empecinan todavía en entender el cubismo como el arte de un tiempo difunto. Otros tiempos para el arte. «Donde se infiltra la ética, la estética vacila», aventuraba el mejor Dorfles en 1950.

(30 de diciembre de 2001)

LA FRAGILIDAD DE GOETHE

Una feliz iniciativa editorial lleva al quiosco una de las obras de Goethe más asequible y desmitificadora. Dentro de la colección «Los Libros de las Siete Leguas», que acompaña a una conocida revista viajera, se rescata *Viaje a Italia* en la ajustada traducción de Manuel Scholz Rich, publicada en origen por Editorial Iberia, si no recuerdo mal, en dos volúmenes encuadernados en tela de lomo rojizo y letra diáfana. La traducción de Scholz hace justicia a unos imperativos de legibilidad no siempre explícitos en la prosa de Goethe, con cierta tendencia a la sobreexpresividad en la confidencia autobiográfica. De hecho, *Poesía y verdad* deja en el lector una indefinida sensación de pomposidad muy ajena a la vitalidad contagiosa de los viajes italianos. Además, el traductor apostó por un estilo sencillo, certeramente afín al carácter provisional y casi privado de las notas que dieron vida al libro de Goethe, redactado a partir de los cuadernos de viaje... casi cuarenta años después, en un ejercicio de depuración nostálgica de las experiencias relatadas.

La impecable versión temprana de Cansinos-Assens, emparedada entre los volúmenes de obras completas, se resiente, sin embargo, del talante casticista, un punto irónico, que caracteriza al genial sevillano, dotado como pocos para el aforismo y la paráfrasis incisiva. Es curioso, así, que debamos a Cansinos una recomendable biografía de Goethe, rescatada también de la edición completa por Ediciones Valdemar, de Madrid, en 1999. Una grata ráfaga de aire fresco entre las enrevesadas aproximaciones introductorias a la figura olímpica del clásico alemán.

Viaje a Italia relata la inverosímil fuga de la encorsetada burocracia de Weimar de un escritor ya hecho —contaba treinta y seis años y unas obras completas en su haber—, que se abandona a un arrebato intempestivo provocado quizá por el hastío y la rutina pero también por la muerte del padre, figura totémica si la hubo, en la iconografía personal del poeta. En septiembre de 1786 Goethe escapa de Karlsbad por sorpresa, clandestinamente, camuflado en un incógnito pintoresco —Jean Philippe Möller, pintor— «en una silla de postas sin más equipaje que una bolsa de paño y una mochila de piel de tejón». Un artista anónimo que emprende el *tour* iniciático con alguna demora. La ágil narración goethiana da cuenta con el entusiasmo contagioso del converso del descubrimiento del Sur, esa deslumbrante realidad latina que difumina peligrosamente la entereza de unas convicciones estéticas y morales voluntariosamente forjadas en Francfort y Weimar. El «hombre gótico» desconcertado por la fluidez improvisada de la vida y la luz mediterráneas, como vio Ortega y Gasset antes que nadie.

En efecto, *Viaje a Italia* es el mejor escrito autobiográfico de Goethe no sólo porque describe los años más felices de su vida, sino porque cuestiona las elusivas seguridades que habían forjado su personalidad de escritor. Visita Venecia y llega hasta Sicilia con una doble experiencia romana, cuajada de anécdotas significativas que sorprenden todavía por su ingenua transparencia. Como si traicionaran el adusto momento de la armonía clásica que cementa la rigurosa obra de Goethe. Un escritor magistral, de personalidad antipática, decía Hans Mayer. Las arcádicas *Elegías romanas* lo dejan bien claro: Faustina es un símbolo, la imagen de la bohemia desinhibida que transforma al apesadumbrado poeta romántico en un cruzado del equilibrio clasicista, en el «pastoril» Megalio Melpomenio de la idílica academia de los Arcades que generosamente lo celebran *«dentro il Bosco Parrassio»*. Orgullosamente, el pintoresco diploma cierra el relato. Y aquí Goethe se hace simpático, incluso ocurrente.

Viaje de Italia es, a mi entender, sobre todo un libro evocativo que cuenta el aprendizaje tardío en lo que antaño se llamaba escuela de la vida. Tiene algo de la fuerza adolescente de quien escapa de una disciplina férrea y se empapa de las vivencias negadas durante demasiado tiempo. Las minuciosas anotaciones y la entusiasta correspondencia con sus desconcertados amigos testimonian ese inesperado proceso de iniciación, que libera las energías sensibles de la naturaleza cuestionadora del poeta para someterla después a un «canon» clasicista basado en la renuncia y la contención.

Ésta es, quizá, la agridulce moraleja del viaje «que no responde al deseo de formarse falsas ideas sobre sí mismo —escribe— sino al de conocerme mejor... Cuando llegué aquí no aspiraba a nada. Ahora sólo persigo que nada siga siendo para mí un mero nombre, una simple palabra. Quiero ver y descubrir por mis propios ojos todo aquello que se considera bello, grandioso, digno de respeto».

Goethe «nace en Italia por segunda vez», su mirada recobra brillo y perfila con perseverancia de naturalista personas y ambientes: descubre su adormecida capacidad de asombro, en una expresión. Pero el arte clásico es medida, equilibrio, renuncia a los anhelos románticos de infinitud, es cierto. Una saludable cura de humildad que constituye la más poderosa enseñanza del neoclasicismo vital de Winckelmann. Italia es así una «revelación» que desvela al poeta una verdad vieja: la vida se construye en contrapunto a los demás, rectificando el «manual de instrucciones» a tenor de la diversidad de circunstancias que nos definen en cada momento.

El laberinto insalubre de Venecia. El efectismo visual de Palladio. La informalidad contradictoria del barroquismo católico romano, un desconcertante retrato de San Felipe Neri, la búsqueda del falsario Cagliostro, un detectivesco *quest* de serie negra. Pero sobre todo el incómodo descubrimiento de la «noche clásica» en el jardín de Bomarzo que subraya con sus imágenes contundentes casi todo lo negado por el credo clásico del equilibrio y la armonía. El altivo príncipe de Palagonia, flanqueado por su sirviente en su diario peregrinar limosnero, es una buena imagen de esa duplicidad.

Tal vez tenga razón Mario Praz. Winckelmann imprimió en la

imaginación de Goethe el principio de la vida sobre las formas. El modelo de cultura helenística hecho de «amplitud, esencialidad, serenidad y calma» que sólo se alcanza en el cénit «de una vida apasionada». La forja de una personalidad. El «alma» a la zaga de las «formas», según el maduro ideario goethiano que tan bien entendió el joven Lukács. El itinerario azaroso de la naturaleza a la cultura, si bien se mira.

En Palermo, un golpe de viento dispersa la inmundicia callejera. Un napolitano argumenta «Aquí las cosas son como son... La nobleza conserva esta capa de porquería para que sus carrozas rueden sobre un suelo mullido en su ávido desfile nocturno».

(13 de enero de 2002)

EL DILEMA DE KLEE

Por imperativos cronológicos y casi por afinidades estéticas se tiende a situar a Klee en la encrucijada de las vanguardias históricas, entre las fronteras del realismo formalizado y un neoconstructivismo impreciso de tentaciones dadaístas. Nada menos acertado. El dilema del arte de Klee no responde a la ajada polémica de figuración y abstracción, sino que se sitúa más bien en la tierra de nadie de la autonomía de los signos plásticos, de la lingüística visual de un arte contenido en referencias que fía su capacidad comunicativa a la persuasión sensible de las formas.

Ortega sostenía que la inteligencia descubre las relaciones entre las cosas que solemos percibir aisladamente. En efecto, la agudeza visual de Klee consiste en establecer relaciones armónicas figuradas —equilibrio, proporción, movimiento— en signos expresivos. Incluso cuando recurre al cifrado geométrico, el mundo de combinaciones sensibles de Klee, de desnudas calidades pictóricas, se presenta en una atmósfera difusa de color atemperado por la luz.

Al parecer ésta sería la trama de la selección de casi cien obras de Klee que se puede visitar estos días en la Hayward Gallery de Londres con el título, altamente comprometido, de «La naturaleza de la creación». La muestra cuenta con un comisariado compartido: la pintora Bridget Riley, conocida por sus elegantes composiciones de delicada grafía óptica y brillante cromatismo pop, y el académico alemán Robert Kudielka, responsable también de una recapitulación de escritos teóricos de la pintora.

El equilibrio es inestable y la exposición se resiente quizá de la obsesiva insistencia de la artista en la excelencia gestual de Klee, en tanto el riguroso análisis de Kudielka reconduce las figuraciones de Klee a su tiempo. Privan, así, los dibujos sobre los óleos y se insinúa un itinerario visual centrado en las cualidades sensibles del arte de Klee. Se persigue la visualización, en otras palabras, de la reflexión sobre los valores figurativos de un arte esencialmente autorreferente y formalizado. Poco que ver, pues, con la antológica que pudimos ver años atrás en el Museo Thyssen-Bornemisza y en el IVAM, ordenada con criterios históricos más que estéticos, provocativamente reivindicativa: Klee era el gran poeta de la pintura, incapaz de controlar la efervescencia imaginativa de sus signos gráficos.

Es verdad que el arte de Klee sucede a contrapelo de su tiempo. Establece unos ritmos formales que dan cuenta de la tensión creativa del momento y se sitúan en las antípodas de una estética de «ismos». Asimila como pocos el automatismo psíquico potenciado por el «dadá», pero regulado por una sensibilidad que insinúa a Kandinsky y los Delaunay y las grafologías orientales, el decorativismo persa y el colorido helenista. «De Europa, nada. Ningún conocimiento de los poetas, no ceder en ninguna dirección», escribía en 1902 cuando ya había pasado por Munich, y discutido el naturalismo visionario de Boecklin y los ideogramas de cartón piedra del Jugendstil. Contra ese «arte de mentira», Klee reivindica un lenguaje de experiencias sensibles traducido en estructuras claras que configuran pequeños organigramas regulados por la medida y el ritmo. Después Italia, el Sur, su mundo premoderno; más tarde Kairouan, una revelación de persistencia duradera en su obra.

Aquí cobra sentido la ordenación formal londinense. Una secuencia de ritmos artísticos que se distribuye en seis salas donde, todavía cronológicamente, se perfila el núcleo figurativo determinante en cada período. El cuadrado que protagoniza las manchas figurativas tunecinas, de estructura visual cubista pero con mayor audacia cromática. Las acuarelas africanas detienen momentos figurativos que se convierten en motivos plásticos de camino hacia la abstracción. *Abstracción en un motivo de Hammamed* (1914) o *Sin título* (1914) son ejemplos suficientes. Si los dibujos y acuarelas de 1906 a 1911 demostraban en sus pequeños trazos una impronta fragmentaria aún impresionista, las líneas en movimiento señalan ya un registro plástico alejado de cualquier lastre evocativo y material: son signos que activan un espacio de arte.

Los *gouaches* y las acuarelas tunecinas recurren a las manchas cromáticas para potenciar los volúmenes, como si se tratara de planos yuxtapuestos a la manera de Cézanne. Pero se trata en esta ocasión de cuadrados y rectángulos interdependientes orgánicamente, sin pretensiones tridimensionales. Con buen criterio, la muestra sitúa en 1919 el inicio de «una línea narrativa» en la que predominan las asociaciones visuales exigidas por el color y el tono, dejando a la línea el subrayado del contorno. ¿Paisajes o espacios de color? *¿Adónde? Jardín joven* (1920), *Emma* (1920), con informales caligrafías en tinta china.

A finales de 1920 Klee recibe la invitación para enseñar en la Bauhaus de Gropius, la nueva Escuela de Arte y Diseño recién fundada en Weimar, donde recupera la vieja amistad de Kandinsky y se enriquece con el experimentalismo figurativo de Schlemmer. Son años de fecunda autorreflexión. Las notas y los borradores de las clases prácticas de sus cursos indican un riguroso proceso de disciplina formal, de trabajo de las formas a través de la negación de las tradicionales estrategias figurativas del realismo ilusionista: perspectivas sobrepuestas, que en definitiva construyen en el espacio múltiples puntos de vista, investigación de la dimensión formal de los colores primarios, propuesta de una normativa del arte alternativa al naturalismo... Dinámica y equilibrio de volumen y masa, en suma, dirección y movimiento en una serie de construcciones que denotan una austera contención expresiva: *Arquitectura* (1923), *Eros* (1923).

Años atrás, David Sylvester salió al paso de quienes se empecinaban en entender las estructuras rítmicas de Klee como meros ideogramas decorativos. El artista había inventado, más bien, una nueva manera de composición basada en la unión de unos signos figurativos que obligan al espectador a desarrollar una cadencia continuada, viva, que orienta la mirada. No son signos autónomos ni neutras intuiciones gestuales, sino auténticas constelaciones de signos que configuran una dinámica precisa, como vio con irrepetible perspicacia en gran Miró.

El crítico Romero Brest percibió, ya en los cincuenta, que los signos plásticos de Klee realzan la intensidad de su capacidad imaginativa y demuestran que en su pintura «toda observación se vuelve vivencia» y se convierte en una realidad sensible. Alguien ha calificado con ironía este proceso de «vibraciones Klee». De acuerdo. Tal vez en ellas enraíza seriamente la perenne actualidad de su obra.

El énfasis en el acto creativo y su traducción a formas reconocibles, esenciales en la estética de Klee, permite a los responsables de la muestra fantasear acerca del inaprensible proceso de creación que Klee describe como «una estructura dividual»: las formas multiplicadas por la génesis lineal que nada tienen que ver con la condición individual, autónoma, de las variantes formales naturales. *Omega, 5* (1927), *Higuera* (1929), *Canción árabe* (1930) argumentan a favor de lo dicho.

Después de un deslumbrante viaje a Egipto en el invierno de 1928, Klee retorna a las estructuras lineales y al divisionismo geometrizador de los planos espaciales. Su objetivo es ahora el efecto pictórico conseguido con un mínimo de gradaciones de tono. *Castillo* (1929), *Desierto de piedra* (1933) adelantan la sinfonía rítmica que llena los últimos y atormentados años de Klee. Son evidentes las analogías musicales —era un consumado violinista y su mujer concertista de piano— y una sucesión de ritmos acotados y disrupciones tonales se manifiestan potentes en los dibujos de los años treinta, cuando su nombre alcanzó notoriedad internacional a partir de la exposición monográfica en el Museum of Modern Art neoyorquino: primera retrospectiva norteamericana de un artista vivo.

El nazismo bloqueó el nombramiento de Klee como profesor de la Academia de Artes de Düsseldorf y sus obras fueron denigradas como «arte degenerado». Retornó a Suiza y gravemente enfermo retomó con admirable solidez moral la reflexión formal hasta el último día, convertido ya en un inválido.

La imaginación de Klee se alimenta del intercambio entre formas percibidas y formas imaginadas. Una mera cuadrícula polícroma divide la superficie y establece el balance que equilibra los colores seleccionados. Los tonos se suceden en cadencias casi abstractas pobladas de signos herméticos, según «una necesidad interna». *Leyenda del Nilo* (1937) es el mejor ejemplo. El único propósito de la pintura de Klee era «hacernos felices». Un arte casi infantil en su gozosa danza formal. «La creación vive como génesis bajo la superficie visible de la obra», escribe casi confidencialmente en el *Diario* de 1918.

(27 de enero de 2002)

LAS ARQUITECTURAS DE WITTGENSTEIN

Discretamente, casi en clandestinidad, se ha cerrado en Londres la conmemoración del cincuentenario de la muerte de Wittgenstein con una muestra en la Biblioteca de Arquitectura de la Royal Academy of Arts. En el espacio inverosímil que hace de antesala al mostrador de préstamos, un hábil despliegue de Paolozzi ha situado dos vitrinas con *memorabilia* de la vida y la obra del filósofo, y cubierto las paredes con algunas fotografías, de un detallismo minimalista, de la casa que Wittgenstein construyó para su hermana en Viena a finales de los años veinte, durante un momento de reconversión personal tras la primera tentativa no demasiado satisfactoria en Cambridge.

Una serie gráfica de Paolozzi interpreta en clave estética «pop» el rostro y las facciones más expresivas del filósofo y lo convierte así en un icono posmoderno: el difuminado warholiano de la cara, sobre una gama cromática de sobreposiciones difusas, «desrealiza» la apariencia física de Wittgenstein en un haz de gestos sugerentemente visuales. Además, los recuerdos ordenados en las vitrinas —pequeñas agendas académicas de Cambridge, encuadernadas en piel roja y de cortes dorados, con desmadejados dibujos sobre Miguel Ángel, fotografías amarillentas de un forzado álbum familiar— nos dejan entrever la cotidianidad de un pensador que entendió el ejercicio de la inteligencia como última justificación de una vida hecha de renuncias. La hermosa edición vienesa de las *Obras Completas*, al cuidado de Michael Nedo, en librería desde 1993, y el volumen recopilado por E. Klagge *Biography and philosophy*, Cambridge 2001, con aportaciones sustanciales de Monk y McGuinness, concluyen la leve conmemoración británica.

Pero sólo provisionalmente. Acaba de distribuirse en las librerías un título que aclara uno de esos momentos peor conocidos de la biografía del filósofo: los años de formación como ingeniero aeronáutico en Viena y Berlín, y las prácticas posteriores en Manchester. Eugene Ferguson, en *Engineering and the Mind's eye* (Cambridge, 2001) desbroza el camino que conducirá al filósofo a Cambridge en 1912, en una búsqueda de seguridades cognitivas en las que Bertrand Russell tendrá un papel protagonista.

El verbo recurrente en la descripción del dibujo es mostrar, sostiene Ferguson. La prodigalidad del término en la obra temprana de Wittgenstein es sintomática: una proposición «muestra» su sentido; las proposiciones «muestran» la forma lógica de la realidad; lo que puede ser «mostrado» no puede ser dicho... entre tantas otras formulaciones que explican un disciplinado aprendizaje de la formalización geométrica por parte de Wittgenstein y su habilidad para visualizar una invención. Se trata de una destreza imprescindible para la formación del ingeniero, según atestigua el repaso escrupuloso de los autores de los planos de estudio y las prácticas escolares que se cursaban en las Escuelas Técnicas Superiores que frecuentó el filósofo.

La facultad o capacidad para la memoria visual impregna la teoría «pictórica» del conocimiento que propone el *Tractatus* de Wittgenstein. Desde un punto de vista, además, que denota una suerte peculiar de imaginación científica resueltamente constructiva y espacial: la educación técnica del ingeniero. Se puede aducir, así, que el pensamiento visual realiza una función básica en la reflexión de Wittgenstein, y que la concepción del dibujo y del diseño técnico orienta una teoría del lenguaje que insiste sólo en lo que puede ser mostrado y se distancia prudentemente de lo que a duras penas puede verbalizarse.

Para el ingeniero, el dibujo constituye una gramática gráfica que enseña el uso... pero constituye también un lenguaje que no sólo es apto para la comunicación, sino que propone configuraciones geométricas plurales y diferentes maneras de traducir la tridimensionalidad de los objetos físicos a la doble medida del espacio figurativo. Para Wittgenstein una imagen implica la relación proyectiva con la realidad: es un modelo de realidad tal como la imaginamos.

Esta cualidad del pensamiento científico la asimiló el filósofo durante sus años formativos en Berlín. Una profunda desconfianza hacia las ambiguas descripciones verbales y la insistencia en la descripción de los contenidos de la memoria visual, que se obstina en mostrar formas o modificaciones de las formas de realidad que mejor se ajustan a un proceso constructivo del conocimiento.

El joven «ingeniero alemán» que despertó el entusiasmo de Russell, que le abrió las puertas de Cambridge, era un diestro visualizador de las paradojas matemáticas que por entonces fascinaban al británico. El estudio formal de las técnicas del diseño gráfico había desarrollado en Wittgenstein una profunda admiración por la mecánica y la imperiosa necesidad de recurrir a la geometría descriptiva para sintetizar en imágenes mentales los desarrollos constructivos del pensamiento científico. Una destreza consumada, pues, para la descripción espacial fundamentada en las nociones del dibujo proyectivo y de la perspectiva múltiple. El dibujo entendido como una forma objetiva para expresar ideas a través de una sucesión de analogías. Ferguson sostiene que las pirámides y las catedrales no existen porque una determinada teoría estructural exija tales o cuales relaciones geométricas, sino porque en su primera articulación, como «visiones literarias», fueron imágenes del pensamiento. Wittgenstein patentó un nuevo modelo, más simplificado y efectivo, de la rotación de la hélice aplicable a la aerodinámica que tuvo éxito. Se trataba de un vector extensivo que reforzaba la potencia de las aspas con notoria economía energética, como puede verse en las «Especificaciones del diseño», expuestas en Londres.

En las teorías científicas se requiere prioritariamente un postulado explicativo, cuyos elementos sean capaces de un desarrollo imaginativo en razón de las posibilidades que sugiere el mo-

..ulizado. Pero se trata de imaginación implicada, que actúa por analogía y permite sin embargo unas soluciones altamente individualizadas. Para Wittgenstein la destreza del ingeniero lo faculta para una mejor comprensión de los modos de representación del mundo. Su reflexión arranca de la capacidad intelectual humana para la representación visual. Pero nunca limitada a un particular estilo de representación, sino centrada más bien en una red de interconexiones que aúnan los principios de la configuración.

Wittgenstein considera que la raíz de los problemas filosóficos ahonda en la mala comprensión de la lógica de nuestra lengua. Es un hecho que existe una variedad determinada de mundos de conocimiento —música, matemática, ciencias naturales, arte— con importantes ataduras en el pasado que los relativizan. Esto impide que la verdad de las afirmaciones se proponga como definitiva. Las proposiciones de la geometría no son descripciones de las propiedades del espacio, sino más bien normas constitutivas para la descripción de las relaciones espaciales, sintetiza genialmente el filósofo.

No puede sorprender así que la fórmula pragmática de Le Corbusier —la casa es una máquina para vivir— se convirtiera en el manifiesto *avant la lettre* del esencialismo arquitectónico formalizador de Wittgenstein. Abajo toda referencia decorativa suntuaria, cualquier exigencia historicista, signo presuntuoso de la Viena burguesa que tan activamente había protagonizado su familia, entre Brahms y Klimt. La casa de Wittgenstein, más que un espacio para habitar, en la ontología trascendente del filósofo, es un espacio de configuraciones posibles. Pero ordenado por la razón instrumental, por la mera eficacia funcionalista: el átono salón de música es un cubo de resonancias. Lo que no sirve, parece entender el filósofo, se elude. Wittgenstein recurre al lenguaje figurativo de la Bauhaus pero traducido a su mínima formulación y acentuando neuróticamente la nitidez del detalle. Las puertas son focos de luz, y unas persianas de acero sustituyen a las evanescentes cortinas, cerrando casi a cuchillo un espacio geometrizado a línea. Una ingeniería geométrica condensada a su máximo exponencial: los radiadores de calefacción sesgados en ángulo para multiplicar su eficacia... decorativa. El subrayado, casi angustioso, de la armonía formal: desproporcionadas asimetrías cúbicas que angostan los espacios neutros concebidos desde el reflejo especular que imponen las variables lumínicas.

Una arquitectura descarnada, a primera impresión ajustada a destiempo a las urgencias afirmativas del neopositivismo vienés. Pero rectificada por el propio Wittgenstein también a contrapelo. «Una arquitectura no dirigida a la vanagloria no tiene razón de existir», en cruel desautorización tardía, si bien se mira.

Quienes trataron a Wittgenstein no lograron sobreponerse a las disfunciones de su carácter. Ofensivamente distante en ocasiones, vehemente e impredecible casi siempre. «He llevado una vida maravillosa», dicen que fueron sus últimas palabras. Un titánico esfuerzo de la inteligencia sobre la incontenible futilidad de la vida. O quizá el sinsentido de una irreductible mente lúcida.

(10 de febrero de 2002)

AIMEZ-VOUS BRAQUE?

El vaso da una forma al vacío... escribió Georges Braque en 1917. Debemos a una iniciativa sorpresa de Jaume Vallcorba la publicación en *El Acantilado* de la curiosa selección de aforismos de Braque escritos al azar entre 1917 y 1952, y publicados en esa fecha por Gallimard con el título, a todas luces circunstancial, de *El día y la noche*. Si no desvarío, existe también una concisa selección, detenida en el año 1947, de certeros dibujos a pluma y texto manuscrito del artista, publicada por Roger Shattuck en la revista *Salmagundi*, de Chicago, hacia 1989. La reflexión estética de Braque, casi wittgensteiniana en brillantez y concisión, adquiere hoy nueva actualidad puesto que nos sirve de estímulo necesario para comprender mejor la educada antológica de Braque que presenta el museo Thyssen-Bornemisza de Madrid.

Con buen criterio, Tomás Llorens y los corresponsables de la muestra ordenan en una secuencia estética la singular producción del pintor, del fauvismo a través del cubismo a los grandes géneros de siempre, amorosamente reinterpretados por el artista a lo largo de una vida sin sobresaltos aparentes: bodegones, interiores, paisajes... y pájaros. Una original intervención francamente rupturista, si partimos de las razones del arte en la presunta linealidad estilística de Braque. Con ello se elude hábilmente la aspereza cronológica y se incrementa la sobreposición de hallazgos formales en un arte visualista y elaborado en esencia, ajeno a consignas estéticas y a forzadas estilizaciones de tendencia y afinidad. De sincronismos, en suma. Un «pintor de pintores», como elogiosamente se decía de Poussin, para no hablar de Cézanne, tan cercano a los procedimientos constructivos e incluso a la actitud intelectual de Braque.

Años atrás Romero Brest, que conoció bien al pintor, mostraba su sorpresa cuando a una insinuación suya sobre la evolución del cubismo Braque respondió: «Nunca he sido cubista. Y eso que, como sabe, el nombre del cubismo procede de una exclamación escandalosa frente a un cuadro mío». En efecto, al margen de la coincidencia emotiva con Picasso durante unos años de complicidad gestual, y las deslumbrantes composiciones a que dieron origen —eran los años del cubista analítico—, la realidad es que desde un punto de vista contemporáneo parece difícil conciliar la noción de espacio que aventuran las contradictorias propuestas de ambos pintores, para no mencionar a Matisse, siempre al filo del efectismo suntuoso. Braque ha argumentado su predilección por el bodegón por la simple exigencia de una figuración «táctil», palpable y objetivadora, como sugiere Llorens, contrapuesta al ilusionismo geometrizante introducido por la linealidad perspectivista del Renacimiento.

La idea de profundidad de Picasso, sin embargo, es esencialmente plástica, casi cezanniana de hecho. Puesto que son los volúmenes los que definen el peso de las cosas. Dos posturas, si bien se mira, alejadas del dinamismo constructivo y casi futurista de los primeros cubistas, fundamentado en la sobreposición secante o tangencial de planos coloreados en arriesgadas asociaciones complementarias. *Instrumentos de música* (1908) y particularmente *Bandola* (1909), son conjuntos todavía cezannianos que, como tantas figuraciones posfauvistas, potencian la estructura lineal reduciendo el perspectivismo al mínimo.

El cubismo fue una idea, en efecto, y para realizarla se articularon asociaciones formales inesperadas que presuntamente perdían su energía esencial para transformarse en un vocabulario de posibilidades expresivas nuevas —de Gleizes a Delaunay, por ejemplo—. Los volúmenes quedaban «aplastados» por la sobreposición de planos, transparencias y simultaneidad de puntos de visión, que exigían el difuminado del color, el espacio y la textura potenciando, sin embargo, los efectos visuales de la composición.

La aproximación de Braque a la naturaleza es, con todo, visual más que constructiva. Un pintor puro «que piensa en formas y colores» y entiende los objetos como los incentivos de una poética personal. «El pintor conoce las cosas que pinta», sugiere el propio artista. Pero ¿cómo representar el espacio y el volumen en la doble dimensión del cuadro? A través de la figuración «realista» de los objetos y su sublimación mediante percepciones sencillamente pictóricas: botellas, diarios, instrumentos musicales, veladores —el sufrido *gueridón*— son potenciales viveros de formas que el artista transfigura en exigentes metamorfosis visuales.

Las soberbias naturalezas muertas de Braque de la década de los treinta, como ejemplo contundente de la muestra madrileña, demuestran una compleja perspectiva que ordena a partir de la mesa, en estructuras piramidales u oblongas, diferentes formalizaciones objetuales que jamás se confunden en el fondo neutro. Se afirman, diríamos en centros cromáticos dinámicos impulsados por su efecto táctil. «No basta con hacer ver; el pintor debe ayudar a tocar», insiste el artista.

Aun así, tal vez uno de los mayores aciertos de la exposición sea la atención a la llamada obra tardía de Braque, desatendida por la crítica y malentendida casi siempre por todos, con la excepción de dos devotos conversos iniciáticos: Douglas Cooper, responsable de la gran exposición de Edimburgo en 1956, y John Richardson, ya entonces colaborador en la selección, y autor de un estudio impecable (*Braque*, Londres, 1957).

Las ocho pinturas que constituyen los *ateliers* fueron realizadas entre 1949 y 1956 y dan la medida grandiosa de un artista que depuraba en el retiro y la distancia de modos y gestos su sensibilidad perceptiva. Son, pues, reflexiones visibles sobre la pintura, destellos de un universo poético trascendente y seguro. Representan un mundo de fantasía y color «suspendido en el tiempo», tal vez una invocación a la belleza que justifica por sí misma la añeja disciplina del ojo: un relato visible sobre las cosas. Una mirada, desbordada y casi ingenua, marcada por la movilidad de texturas y pigmentos que darán vida, enseguida, a la serie de paisajes de mediados de los cincuenta. *Barca en la arena* (1956), *Paisaje con cielo oscuro* (1955).

La «presencia soñada» de los pájaros en los *ateliers* abre en la obra última de Braque el espacio al infinito. *Los pájaros negros* (1956-1957) y, desde luego, *A todo vuelo* (1956-1961), contraponen, en una invariable gradación cromática casi hierática, los perfiles de los pájaros reducidos a una configuración escueta, como figuras orgánicas en movimiento sobre un espacio universal. La frontera entre lo figurativo y lo plástico se disuelve así en tenues sugerencias de color que son sólo «pinturas».

Richardson ha contado que fue testigo involuntario, durante un par de horas, de la serena actividad del artista cuando pintaba *A tir d'aile*. Y fue una experiencia imborrable... Breves pinceladas de gris azulado que asientan la añorada densidad táctil sobre el espacio. Los pájaros se transforman y se hacen «materia de sombras». La armonía de lo que no existe, un universo de huidizas fantasías de color saturadas de premoniciones sensibles. «Quiero hacer una pintura ante la cual el espectador se quede sin ideas.» En los paisajes, la materia casi acariciada por la destreza del pintor se obliga a vibrar al unísono con la naturaleza. Experiencia que el artista nos invita a compartir desde la soledad de Varengeville.

(24 de febrero de 2002)

INVENTAR(SE) EL ARTE

La historia es curiosa además de divertida. Una acomodada familia de Kansas, estamos a mediados de los cincuenta, lleva a su hijo estudiante de secundaria a Chicago con el loable propósito de descubrirle la cultura moderna. Por supuesto, se trata de escuchar a la legendaria Sinfónica de Chicago, pasear la imposible arquitectura que flanquea el Michigan y visitar el Art Institute, entonces pionero en la presentación del mejor arte europeo histórico, con la *Grande Jatte* de Seurat a la cabeza. El joven, sin embargo, quedó impresionado por el Museo Field de Historia Natural, con una de las más completas colecciones del arte etnológico y primitivo, como entonces se llamaba con deje colonial. Una colección irrepetible de objetos de uso procedentes de etnias y culturas olvidadas de África, Oceanía e incluso los aborígenes del continente americano. Utillajes de un supersticioso tiempo cerrado, se pensaba. Años después, convertido en graduado en historia del arte, el muchacho vuelve a Chicago para proseguir sus estudios y, con supina sorpresa, descubre que aquellas máscaras, fetiches y artefactos prehistóricos han ascendido una manzana urbana y ocupado el Museum of Modern Art en calidad de incuestionables objetos de arte.

Pero ¿no aseguraba el antropólogo Herkovits que la categoría «arte» no existía entre los pueblos indígenas? ¿Que se trataba sencillamente de objetos funcionales —religiosos o cotidianos— sin mayor trascendencia que su utilidad? ¿Qué fuerza había transformado aquellos productos artesanos, ritual y rutinariamente reproducidos desde siempre, en obras de arte? Éste es el enigma de una brillante discusión que desarrollan dos libros admirables que traje conmigo en un reciente viaje a Chicago, editados por University Press en cuidadosos volúmenes: Larry Shiner, *The Invention of Art*, Chicago 2002, y Hans Belting, *The Invisible Masterpiece*, Chicago 2002 —el original alemán data del pasado año.

En efecto, parece que también la imaginería indígena responde en su origen a un propósito formal definido, además de constituir el testimonio del desarrollo de un sistema de vida. Pero son obras que nos hablan sobre todo de destreza técnica y de habilidad industriosa, de un tiempo lento y sinuoso de aprendizaje y dominio de un oficio regulado por un difícil sistema de méritos que hacen del aprendiz un maestro. Las obras de arte, sin embargo, responden en nuestras latitudes a un incentivo diferente. Son obras establecidas a partir de un canon estético que las condiciona y al que deben su eficacia expresiva e incluso comunicativa. Una cierta idea de belleza y armonía destilada por los fragmentos helénicos sobrevivientes y las agudas obsesiones universalistas de la Ilustración. Aparecen, además, sancionadas como obras de arte por determinadas instituciones sociales que garantizan las estrictas reglas de pertenencia: el museo, la galería, la crítica y las oscilaciones del mercado artístico configuran en mayor o menor medida el horizonte de expectativas sensibles o visuales que matizan el gusto de una época. Según el credo ilustrado, al menos: a partir del siglo XVIII, cuando el abismo entre arte y artesanía se hace insalvable y la idea de originalidad y unicidad se complementan.

Habrá que esperar a la década de los sesenta del pasado siglo, el XX, a la llegada del frente vitalista de las nuevas sensibilidades en una sociedad homogeneizada por el consumo masivo, para poner en entredicho las pretensiones absolutistas de una estética formalizadora ya trivializada: el expresionismo abstracto difundido durante los años de la reconstrucción europea. Del neodadá al pop art, en una secuencia de propuestas artísticas fulminantes —minimalismo, conceptual, neorrealismo, *land art*, vídeo, *per-*

formance, instalaciones, *body art*...—. Una tentativa, en definitiva, de aproximación del arte a la vida, que hasta cierto punto había sido negada por la implacable rigidez de las estéticas normativas. Mera atención a las sensibilidades emergentes, por supuesto, desde la concepción utilitarista de las formas plásticas que exigen los tiempos. Y desconcierto, o cuando menos cierta voluntad alternativa, va a ocupar el espacio del arte definido abiertamente como un lugar de consumo selecto, con una dinámica comercial trepidante que se sobrepone a la beligerancia constructiva e intencional de las vanguardias históricas.

Shiner observa, sin embargo, que sólo a lo largo de los últimos cincuenta años los artistas se han mostrado combativos a la hora de conceder el calificativo de arte a los objetos sensibles que no participasen de una convicción moderna en la pureza y autonomía de la obra. Una especie de rabieta corporativa ante la inexorable banalización de la sincronía de lenguajes artísticos y la rigurosa tutela comercial de ésta. Puesto que, en efecto, la propuesta moderna exige la sanción inapelable de las instituciones pertinentes que decretan la flexibilidad tolerable en cada momento dentro de un proceso de asimilación artística. Así pues, ¿a qué podemos llamar hoy arte?

Del jazz a los últimos vestigios de la antropología artística, de Kabul a Calcuta, toda experiencia sensible es mesurada debidamente y aceptada o discutida en razón de su virtualidad comercial y publicística. El arte alternativo, las añejas industrias artesanales, se recuperan ahora como novedades expresivas que neutralizan las pretensiones de un arte atemporal y eurocéntrico. Las obras se hacen arte en el museo porque presentan estrategias de intervención colectiva que se ajustan bien a la diversificación de las exigencias comerciales de novedad y al eclecticismo absoluto de un gusto para todos y para cada uno. El formalismo universalizador, «la vida de las formas», va a la baja y la recuperación de las sensibilidades marginales —género, etnias, creencias— transforma la recepción misma de la idea de arte. La historia del arte cede el paso a una polícroma historia de las imágenes que apuesta por una infinidad de cánones estéticos complementarios o antitéticos sin mayor voluntad de sobrevivencia que protagonizar la temporada artística. ¿Qué queda, entonces, de la belleza, el placer sensible, la excelencia... los ideales del arte exigidos por la tradición occidental?

Y aquí interviene Belting para recordarnos que la noción de obra de arte se ajusta mal a la llamada autonomía del arte —un arte que se sostiene a través de sus exigencias formales— impulsado por la modernidad hace apenas cien años. No es casual que la obra de Frenhofer, el artista de Balzac que atormentaba a Cézanne, acabe en nada y sea incapaz de superar el estadio proyectivo. El aura, había vaticinado Benjamin, aventura el carácter único y original de la obra de arte, el testimonio del tiempo que incrementa su distancia altiva entre las instituciones de cultura. El museo es así un templo laico.

Hoy en día, en el movedizo territorio del arte se afirman las sensibilidades más equívocas. El arte actual se apropia de toda configuración expresiva que responda a unos objetivos sensibles activos, y los presenta además con fulminante eficacia en la escena apropiada. El arte recupera paradójicamente su presencia contemporánea transfigurado en idea, en una formulación soñada del romanticismo trascendente. Es la visualización de un sueño de artista, la traducción sensible de una experiencia que va más allá de su realización posible. Una «fantasía» en la que el estatuto de destreza cuenta poco.

En 1911 *Mona Lisa* fue robada del Louvre por un aventurero simplón. Durante meses el espacio vacío estuvo saturado, sin embargo, por la idea de una sonrisa ausente, suplida a través de reproducciones y carteles que publicitaban su deserción temporal. Entre los fascinados por la experiencia de esa suplantación estaban Max Brod y Kafka: el cuadro era una imagen que virtualmente jamás desapareció del imaginario público. De «mirada invisible» habló Kafka: una tupida red de signos indiciarios que sustituían eficazmente el original pero que nos permitía continuar viendo la obra.

Volvamos a la obra de arte. En *Baco y Ariadna*, ignota pintura barroca de Domenica Piola, nos arrastra su estructura, su audacia lumínica, el color inconcebible y las supuestas complicidades que apuntan las imágenes. ¿Sólo destreza? Desnuda quizá de asociaciones históricas, confinada al ritual intempestivo de mera imagen de la memoria, neutralizada acaso como un fulgurante «momento» formal, la obra de arte establece todavía la mediación imprescindible en el campo de fuerzas en el que se debate la percepción contemporánea: la energía objetiva de una acabada realización visual, y un subjetivo estímulo sensible que nos incita a descubrir esa «virtud» más allá de la historia.

(24 de marzo de 2002)

SUBLIME AMBICIÓN

El testimonio de Mrs. Simon nos da una de las claves más chispeantes para comprender las relaciones existentes entre experiencia visual e imaginación en el paisajismo de Turner. Un anciano afable, sentado educadamente en un vagón de cercanías, abre la ventanilla apenas arrecia un colosal aguacero y asoma impasible su cabeza que mantiene a la intemperie durante «nueve minutos» —precisa el biógrafo—. Después, chorreando agua, se concentra con los ojos cerrados durante un buen cuarto de hora. La señora, incapaz de contener la curiosidad, imita la acción del artista y vuelve empapada... pero transfigurada por esa experiencia inolvidable. *Rain, steam speed* (1843) es, pues, algo más que un revoltijo de sensaciones lumínicas, era sencillamente la vivencia de la naturaleza subvertida por la tormenta.

Constable abordaba el paisaje equilibrando una dosis saludable de observación directa con la normativa formal exigida en la tradición pictórica. Centraba el espacio a representar en torno a lo que llamaba «claroscuro de la naturaleza», noción que utilizaba para escribir dos efectos diametralmente opuestos desde el punto de vista artístico. En primer lugar, se refería a las «chispas de luz», esos destellos naturales que perturban la primera mirada del pintor, y que parece imposible reproducir sobre el lienzo —en su caso, trazos inacabados y toques en blanco puro tratados a espátula, de notable influencia posterior—. Pero la idea de claroscuro natural apuntaba también al núcleo figurativo de la representación. Luz y sombra debían enfrentarse en un contraste agudo que acentuara «dramáticamente» la composición paisajística y mostrara los «sentimientos» que la escena debía provocar en el espectador. Conviene subrayar que la peor desautorización que podía alcanzar un paisaje contemporáneo era aparecer «desprovisto de sentimiento».

La unidad dramática zanjaba el contrapunto ideal con la acartonada estructura de escuela, y añadía viveza al conjunto situando en primera línea perceptiva el motivo dominante de la composición y la prueba última, en definitiva, de la calidad del artista. De este modo el paisaje se distanciaba del mero fondo decorativo para convertirse en el espacio apropiado para la definición sensible de las confusas relaciones entre el hombre —el artista— y la naturaleza —un espacio determinado en la realidad local perceptible.

Una lograda realización de los objetivos del paisaje europeo y el desarrollo de sus posibilidades visuales en los ilimitados horizontes de la naturaleza todavía incógnita, nos la ofrece la curiosa exposición que puede verse estos días en la Tate Britain de Londres, titulada equívocamente «American Sublime», y centrada en la evolución peculiar del paisajismo anglosajón en el momento del descubrimiento del continente norteamericano, todavía en los inicios de la Confederación.

La idea misma de «sublime» denota la respuesta imaginativa y artificial, artística en suma, a los fenómenos perceptivos de la naturaleza asimilados a una tierra virgen que sólo puede captarse mediante el «horror placentero», esto es, consciente del potencial instintivo que acompaña a lo desconocido. Cole, John Martin, Moran, son artistas dotados que secundan a los paisajistas ingleses, pero acentuando progresivamente el componente religioso, mitológico y, a su debido tiempo, moral que exigen la magnitud de las nuevas dimensiones y la tarea hercúlea de dominarlas. El pictorialismo efectista de Salvador Rosa suministra a los pioneros americanos el tratamiento actualizado de un apólogo casi bíblico: las nuevas tierras permiten variaciones desmedidas sobre el Paraíso natural y la perversa intervención humana en una aventura colonial que ya entonces parecía abusiva. Las cinco pinturas de

El curso del Imperio relatan la historia de una nación imaginaria —Roma, Londres, la América emergente— sometida a la dilapidación del hombre que desprecia el proceso regular de la naturaleza: la súbita transformación paisajística estimulada por el industrialismo temprano —la minería y el ferrocarril— estraga la naturaleza que convertía en idílicos los entrañables entornos ingleses.

Consummation, *Destruction* y *Desolation* son obras que establecen una secuencia de retóricas visuales acerca del destino del Imperio acosado por toda suerte de expoliadores de los recursos naturales. Sensibles al alegato casi ecologista del paisajismo tradicional, los pioneros norteamericanos insisten en la noción de «sublime» sin pretensiones estéticas. Utilizan el concepto como el criterio válido para describir cuantas distorsiones, naturales o forzadas, estimulan la sensación de peligro o miedo. La «terrible grandeza» es ahora una noción plural que responde al espectacular desafío de las cataratas del Niágara —primero representadas en su inalcanzable envergadura natural, después convertidas por el impulsivo Church en una parábola de la nimiedad humana—. Pequeñas figuras desbordadas por la fuerza incontrolable, perdidas en un caos de agua y ruido.

El paisajismo americano se define así en contraposición con los modelos sabios de la tradición depurados por la originalidad artística predominante en el período formativo del romanticismo. Gifford y Kenseth, por ejemplo, nos presentan una cuidadosa selección de apuntes que describen con pureza neoclásica las riberas del Hudson, las montañas de Vermont y los campos de Maine. La acuarela denota un disciplinado y casi servil seguimiento de las técnicas menos audaces de Turner y los visionarios británicos. Bierstadt, sin embargo, demuestra su aprendizaje tardorromántico en Düsseldorf con la escrupulosa pormenorización, casi naturalista, de la sorprendente fauna que puebla los territorios descubiertos —el oso, el búfalo, el alce salvaje— sin descuidar con un costumbrismo que calificaría de hiperrealista los campamentos indígenas y el exotismo de las culturas autóctonas. Una mirada colonial, sin embargo.

Con todo, debido en medida decisiva a las exploraciones de Humboldt y a la difusión casi simultánea de su «Cosmos» a partir de 1845, el paisaje natural americano se transfigura en el motivo de una empresa evangélica. El «arco iris» (Church, 1862) significa para los exploradores de la inmensa planicie de Oklahoma una nueva esperanza en plena guerra civil: hombre y naturaleza aunados por un vínculo de paz y asombro ante la inmensidad de la tierra prometida. El Oeste americano se configura así a los ojos del paisajista como la revelación de un atrevido proyecto colectivo: una Nueva Arcadia para una vida futura. Lander viaja a través de Kansas y Nebraska hasta las Montañas Rocosas en 1859, y en 1866 Bierstadt transfigura el roquedal de Yosemite en un cuadro colosal, *Storm in the Rocky Mountains*, donde fantasea el lugar ideal para una civilización inédita.

El éxito del renovado paisajismo norteamericano abrió los ojos del extasiado público de Nueva York todavía conmovido no repuesto de la guerra civil. Los nuevos Estados de la Unión se aprestan a construir el ferrocarril que acercará a la civilización esa naturaleza magnífica y bravía y demostrará de una vez por todas el carácter adámico y providencial de la nación norteamericana. Las empresas ferroviarias, siempre los pies firmes sobre el suelo, subvencionaron los viajes emprendidos por Moran, que a lo largo de su longeva vida alcanzó a ser el visualizador más fiable de las imágenes fascinantes de Irving y Fenimore Cooper. No es casual que *Grand Canyon* y *The chasm of the Colorado*, inmensas pinturas encastradas en suntuosas molduras neoclásicas y expuestas entre *draperies* barrocas, fueran adquiridas generosamente por el Congreso y se convirtieran en la imagen premonitoria de la América feliz.

El paisaje americano había encontrado una respuesta sensible a las necesidades de una sociedad en expansión y deseosa de unas señas de identidad capaces de restañar los horrores de la contienda civil. La religión del arte, el panteísmo natural inducido por los espacios sin límites de las praderas del Oeste americano, dieron pie a una original concepción del paisaje como una tierra de nadie, ajena a cualquier vestigio humano, dotada de una pureza desnuda: sin historia, ni fortalezas, ni abadías, ni épicos campos de batalla. Un subyugante territorio salvaje abierto a la responsabilidad humana y a su insaciable avidez de imágenes. Un nuevo edén fastuoso y sin lindes para una renovada alegoría del hombre en el mundo. En *Catarata de Yellowstone*, de Twachtman, apenas se perciben variaciones de tono que oscilan en el interior de los volúmenes fundamentales; los cambios de dirección de la corriente sirven para mostrar el movimiento. ¿Qué pensaría la imprudente señora Simon?

(7 de abril de 2002)

UN VIAJERO DESENCANTADO

Me vienen a la memoria unos versos del arrogante Paul Éluard que describen ajustadamente la actitud, me atrevería a decir existencial, de ese personaje intempestivo que fue Mario Praz: «Entre los muros gravita todo el peso de las sombras». Ignoro el motivo, pero la versátil y fascinante trayectoria terrena del profesor florentino parece marcada por un halo de amargura, como si un destino aciago hubiera intervenido activamente para torcer cualquier atisbo de reconciliación entre el hombre y el mundo que le tocó vivir.

Por fortuna, los responsables de la prestigiosa colección «I Maridiani» de Mondadori, que recuerda en Italia la legendaria *Pléiade* de Gallimard, han tenido el acierto de incluir, en apretado volumen de casi dos mil páginas, una caudalosa selección de escritos de Praz, con el título *Bellezza e bizzarria* (Milán, 2002). A contracorriente, además, de lo que es uso en la serie no se reimprimen obras unitarias ya publicadas, sino que se recogen fragmentos, algunos bastante extensos, que en opinión de los antólogos diseccionan a la mirada contemporánea la prosa y los objetivos del inclasificable escritor. Todo un personaje casi de anteayer, en efecto.

Mario Praz nos ha legado una obra inmensa. Rigurosos rescates de las poéticas del clasicismo inglés como *Setecientos y manierismo*, ediciones pulquérrimas de Donne y Byron, o un sorprendente *Maquiavelo* en Inglaterra. Pero su fortuna académica se sostiene, todavía sin fisuras, sobre *La carne, la muerte y el diablo en la literatura romántica* (El Acantilado, Barcelona 2000), cuya originaria traducción inglesa data de 1933 y constituye una joya de la bibliofilia de ocasión en Charing Cross. Praz descubre en el romanticismo el nacimiento del autor como todopoderoso intérprete de su tiempo, como despiadado constructor de una manera omnímoda y lineal de abordar el arte desde la perspectiva del creador. Una forma directa y contagiosa de hacer presente en el ayer imaginativo y convertir la tradición literaria en un abismo insondable de modelos de la vida. La sensibilidad romántica, agónica, en la acerada calificación de Praz, marca un punto sin retorno en la apropiación creativa del pasado y transforma así toda tentativa crítica en un proyecto de historia contemporánea. A la inversa de la recuperación historicista del romanticismo propuesta por Isaiah Berlin, que descubre en el momento romántico las raíces de una perversa voluntad totalizadora que abre la reflexión artística a la sinrazón y el capricho subjetivo.

Pero el título que ha hecho duradero el nombre de Praz para el lector culto se sitúa en el puntilloso análisis de los interiorismos del Segundo Imperio. *La filosofía de la decoración* propone explícitamente contarnos la forma y las vicisitudes del gusto neoclásico que el largo período de hegemonía burguesa durante el siglo XIX convertirá en un modelo para el diseño simbólico de los interiores de clase europeos. Bronces, caobas, muebles imprescindibles y una miríada de objetos prescindibles. El estilo imperio convertido en una obsesión del Praz coleccionista, siempre haciendo virtud de sus escasos medios, a partir del aleccionador legado de una *vieille comode* que le dejó su malhadado padrastro. El empeño y la obstinación de esa colección están magistralmente historiados en *La casa de la vida* (Valencia, 1992), sin duda el mejor libro de Praz, en el que destacan el método y la penetrante perceptiva del autor, capaz como nadie para deducir un mundo de sensaciones, casi táctiles, del objeto más irrelevante: una ajada fuente de porcelana, resistente de añejos esplendores mundanos, un candelabro de bronce patinado o el sinfín de motivos decorativos que abarrotaban su apartamento en el impresionante Palazzo Ricci de Via Giulia en Roma.

El método narrativo de Praz es irrepetible y cualquier aproximación ulterior resulta condenada a la caricatura. Para el escritor, el arte produce un *shock* de reconocimiento. De súbito, ante un objeto trivial, un paisajito de repertorio que amuebla un saturado recibidor sin nombre, dispara en la imaginación del espectador una irrefrenable secuencia asociativa de motivos entrecruzados —sensibles, perceptivos, históricos, incluso anecdóticos y personales—. Aquí radica la grandeza del arte, ajeno siempre a las abstracciones de estilo y manera. Entender el arte es poseer una habilidad particular para captar el aire familiar de un objeto que desconcierta de improviso nuestra sensibilidad. Rescatar las contradictorias «presencias del instante» que configuran el contenido confesado de la obra ensayística de Praz. El hombre pasa pero el mueble permanece, era su lema de coleccionista. Las cosas nos transmiten las voces acalladas de otro tiempo, es verdad, pero sólo cuando son capaces de despertar en nosotros la atención hacia aquel detalle mínimo que convierte en única la obra de artesanía menos dotada: un modelo acabado de individualidad formal que sintetiza el complejo sistema estético de una época.

Pero Praz ha sido también un narrador compulsivo. *Motivos y figuras*, *Crónicas anglosajonas*, *El mundo que he visto, Escenas de conversación, Nemmosine* o *El pacto con la serpiente* nos brindan cientos de caracterizaciones de personajes y cosas que han empedrado el universo sentimental del autor. Vernon Lee, en la Florencia cosmopolita al romper el siglo, alecciona la curiosidad portentosa del joven Praz. La Inglaterra todavía insular y fervorosamente colonial impregna los «años ingleses». El barroco alcanza a transfigurarse en una fuerza liberadora de las constricciones formales del clasicismo, por la que escapa «la vida» en una definición del drama trágico cercana a la de Walter Benjamin. Incluso los libros de apariencia miscelánea, como el recuento lapidario de su experiencia española, *La península pentagonal*, destruyen en trazos certeros la leyenda romántica de un país bucólico, en efervescencia prerrepublicana, que todavía espera editor hispano.

Sin duda, ese desbordado aluvión de cosas desdibuja en alguna ocasión la percepción de Praz para el arte grande. Su rechazo, patológico a qué negarlo, de todo lo moderno y su inquina enfermiza contra lo contemporáneo han limitado hasta el exceso .. lerable su legibilidad actual. Praz era el último heredero de los «anticuarios» ilustrados, sabedor de todo sobre casi todo pero incapaz de confiar en las cualidades que hacen inefable a su pesar la obra de arte: formas, colores, composición y textura, debían ser esclavas de la representación y quedar sometidas a la artesanía de la profesión. Lo demás quedaba en fantasía verbalizada. También Gombrich, admirable como pocos para desmenuzar con sentido histórico la psicología oculta de un objeto de arte estaba apenas dotado para percibir las cualidades sensibles que hablaban de la pintura «como un arte». ¿Desconfianza hacia la teoría? ¿Deformación práctica de una cautela necesaria en todo historiador responsable? Tal vez.

La vida de Praz fue difícil y sus memorias nos relatan la tremenda soledad que conjuraba con el rigor del trabajo. Un proceso inexorable de desencanto. Un matrimonio fallido, su hija renunció al confort eduardiano por una aventura armenia, el ninguneo de la masificación académica y el achabacanamiento pretencioso de los viejos saberes universitarios cuentan entre las ásperas razones de una frustración. Además, la infausta leyenda sobre su «innombrabilidad» como taciturno portador de infortunios —algunos verificados, también hay que decirlo—. Una vida que acabó encerrada entre las paredes de su estudio, a la escucha de aquellas voces opacas de las cosas.

Gracias a González Palacios, admirable *connaisseur* italocubano, pude visitar la casa de Praz en Via Giulia en el azaroso 1968, poco antes de su traslado último. Un caserón inhabitable de la vieja aristocracia negra romana en proceso de liquidación. Interiores angostos de contraventanas cerradas, horror a la luz, espesas alfombras que anulaban cualquier presencia, y una disposición «micrológica» de centenares de objetos —de arte, de placer, santuarios y de devoción— ordenados a su manera, como impulsados al azar por el *horror vacui*. A Praz le volví a ver en un acto académico en la Sapienza romana de homenaje a Walter Benjamin. Parecía desconcertado. Ojeroso, con cara «de pésame», como decía una lenguaraz minerva romana, de andar inseguro y leve cojera. Atrincherado en un gesto desdeñoso que yo diría tímido pero que parecía agresivo. He visitado el Palazzo Primoli, su morada definitiva, cuando ya formaba parte del Museo Napoleónico y el hechizo inquietante de su presencia había desaparecido. Palacios tuvo la suerte sin embargo de acceder a la intimidad de Praz. Contaba cómo vieron juntos *Confidencias* de Visconti, forzada apropiación de la figura pública del escritor. El escritor salió descompuesto por el fatalismo impotente de Burt Lancaster mediado de profesor. Quizá impresionado por la diabólica agudeza del cineasta.

Mademoiselle Antonietta, secretaria y alma del *Giornalle dell'Arte*, fue la inconfesada pasión goethiana de Praz. A ella dedicaba versos clandestinos que topaban con una frialdad marmórea. A ella le debemos su última —esencial— confidencia: *Dans ma vie, j'ai tout raté...* Descorazonadora conclusión difícil de predecir. El epitafio de un pesimista, sin duda.

(21 de abril de 2002)

SOMBRAS ESQUIVAS

De vuelta a Londres tras unas semanas norteamericanas, una visita fugaz a Nueva York. La primavera artística en este año negro no resulta lógicamente audaz: fotografía, bibliografía y folclore. Los museos expresan la desilusión que los ciudadanos desconcertados conjuran con tímidos gestos de rechazo. Ensimismamiento cortés en el norte, agresivo y esencialista en el sur. Retorno al correoso calvinismo de los fundadores: el hombre es perverso, cuidado con el vecino. En una impoluta, estival y provinciana ciudad sureña, unos carteles manuscritos pegados en los viejos troncos de unos castaños deletrean esta invocación sorprendente: «Dios bendiga al Dios de Israel», curioso homenaje al sincretismo creencial que hubiera dejado estupefacto a William James.

La desmedida antológica de Gerhard Richter, «Cuarenta años de pintura», en el MoMA neoyorquino, casi doscientas obras restringidas al soporte pictórico, ha sido el mayor acontecimiento de la temporada artística. Richter emergió en el panorama cultural europeo a inicio de los sesenta. Recuerdo bien, yo vivía entonces en Bonn, su sonada evasión del Berlín comunista meses antes de la construcción del muro y en plena reconstrucción de la izquierda intelectual alemana, férreamente activista y antinorteamericana. Recuerdo el rótulo de «realismo capitalista» como diáfana reacción al dirigismo antiartístico del realismo socialista entonces en auge incuestionado. No sé por qué razón asocio Richter a Polke, Kiefer y Baselitz, de cronología tan dispar, pero que ocupan un capítulo bien definido de la evolución del expresivismo pictórico alemán cuando todo parecía augurar la hegemonía del *happening* y el intervencionismo político. Richter se ha cuidado de difuminar su identidad formativa en los duros años del estalinismo, «educado» en el autoritarismo descarnado de la escuela nazi en su momento de descomposición. Quizá el *sfumato* intencional del retrato *Uncle Rudi* (1965) explique mejor que cualquier palabra la conversión figurativa, entre el pop y la manipulación fotográfica, en la obra del artista.

El arte de Richter ha sido calificado de voluntariosamente impreciso, de morosa reflexión visual sobre las incertezas de la imagen y la imposibilidad de un «mensaje» icónico más allá de la empatía formal. Quizá. Lo cierto es que la práctica pictórica inicial del artista se esfuerza en la traducción a un efectismo pictórico tradicional, poscezanniano, de unos motivos icónicos fotográficos: retratos, paisajes, idealizaciones cotidianas..., pero siempre manipulados «pictóricamente» con certeros desenfoques, borrones, difuminados y manchas cromáticas. El desnudo *Emma en una escalera* (1966) es un empréstito elocuente de Duchamp, y abre un período de apropiaciones pictóricas clasicistas de indiscutible fuerza visual. Abstracción y neopositivismo son constantes de Richter, que utiliza la versatilidad del negativo fotográfico para actuar gestualmente sobre la imagen, densificando su expresividad.

Para el artista, las imágenes son objetivos sensibles de declarado valor emotivo. En la presentación del *Atlas*, hace tres años en Barcelona, el artista confesaba su obsesión casi surreal por la fotografía —Warhol, pero también Max Ernst y Man Ray—. Depurada técnicamente por el monumentalismo óptico de Lichtenstein y la abstracción experimental y gestual norteamericana, la pintura de Richter se afianza en los claroscuros y opta por el gris que congela el paisaje en una atmósfera equívoca. Richter explota la literalidad del documento gráfico y la convierte así en el plano de afirmación de una propuesta pictórica. Esa realidad nueva es formal, sensible. No es mera realidad objetiva ligada estructuralmente a la añeja tradición de la pintura.

Los últimos paisajes de Richter le permiten el escarceo sin

compromiso entre la figuración y la querencia abstracta, y no siempre escapan a un decorativismo incómodo. Parece como si la pintura de Richter se agotase a sí misma y añorase el confort de la fórmula depurada. Desde hace una década Richter persevera en ofrecernos «variaciones Richter» sostenidas en una dinámica comercial hoy globalizada. Recuerdo con un punto de nostalgia la soberbia secuencia de dibujos «Halifax» expuesta en Colonia en 1978, tan cercana en su escueta aventura lineal a aquellos impecables dibujos de Beuys que acompañaban su desmedida imaginación para lo inesperado.

La muestra celebra el septuagésimo aniversario del complicado artista con una oportuna deconstrucción de la serie más famosa de Richter, en la actualidad propiedad del museo, *18 Octubre 1977*, centrada en la infausta iconografía póstuma de los destacados terroristas de la Facción del Ejército Rojo, entre nosotros banda Baader-Meinhof. Un complejo de propuestas visuales motivado por el oscuro asesinato en la cárcel —presunto suicidio sin esclarecer— que condujo a la disolución del grupo anarquista y que cuestionaba la «tolerancia represiva» de la República Federal en unos años de antiamericanismo agresivo y denuncia del imperialismo vergonzante de Vietnam. La obra fue polémica desde su presentación en 1988. Acusaron a Richter de dulcificar la denuncia terrorista en un «funeral gráfico» sobre su memoria —la imagen de Ulrike, *Youth portrait*, con un rictus de condescendencia desdeñosa, es todavía impactante—. Pero también de falta de nitidez y rigor en su alegato, poco comprometido, en suma. El ultraderechista Kramer denostó al MoMA por su adquisición, atribuyéndole nada menos que «mala conciencia liberal ante la opulencia».

(19 de mayo de 2002)

LOS OTROS EMIGRANTES

La conmemoración el próximo mes de julio del centenario de Karl Popper, figura cardinal para comprender las tensiones intelectuales del siglo XX, ha espoleado la rigurosa reconstrucción de su influencia fundamentada en la reedición, más cuidadosa si cabe, de sus libros. *La lógica de la investigación científica, La búsqueda sin fin* y una nueva presentación de *La sociedad abierta y sus enemigos*, en un volumen y con el sugestivo relato de la génesis del libro por el historiador del arte Gombrich, se complementan con la primera entrega de la monumental biografía de Popper (*The formative years. 1902-1945*, de Malachi Haim Hacohnen, Cambridge 2002).

La figura poderosa de Popper es buen pretexto para volver a la sorprendente historia de la emigración centroeuropea en Gran Bretaña, consecuencia inesperada de la desbandada intelectual provocada por el nazismo. *The Hitler emigres*, Londres 2002, del historiador y periodista Daniel Snowman, es una aguda investigación sobre la aventura vital de unos profesionales de primera magnitud forzados al exilio por la depuración universitaria germánica, pero, sobre todo, es también un elocuente capítulo inédito de la historia de la cultura del siglo XX, escrito cuando todavía era posible acceder al testimonio directo de algunos de sus protagonistas señalados. El libro se subtitula «El impacto cultural en Gran Bretaña de los refugiados del nazismo», pero nos presenta tal acumulación de puntos de vista que va más allá del austero enunciado.

Que la cultura inglesa es una cultura forjada en la asimilación es un dato antiguo. La cultura inglesa contemporánea se ha construido a lo largo de un proceso complejo de sobreposiciones civilizatorias. Los normandos primero, los hugonotes más tarde, la primera oleada de rusos blancos, ya en nuestro tiempo, y los huidos de los tempranos embates bolcheviques con nombres tan rotundos como Berlin y Nabokov. Es sin duda una cultura hecha de la instrumentalización de viejos saberes incorporados a un sistema original de vida. La cultura británica, anglosajona con mayor precisión, resulta así una suerte de esponja dotada de potentes tentáculos que integran en un programa pragmático, utilitario y eficaz los logros culturales de mundos diversos absorbidos en la Commonwealth por imperativos de historia. El caso de Naipaul y la emigración caribeña de anteayer es, sin duda, el más estridente.

No sorprende así que el tono de la educación anglosajona haya sido definido por tres «sabios» extraterritoriales, incorporados a la cultura británica en esa oleada de disidentes de excepción. Hayek, Gombrich y Popper son tres maestros del pensamiento y por extensión de un modo pragmático de entender el mundo que sobrepasa la filosofía anglosajona e impregna una manera racional y analítica, científica en suma, de entender el mundo, que ha marcado para siempre el asalto contemporáneo, ya universal, a la modernidad última.

Hayek fue el ideólogo, o cuando menos el modelo de argumentación probabilista, de la London School of Economics, cuando todavía se debatía entre convertirse en un semillero de funcionarios adiestrados en la estadística y en la matemática implicada o, más bien en un espacio para el debate apasionado de lo que debían ser economías antitéticas, en pleno auge fascista y autoritario de la década de los treinta. Hayek, pariente lejano de Wittgenstein pero cercano a su curiosa manera de incordiar, impuso a los economistas londinenses una metodología positiva disciplinada pero levemente historicista, que aspiraba a la precisión del enunciado sin olvidar el momento de su formulación. Un contrapunto dirigido a la todopoderosa influencia de Keynes, que aspiraba a formar educados funcionarios que establecieran las exıcias del riguroso intervencionismo estatal, patriarcal pero ·gico frente a los desmanes del individualismo.

A Popper, sin embargo, debemos el núcleo teórico que vertebra el debate. Primero el cuestionamiento de la inducción en el área del conocimiento. La inducción ha sido, desde tiempos de Bacon, el sistema de proceder del científico: observador primero de unos datos que más tarde irá estructurando para construir las hipótesis apropiadas que integrarán positivamente evidencias nuevas. De los hechos a las teorías, en definitiva; de lo específico a lo general. Después, frente a este modelo característico de la ciencia moderna, Popper ha sabido también aquilatar las excelencias del modelo alternativo anclado en la «deducción», tan cercano a la lógica medieval pero fundamental para precisar terminológica y conceptualmente los argumentos en liza. La deducción arranca de la teoría y busca datos que la validen, que la legitimen en un discurso científico racional. Popper, con todo, se ha mostrado siempre insatisfecho por ambos modelos y casi podría decirse que su gran aportación al pensamiento contemporáneo ha sido su refutación. Para Popper y para cualquier científico con un mínimo de tenacidad, tomar en cuenta los datos de la experiencia es integrarlos en alguna hipótesis racionalizadora. Lo esencial, aun así, radica en detectar las flaquezas de esta hipótesis: ser capaces de desplegar distintas contrahipótesis que obliguen a su «falsación», alcanzar nuevas evidencias que cuestionen las certezas originales. No se trata de inquirir el sentido de una proposición científica, sino de detectar sus posibilidades de afirmación en el mundo de los hombres. En definitiva, un alegato en toda regla contra el dogmatismo.

Quizá sea éste el legado del pensamiento que esos incómodos emigrantes aportaron a la cultura británica: un sistema contundente de argumentos capaz de abarcar con rigor cualquier disciplina. No es mero azar que Gombrich haya sido el divulgador de estas ideas en el campo de las humanidades. *La historia del Arte* de Gombrich fue el detonante de este renovador lenguaje científico. No se trata de reproducir la vieja erudición centroeuropea, sobresaturada y cansina, sino de utilizar saberes añejos para responder a nuevas preguntas. No es casual, pues, que el Instituto Warburg haya subvertido la información artística anglosajona. El centro de gravedad del programa de investigación del instituto era el Renacimiento, pero no una mera tipología de estilos y escuelas, sino una propuesta capaz de satisfacer preguntas sencillas, pero de respuesta siempre complicada. ¿Qué pretendía el artista con esta o aquella obra? ¿Qué medios técnicos le permitían conseguir unas imágenes verosímiles a los ojos contemporáneos? Mi intención, ha confesado Gombrich, era explicar, o mejor dicho desvelar, las complejas intenciones del artista... pero desconfiando siempre de las globalizaciones de las grandes ideas abstractas que nos hablan de un inaprensible «espíritu del tiempo». Éste es quizá el compromiso de esa nueva tradición artística. Atención al detalle, análisis cuidadoso de la obra de arte particular, escrupulosa integración de la obra en su tiempo... y desde aquí establecer una trama compleja de relaciones donde el arte, la cultura y la historia son protagonistas. Las explicaciones simbólicas o trascendentes juegan un papel francamente secundario.

Gombrich solía ironizar sobre los obstinados descubridores de oscuros significados en los viejos bajorrelieves medievales, desveladores de insospechadas simbologías, casi místicas, en los frescos de la Sixtina de Miguel Ángel. Sugería sencillamente que no hay razón para pensar que se pretendieran más significados de los que cualquiera, bien formado, puede ver. Un baño de sentido común, si bien se mira.

Al repasar la impresionante relación de nombres que se aventuran en esta inmigración inesperada, uno repara en su densidad. El maestro Solti, el mágico Klemperer, Cassirer, Panofsky, Hobsbawm son algunos de los que un día arribaron a Londres, esa «depresiva, cara y tumultuosa» ciudad que habría de estigmatizarlos para siempre.

Es cierto que en la mayoría de los casos el paso por las islas británicas fue fugaz y representó una estrategia migratoria hacia un mundo distinto: la América hispana, Norteamérica, Canadá e incluso Sudáfrica. Pero lo cierto es que los lugares que recibieron la influencia de esta privilegiada emigración quedaron marcados por la exigencia y la amplitud de los proyectos de esos extraterritoriales que parecían vencidos. Sin duda el viejo humanismo debe a su tesón muchas de las señas de sobrevivencia. El caso de Steiner es paradigmático. Es difícil entender la reconstrucción europea posbélica sin la aportación de estos gigantes del compromiso humanista. Nikolaus Pevsner hizo la arquitectura británica contemporánea, Popper difundió un sistema intelectual moderno y científico de responder a las viejas preguntas, Gombrich aproximó el arte al lenguaje de la razón, Canetti enseñó en Hampstead que el aforismo y la aproximación tentativa a lo que sólo es posible intuir caben también en la lengua inglesa.

Al concluir, me sorprende la cantidad de amigos y maestros de primera magnitud forjados todos en la disciplina del exilio: Wolheim, Haskell, Wind, Dahrendorf, Lynton entre los más cercanos, son casi todos hijos del exilio. Una estela de pensadores excepcionales que demostró de una vez por todas el contenido universal del humanismo, más allá de las variables semánticas y de los desencuentros culturales. A la postre quizá tuviera razón el viejo Wittgenstein cuando hablaba de un problema de precisión: lo que se dice bien, se entiende. Lo importante es el rigor del enunciado.

The Hitler emigres es la historia de un puñado de emigrantes centroeuropeos, muchos de ellos judíos, que escaparon de la amenaza nazi y encontraron refugio en Gran Bretaña. Una travesía activa, sin embargo, puesto que el intercambio de experiencia acabó por ser definitivo. El libro retrata algunas personalidades del pensamiento contemporáneo, científicos, editores, directores cinematográficos, que han teñido nuestra manera de entender el mundo moderno. Sobre todo fueron pioneros en la convicción de que la cultura contemporánea está hecha de interferencias, de encuentros fortuitos, de desencuentros enriquecedores.

(2 de junio de 2002)

UNA EXTRAÑA AMISTAD

El filósofo norteamericano William James sostenía que percibimos las cosas en calidad de continuidades y no como un conjunto de aspectos aislados. Y se permitía una ironía: nuestra percepción de un río no es la percepción de un número infinito de vasos de agua.

La esperada y habilidosa exposición «Matisse-Picasso» que presenta la Tate Modern de Londres parece sostener lo contrario. En las variaciones formales que construyen el arte de esos descomunales personajes se detecta, a la inquisitiva percepción del historiador, un núcleo de influencias acalladas las más de las veces por la tópica estilización de los momentos convencionales de la evolución de los artistas: el destructor y el burgués. Los responsables de la muestra son consumados conocedores de los meandros de las vanguardias históricas y entienden como nadie las convenciones de estilo que ahogan para siempre los escasos momentos de verdad del artista grande. A Golding debemos una impecable disección de las raíces del cubismo elaborada sobre las obras que lo definen y con mínimas concesiones anecdóticas. Elderfield fue comisario de la irrepetible muestra de Matisse que presentó el MoMA en 1992 y Elisabeth Cowling su mejor colaboradora. El catálogo constituye una proeza de erudición y sensibilidad hoy inusual, y aporta cuantos documentos parecen pertinentes para entrever la oblicua relación artística entre Picasso y Matisse, en equilibrio inestable a lo largo de casi cincuenta años. Ya el astuto Guillaume montó en el París de 1918 una primera confrontación entre estos dos gigantes de nuestra modernidad reciente.

Sabemos que los artistas se conocieron en París durante la primavera de 1906. Matisse era el indiscutido cabeza de fila del fauvismo, y su expresivo cromatismo había subvertido definitivamente la platitud figurativa del postimpresionismo. Picasso, doce años menor, llegaba de España con aureola de *enfant terrible* dispuesto a conseguir a cualquier precio un espacio ejemplar en la durísima arena artística de París al romper el siglo. El tópico historiográfico ha ahondado en las diferencias de su personalidad hasta convertir su obra en el despliegue antitético de dos maneras de entender el arte moderno. Matisse domina el color como ninguno de sus contemporáneos y apuesta fuerte por el decorativismo desinhibido y estetizante que orienta la transición respetuosa de la tradición hacia la vanguardia. Las vanguardias se afirman frente y contra la modernidad, pero el modernismo ecléctico de Matisse impregna todas las vanguardias. Picasso, sin embargo, es un excepcional dibujante con destreza diabólica para la construcción original, obstinado en la fragmentación formal que vuelve conflictiva cualquier generalización figurativa —estilística e incluso narrativa.

La muestra londinense —lamentablemente ni *Les demoiselles d'Avignon* ni, lo que es más curioso, *Lujo, calma y voluptuosidad*, están en la exposición— centra en treinta parejas de obras, no siempre acordes con el propósito, una hipotética pugna artística que calladamente sostuvieron los artistas. Subyace esta consideración formal en las obras extremas, cuando la propia autonomía formal hace imposible el paralelismo razonable más allá de la mera analogía constructiva. Otra cosa es el reconocimiento de la obra del otro, regateado siempre en clave irónica. Matisse consideraba a Picasso un «bandolero» capaz de absorber los mínimos indicios renovadores de su obra. Picasso veía en Matisse un cómodo burgués asegurado por su fama y clientela cosmopolita. Los coleccionistas rusos primero, los norteamericanos después.

A la fantasía narrativa de Françoise Gilot debemos el testimonio de las tibias aproximaciones últimas entre los artistas, hipnotizados por la femenina destreza de la desigual pintora. Picasso siempre sarcástico; Matisse siempre desconfiado y en guardia. La admiración recíproca quedaba para la literatura. Matisse escondía un Picasso en la cabecera de su cama; y Picasso rindió al maestro un funeral de lujo en *Mujer de Argel* (1955) y posteriormente en *El estudio* (1956).

Gracias a la correspondencia de Matisse recuperada años atrás por John Russell, sabemos el peso de la crítica de Picasso en los últimos años de Matisse. Le mostró los bocetos de los paneles cerámicos para la mansión californiana de Brody y, escribe Matisse, «recibieron una aprobación excepcional... Me ha dicho espontáneamente, él que no dice jamás nada, que eran muy hermosos».

Es difícil, desde luego, dar con dos talantes más dispares en la historia del arte moderno que Matisse y Picasso. Ninguno de los dos fue demasiado dado a la confidencia: misterioso y elusivo el francés, extravertido y manipulador el español, incapaz de dejar al azar el mínimo rastro incontrolado de su historia, sabiamente tamizado por su corte —de Sabartés a Cocteau y la saga doliente de ex esposas—. Una leyenda en reinvención constante.

El interesado activismo de Picasso, además, protagonista de toda ruptura figurativa esencial durante la primera mitad del siglo pasado, fue capaz de subvertir las planimetrías figurativas del impresionismo en el caos de volúmenes de cubismo que abrió el arte nuevo al objeto plástico, despreocupado de la imagen. Picasso intervino en el debate político cuando lo consideró rentable y no ocultó jamás sus convicciones republicanas: el *Guernica* es un alegato contundente. Matisse, en efecto, fue siempre un «francés leal», con su punto de chauvinismo formal, que incluso se inventó el paisajismo norteafricano como un homenaje a la mirada de Delacroix: la tradición francesa, disciplinada y cartesiana, habría posibilitado el despliegue vanguardista que compartirían tanto el constructivismo de entreguerras como la figuración clasicista. Poussin jamás había caído en la tentación efectista del manierismo italiano...

Pero el arte es cruel y no atiende a intenciones. Matisse fue un colorista excepcional que cultivó una pintura efectista, decorativa y quizá amanerada a tenor de sus propias reglas. *Bañistas con tortuga* (1908) no resiste la comparación con *Les demoiselles d'Avignon* de Picasso, ni siquiera en el ritmo tonal. Para no hablar del expresivismo forzado de *Desnudo azul* (1907) o la «caricatura modiglianesca» —según el perverso Sewell— del *Desnudo rosa*, de 1935. Incluso *Desnudo con ropajes* (1907) de Picasso, es una ácida respuesta al naturalismo visualista de Matisse: figura y fondo se funden en una sobreposición de planos cortantes en los que actúa la deformación cromática.

Es cierto que la pintura de Matisse se desentiende del espacio pictórico y deja en suspenso las figuras, potentes iconos de color y luz a la deriva. Mientras que para Picasso la construcción espacial es el eje que soporta la estructura sensible del relato visual. *Tres músicos* (1921) frente a *Lección de piano* (1916), por ejemplo.

A mi parecer, sin embargo, la narrativa plástica que hace difícil la comparación razonable es *Nartutium con danza II* (1912), con un Matisse deslumbrado por el virtuosismo de los ballets rusos en los que ni siquiera el fuerte azul del muro es capaz de «frenar» la energía de los danzantes, y *Tres bailarines* (1925), de Picasso, que se pretende homenaje al primero y participa de la euforia de los ballets —era el momento dulce con Olga—. Los bailarines recortados en gestos hieráticos y figuras convulsas, como el horrible rostro descompuesto que viene a ser un precedente de las plañideras de los años treinta. La fealdad, pues, es para Picasso un asalto deliberado a las convenciones estéticas.

Matisse y Picasso comparten temas e incluso en ocasiones exigencias de género —como las naturalezas muertas para dar un ejemplo—. Picasso descubre en el cubismo una fórmula de construcción espacial a la que, en esencia, permanecerá siempre fiel: sobreposición de planos y confusión de escenas figurativas. Recurre, además, a la tolerancia literaria del surrealismo para dar entrada a lo no consciente, la secuencia de íncubos gestuales o explícitos que pueblan su obra. Fue siempre un áspero provocador visual, iconoclasta y un punto pendenciero con la tradición figurativa, que violentó sin escrúpulos.

Matisse fue un dotado renovador del color, un dibujante mágico —*sans lever la main*—, capaz de reducir a un gesto gráfico la imagen más opaca. Aunque invocara a Giotto y Cézanne, le bastaba su capacidad para apresar la apariencia sensible de las cosas y se daba por satisfecho con un arte saturado de belleza en contrapartida a la miserable sensibilidad diaria.

La muestra evoca un diálogo imaginario que las obras sin embargo se empecinan en nublar. ¿Ansiedad de influencias? Cómo no, si vigilaron con inquietud alerta las claudicaciones del mejor arte del siglo XX. Dos celosos guardianes de la integridad del arte en un tiempo de imaginación que se aventuraba ya mestizo.

(16 de junio de 2002)

LA BARONESA «DADÁ»

Desde finales de la década de los setenta la historia del arte está sometida a una fuerte presión renovadora cuyos resultados empiezan ahora a mostrar su auténtico calado en la interpretación de las obras de arte. A una secuencia narrativa lineal, esencialmente cronológica, orientada por afinidades de estilo y escuela, a una historia del arte formalista centrada en el origen y evolución de las formas artísticas en el tiempo, se sobrepone una consideración diferenciadora del arte que acentúa el desarrollo de los géneros artísticos tradicionales —paisaje, figura, historia— y se detiene, casi con morosidad diría yo, en las contradicciones y ambigüedades que subyacen en la construcción simbólica de las realidades sensibles que pueblan el mundo del arte.

La mirada femenina, por ejemplo, una atención nueva a las fabulaciones incontroladas del deseo, las estrategias figurativas del ego artístico, y las sensibilidades acalladas en la formalización visual son algunos de los focos de interés que pluralizan la aproximación contemporánea a una obra de arte convertida progresivamente en un objeto sensible autónomo, en discrepancia abierta con las tipologías habituales forjadas en torno a la imagen y su percepción retiniana. Las obras de arte, en definitiva, entendidas como objetos además de imágenes, como intervenciones sensibles en el sutil territorio de la imaginación, además de ficciones formalizadoras por los sucesivos lenguajes plásticos.

Una coincidencia feliz de este nuevo orden historiográfico es quizá el descubrimiento de ciertas personalidades fronterizas que participaron con vehemencia en la elaboración de la sensibilidad moderna, pero que la aspereza del modelo de interpretación utilizado ha marginado a meras comparsas de los movimientos emancipatorios que marcaron las vanguardias históricas.

Ha sido para mí una sorpresa el tropezón azaroso con la obra, acaso desarticulada pero potente siempre, de la baronesa Elsa von Freytag-Loringhoven, temprana amazona del dadaísmo norteamericano. Al azar visité recientemente en Nueva York una breve selección de su obra reunida en una galería legendaria para entender las raíces del gusto moderno: Francis M. Naumann Fine Art, de Manhattan. Trasterrada de Alemania con el siglo, escultora, poeta, pintora y modelo, la baronesa fue la más acabada de las improvisaciones dadá y una incómoda presencia para los malentendidos de género y semántica que protagonizaron Duchamp y Man Ray en esos días. «No es una futurista, es el futuro», dijo de Elsa Duchamp en un inesperado rapto de sinceridad.

Por fortuna, trabajos como *Mujeres en el dadá* selección de ensayos sobre sexo, género e identidad reunidos por Naomi Sawelson, han recuperado el perfil de las grandes artistas que hicieron el surrealismo y el dadá en pugna abierta con la misoginia cotidiana y el paternalismo dominante de la historiografía tópica. Una lucha contra la marginalización de figuras tan sorprendentes como Jane Heap, Djuna Barnes, Gabrielle Picabia, Suzanne Duchamp, Hanna Höch o la propia baronesa, sobre la que acaba de publicar Irene Gammel una arrebatadora biografía: *Baronesse Elsa. Género, dadá y modernidad* (Cambridge, 2002).

Elsa fue un espectáculo en sí misma. Impuso una innovadora poética antiexpresionista, reivindicó la escultura de residuos en obras como *Enduring Ornament* (1913) y rompió todos los esquemas del género en osadas *performances* de un erotismo sofisticado y agreste que prepara el *body art*. Fue en la noche de Greenwich Village, cuando la aventura artística conducía irreversiblemente al abismo. No es casual que las semblanzas más ácidas proceden de plumas femeninas: Gertrude Stein conjuraba su incomodidad mirando hacia otro lado, Peggy Guggenheim la temía y la asociaba al arrebatado nihilismo alcohólico de madrugada.

En efecto, Elsa construyó su leyenda con una veracidad que impresiona. Escapó a la pobreza de su casa para caer en la prostitución, pero consiguió estudiar Bellas Artes en Munich. Encandiló a un indolente poeta que la introdujo en el círculo dionisíaco de Stefan George. Una amistad de ocasión, escapada de la policía, la llevó a Norteamérica... y la abandonó en Kentucky en 1909. Elsa saltó a Nueva York e hizo la calle en Broadway, hasta que fascinó al hermético barón que le dio el título, un inseguro tercerón de una saga de militares prusianos, cuyo ardor guerrero lo llevó a Francia, para suicidarse prisionero en Suiza. Elsa fue después modelo por horas y la descubrieron los ultrarradicales de *Vanity Fair* durante la resaca estética del Armory Show. Colaboradora más tarde de *Little Review*, siempre en tirantes relaciones con William Carlos Williams y Ezra Pound, su radicalismo «performativo» era difícil de tragar. En una visita al consulado francés lució en la cabeza una tarta de cumpleaños con cincuenta velas, con cajas de cerillas como pendientes y sellos pegados a la cara, que había pintado de verde. En otra ocasión, con un pozal de basura por sombrero, con sus pequeñas latas de tomate que hacían de sostén, sujetas a la espalda por un cordel verde. «Entre las latas de tomate pendía una diminuta jaula con un alicaído canario dentro. En un brazo llevaba ensartados anillos de cortina de celuloide, que admitió haber robado. Se quitó el sombrero, adornado azarosamente con zanahorias, remolachas y otras verduras, todas doradas. El pelo, corto, teñido de bermellón.» Un modelo de agresiva originalidad.

Su insostenible popularidad decayó como cabía esperar a la par que su belleza, y perdió el equilibrio precario en el que se debatió siempre. Deprimida, volvió a Alemania y después a París, donde murió en diciembre de 1927. Apareció asfixiada en un hotelito de nota equívoca de la Rue Barrault. Al parecer, un escape de gas acabó con su vida. Que fuera voluntario o no, es todavía un enigma.

La obra de la baronesa es de verdad inquietante. Antes de Duchamp y Picabia, aprovechó los desechos cotidianos para transfigurarlos en audaces construcciones poscubistas. Una visión rupturista y radical que preludia la objetualidad conceptual de los sesenta. En *Earring-Object* (1919), una espiral de hojalata recortada estimula el movimiento de la pequeña plancha de acero en la que danza un pendiente. En *Limb Wish* (1920), un vástago de metal envuelto por un cinturón que oscila a su alrededor evoca una secuencia erótica que impresionó a Motherwell. En *God* (1917), una cañería doméstica, en empalme doble sobre un metro de carpintero, recuerda las equívocas asociaciones de Duchamp.

Es curioso que los objetos de Elsa adelantan ya en la primera década del siglo la provocación que encarnará en dadá, su poesía sonora y visual anuncia el *merz* y el desconcierto de Schwitters. ¿Cómo no ver en *Object* (1925), entretejido de botones, alambres y latas, un avance de las desoladoras propuestas de Louise Bourgeois? Una vida vivida como un duelo a muerte en plena luz del día. Vida por vida. Sin contemplaciones ni medias tintas.

(30 de junio de 2002)

EN CARNE VIVA

Hace casi cuarenta años, en una emotiva retransmisión radiofónica, el primer pintor metafísico de la abstracción —el norteamericano Barnett Newman— confiaba a David Sylvester sus inseguridades antifigurativas. Las formas geometrizantes, la obsesión reiterada por la vertical en su obra madura, constituían una opción moral, la proposición sensible de unos disimulados ideales de rectitud, o más bien apuntaban una lectura simbólica de sus espacios de color y sugerían el libre desarrollo de asociaciones cromáticas. El artista renunciaba al discurso trascendente y se atrincheraba con cautela en la definición de la pintura como una actividad cuyos resultados —las obras de arte— implicaban, sin duda, una determinada concepción de las estructuras del mundo sensible, una secuencia de apropiaciones de la realidad en clave formal que suscitaba no pocos problemas. La pintura, así, como un mero objeto, una «cosa» a someter a la interpretación en unos contextos a menudo contradictorios —perceptivos, simbólicos, e incluso sociales—. Además, la obra de arte puede entenderse como una ventana a la percepción visual, a una manera condicionada por la tradición artística de ver el mundo, y tal vez mejor, la obra de arte como un objeto con vida propia, que impone el desarrollo de sus potencialidades sensibles para alcanzar la completa intelección.

La renuncia a la figura, venía a decirnos el viejo maestro, no significaba la negación de la forma. Pues una consistente ordenación de las formas es lo que tradicionalmente llamamos pintura, aunque la arcaica exigencia de contenidos narrativos oscurezca con frecuencia tan banal apreciación. Recuerdo la sugerente interpretación que hacía Hoffmann de un cuadro de Tintoretto apenas conocido: *El rapto de Clorinda*. A primera vista, una turbulenta sobreposición de colores en espiral que surgen del claroscuro. Una apreciación atenta perfila, sin embargo, una maraña de personajes enlazados con violencia que sólo la luz hace visibles... pero privados de la corporeidad que demanda el relato. La extensión espacial es borrosa y no llegamos a ver una caracterización objetiva. Una espesura de colores mezcla paisajes y escenas. Todo es alusivo o, si se quiere, escritura de escritura pictórica confusa, atropellada, un caos de sensaciones cromáticas en un espacio difuso... Una dinámica formal enérgica, en suma, que traduce cualquier verdad objetual a un múltiple estímulo sensible.

La generosa retrospectiva de Lucian Freud que presenta este verano la Tate Britain londinense, que afortunadamente veremos en Barcelona gracias a la colaboración de la Fundació "la Caixa", va más allá del rescate conmemorativo —el artista cumple ochenta años y las últimas exposiciones destacables británicas datan de 1974 y 1988— para sugerirnos una interpretación contemporánea del artista desde las distorsiones formales que han construido el arte moderno a lo largo del siglo pasado. Al comisario, en confesada convivencia con el artista, le interesa poco el proceso de identidades del arte de Freud, sus raíces europeas —nació en Berlín en 1922— y las afinidades «artesanas» con otros artistas de su generación —Bacon y Auerbach entre los señeros— y nada el adiestramiento artístico en el objetivismo gráfico de Morris y los detallistas de un realismo británico más bien pedestre.

Freud es un caso aparte que debe mirarse con los ojos del presente, desaparecido Bacon y ensimismado Auerbach en una estética del materismo. A decir verdad, la aproximación a una estética figurativa estrictamente londinense, los airados jóvenes del iconoclasta Soho de los cincuenta, tampoco se sostiene: Bacon fue siempre un expresionista cromático de feroces alucinaciones surreales y Auerbach un depresivo que liberaba en el color —esos tremendos brochazos opacos— los excesos de una extraterritorialidad cultural mal llevada. Freud se pretende autodidacta, formado sólo en las contradicciones de su propia evolución formal. Un realista enfrentado al naturalismo que asimila la mejor tradición figurativa francesa y menosprecia los excesos expresionistas de entreguerras. Un expresivista subjetivo, por llamarlo de algún modo, que elude astutamente cualquier confrontación estilística y aspira limpiamente al «juicio del gusto». Personaje privado, heredero atormentado de una saga elegida —su abuelo, el judaísmo, la diáspora, la displicente convivencia con el adversario, esa burguesía del dinero que curiosamente lo ha sostenido siempre—. Un inconformista radical que pinta.

La exposición, sin embargo, matiza a contrapelo algunas afirmaciones demasiado rotundas. Freud es un desigual dibujante, los ejemplos sobran, que no resiste la comparación con Bacon, ni en diseño, ni en violencia tonal o compositiva. Sus obras tempranas —*Interior en Paddington*, *Joven muchacha con rosas*— demuestran una minuciosidad casi almibarada que lo distancia de las inquietantes ensoñaciones siempre agresivas de Bacon. El colorido, en los escasos paisajes urbanos, presenta una riqueza y una ligereza plástica que va abriéndose a la personal intensidad de visión que califica la obra posterior de Freud. Un aficionado quizá convertido en pintor, ante el desafío de las posibilidades gestuales de su paleta... a la zaga de unos personajes individualizados, «devorados» por la avidez omnímoda del artista, que los desentraña en una envoltura de sensaciones táctiles.

La generosa selección de obras de la Tate denotan una voluntad de arte que interviene activamente sobre los modelos de Freud, nunca neutras orografías anatómicas o locales. Siempre a partir, por supuesto, de una iconografía íntima que se reproduce, diría que obsesivamente: su madre, su familia, los escogidos modelos sometidos a sesiones agotadoras y «despellejados» como Marsias de cualquier consideración trascendente. *Bella y Esther*, o las desmedidas variaciones sobre el «performativo» Bowery, para no hablar de *Mujer con perro* o las reiteradas tentativas sobre su madre.

Los retratos, sin embargo, piezas de encargo más contenidas en la figuración, evidencian unas características geometrías constructivas que fuerzan la percepción convencional y aproximan el modelo a las intenciones expresivas del artista, que morosamente reproduce sus rasgos en una secuencia visual siempre estetizante. *Baron Thyssen*, *Lord Rotschild*, *Devonshire*, entre tantos otros. En las series de desnudos, en las crueles variaciones sobre el cuerpo humano, como Mantegna, inclina los planos cuando quiere subrayar una distancia extrema o desfigura las anatomías en un arrebato casi infantil de abandono a las leyes de la gravedad. Sin pudor ni falso exhibicionismo, traduce sus personajes a carne y músculo —ese intenso retrato de la concentración aturdida de Auerbach es quizá una excepción—. Como también la reciente cabeza de muchacha desnuda o el perplejo *Autorretrato*.

Que sea el mayor pintor británico vivo es un problema de gusto... y estadística. Que es un formidable figurador de imágenes con una eficaz economía plástica, también. Incluso cuando los formatos excesivos insinúan un incómodo manierismo. *Doble retrato* remeda sin duda *Muchacha con perro*. El viejo «joven airado» abomina de la belleza de receta y prontuario para mostrarnos el desgaste y la erosión que impone el tiempo. Sin piedad y con intención aviesa, por supuesto. Un maestro de la fealdad, por qué no. Una añosa dama mediterránea, sobrada de kilos y caprichos, atajaba a un impertinente censor con una divisa que suena a clásica: *«Bé està la carn sobre l'os»* (cae bien la carne sobre el hueso). Una pragmática formulación de la estética última de Freud, si bien se ajusta.

(14 de julio de 2002)

MAGNÉTICO MIRÓ

Los escritos de los artistas constituyen, sin lugar a dudas, una de las fuentes obligadas para comprender el desarrollo del arte en nuestra agobiada modernidad. A decir verdad, se trata de un género antiguo que cuenta con extraordinarios ejemplos de la fantasía desinhibida del artista, como es el caso de la fabulada *Autobiografía* de Cellini, pero también es cierto que abundan las disciplinadas narraciones del arduo proceso creativo y las dificultades de toda índole que despiertan cuando se trata de entender y hacer entender el proceso de formalización plástica a partir de la argumentación aventurada por el artista. El modelo de Leonardo —*Tratado de la pintura*— todavía merece admiración, cuanto menos desde los motivos del lector de nuestro siglo.

La saturación informativa y la irreprimible ingerencia mediática que definen hoy cualquier afirmación programática, cultural o no, han condicionado también las confidencias de los creadores artísticos y diversificado hasta el exceso las variaciones sobre el género: rigurosos ejercicios de crítica y autocrítica, como en Saura y Palazuelo; agudas intervenciones desde las estrategias del arte en los procesos de socialización y dinamización democrática de la cultura visual, como sucede con las apreciaciones de Tàpies; enmarañamientos intencionados de voluntades —no sólo artística, por supuesto— como tenía por costumbre Dalí... En definitiva, un género inestable, en efecto, no tanto por su discutida fiabilidad —a menudo las intenciones empañan los resultados— como por el carácter ambiguo y equívoco de toda tentativa de traducir a palabras el enigma inextricable de la creación artística. Hay artistas parlanchines —entre los posmodernos son legión— y estólidas esfinges; habilidosos manipuladores —Picasso jamás ha dicho nada a las claras, y son diversas las antologías que aspiran a «explicar» las razones del pintor— y severos testimonios de las propias inseguridades que desvelan en público, pluma en ristre, las perplejidades de su actividad.

El caso de Miró es quizá excepcional. Abiertamente retraído hasta el ensimismamiento, tímido inducido a voluntad... pero audaz iconoclasta, siempre dispuesto al desahogo ante el papel mudo o la seguridad acreditada del interlocutor.

Contaba Adorno, recién llegado a Los Ángeles, la impertinente audacia de una joven colega, psicóloga social para mayor sarcasmo, al espetarle en tono confidencial: «¿Es usted introvertido o extravertido?». A Miró la pregunta le sabría a azufre, puesto que asaltaba una intimidad que la mera educación debía proteger a niveles casi inconscientes, y sólo un esfuerzo titánico de autoclarificación, jamás indulgente, parecía autorizado a quebrar. Miró ha pasado así por un gran silencioso. Recuerdo que Octavio Paz relataba divertido, y un punto irritado, el mutismo atento del artista durante una circunstancial mesa compartida. Cuando en realidad Miró vivía en un continuo y siempre tenso diálogo con sus proyectos, que difícilmente responden a las exigencias del pintor y con frecuencia emancipan incómodas asociaciones que agudizan peligrosamente el proceso reflexivo. «Sobre el papel, eh, sólo sobre el papel», me repetía un día la Maeght cuando me maravillaba de su serio desparpajo escatológico.

Una feliz iniciativa conjunta del Colegio de Arquitectos Técnicos de Murcia y el IVAM ha incluido en la sorprendente colección Arquilectura el volumen *Joan Miró. Escritos y conversaciones*, de Margit Rowell (Valencia-Murcia, 2002). Por fin los hispanos podemos acceder a un libro legendario forjado con la anuencia del artista en 1981 y publicado en inglés en 1986... En una cultura anegada de traducciones no deja de ser un hecho insólito de *vintage* intelectual. Por azar, la traducción viene a coincidir con la publicación, deshilachada y personal como suele hacer John

Russell, de breves semblanzas artísticas destiladas de la correspondencia inédita de Pierre Matisse, con dos apreciaciones capitales sobre Miró (*Matisse, Father and Son*, Nueva York, 2001).

El trabajo de Rowell es concienzudo y excepcional: su envidiable distanciamiento metodológico acrecienta con matices inadvertidos las manifestaciones del artista desperdigadas en entrevistas pocas veces casuales. Pero sobre todo, sitúa en el plano justo las explosiones confidenciales de la correspondencia de Miró y demuestra, de una vez por todas, la seriedad y convicción de un proceso artístico irrepetible. En nuestro tiempo de imposturas, un regalo poco corriente.

Es sabido que la historia del arte, en su percepción moderna, se ha construido a partir de dos «relatos» fundacionales. El primero se remonta a Vasari, que ya en el siglo XVI entiende el arte como una conquista progresiva de las apariencias sensibles que complican la representación natural, siempre convencional y forzada. El segundo, el relato «moderno», vuelve a la crítica sobre sí misma y concibe el arte como una ilustración, ajustada o arbitraria, de alguna teoría programática. Mera ideología. Un arte sin ideales formales «clásicos» obligado a definir sus propósitos en cada «golpe de pincel».

El arte de Miró nació al margen de pretensiones de escuela: un aprendizaje local desde las contradicciones del fin de siglo —ni impresionismo ni construcción: atención a la realidad figurativa que es siempre el resultado acabado de una concreción formal bien elegida—. No sorprende que Courbet más que Cézanne constituya las afinidades electivas del ya no tan joven artista catalán al llegar a París, educado en el Noucentisme y admirador de Gaudí.

Éste es, sin duda, el mayor logro del *collage* mironiano conseguido por Rowell: reconstruir el paisaje interior del artista. Un arte que encuentra su *poiesis* propia en las enriquecedoras asociaciones surrealistas y ve en los poetas unos hábiles fabuladores imaginativos que traducen a signos las aspiraciones sensibles del artista —Masson, Leiris, Artaud...—. Miró es un poeta que pinta con una intensidad casi oriental. Sus grafismos, su caligrafía visual más que la geometría, adquieren vida autónoma, transfigurados en ensoñaciones enraizadas en la vieja tradición figurativa rural, terrestre, y responden a un casi primitivo panteísmo de los orígenes. Miró es un campesino catalán con monstruosa sensibilidad visual. Pintor, escultor, ceramista, insobornable mitómano de escenas oníricas —*Jocs d'infants* en mayor medida que *Mori el merma.*

A lo largo de sesenta años, el mundo en ebullición de Miró ha demostrado que el artista se calibra por su creatividad y la incorruptible libertad que sólo obtiene a través de su arte. La sensibilidad sometida a la disciplina, a las convicciones, a los principios, como se decía ayer, de la acción plástica que abre un nuevo mundo de destellos que el trabajo asiduo de las formas convierte, al final, en insólitas provocaciones visibles.

Pero sin descuidar la biografía —la autobiografía es el hilo conductor del libro—. Títulos-poemas, notas de trabajo, las confidencias de la rue Blomet, el horror al surrealismo partidista de Breton, los estímulos de vecindad de Masson y Picasso, definen una estética personal que clarividentemente intercambia con unos oyentes de excepción —Duthuit (1937), Santos Torroella (1951), Rosamond Bernier (1956), Margit Rowell (1970) o Santiago Amón (1978).

El libro de Rowell nos sitúa en un tiempo de arte exclusivamente mironiano que incrementa su densidad. Luis Permanyer tuvo la sabia ocurrencia de someter algunas obras decisivas a la visión acerada del artista, ya octogenario. Era 1978. Una recapitulación imprescindible para adentrarnos en su efervescente fantasía. Cuando casi todo es anécdota, dolorida anécdota, la obra del solitario de Son Abrines atesora todavía el secreto de la bola de cristal. *L'oiseau solaire, l'oiseau lunaire, étincelles, Oiseaux, étoiles filantes encerclant une femme dans la nuit, Constellations...* Miró, el artista del siglo XXI. ¿Quién si no?

(28 de julio de 2002)

A TODO COLOR

A la salida de la exposición de las pinturas reunidas por el coleccionista norteamericano Horne, en un viejo palacio florentino, le preguntaron al legendario historiador del arte Berenson, casi centenario, su opinión no tanto sobre la calidad de las obras presentadas sino más bien acerca de la disposición en las salas.

Una sensación cercana a esta actitud, afortunadamente bastante más atemperada, experimento a la salida de la muestra estrella del verano inglés en la Royal Academy. «Maestros del color. De Derain a Kandinsky» reúne ochenta obras de la colección suiza de Merzbacher, seleccionada por los responsables británicos a partir de la amplia antológica «The joy of the colour», presentada en Jerusalén en el Museo de Israel, hace un par de años. Una depurada recapitulación, en efecto, unificada por un título que pretende ser publicitariamente provocador, pero ¿qué artista de la llamada vanguardia histórica no ha intentado redefinir el color desde la escala estética de la era cercana?

Tras una impresionante entrada, con Renoir, Van Gogh, Picasso, Matisse y un Cézanne goyesco, piedra angular de la colección adquirida por el patriarca Merzbacher, que compró las obras una a una en la famosa galería Tannhäuser, en Munich, la muestra discurre por canales de una ortodoxia histórica rampante que la excepcional calidad de algunas obras —a lo sumo una veintena— no acierta siempre a neutralizar. Además, un obstinado horror al vacío —se acaba por pensar que es un criterio de la institución por lo reiterado— apenas deja «respirar» a las obras, que se alinean en secuencias horizontales con escaso espacio intermedio... y con dudosos resultados para la perspectiva general de las salas, en las que predomina la estridencia cromática sobre la complejidad constructiva de las obras, con alguna excepción: Derain, Modigliani, Braque. Tampoco acaba de resultar ajustada la opción estilística a la que se recurre para ordenar las obras en conjuntos artísticos, una trivial definición estilística de escasa capacidad persuasiva para entender el arte del siglo XX, de artistas y de obras: fauvismo, impresionismo, expresionismo, aventuras constructivistas... Como si la obra de arte, en su plenitud o descarrío, sólo sirviera para ilustrar decorativamente un rótulo historiográfico indiscriminadamente convencional. El artista cuya versátil trayectoria visual presenta tentativas plurales queda anegado por el tópico. Klee es, casi siempre, el contraejemplo.

El arte genuino fantasea una propuesta formal cuyo resultado es una obra maestra, después son los historiadores y la fácil destreza del manual escolar los que la alinean en un estilo o tendencia figurativa, cuando menos en la modernidad contemporánea, absolutamente azarosos. Ningún artista hizo «impresionismo» ni «fauvismo». A lo sumo acentuó o redujo un lenguaje figurativo de coincidencias o analogías formales. Lo demás es consigna de mercado, que la hubo y activa.

La idea de utilizar el color como un diferenciador temporal me parece, sin embargo, eficaz en la muestra londinense. Las obras de arte tienden a afirmarse priorizando los elementos cromáticos que las diferencian, y que, con frecuencia, alcanzan a vertebrar el conjunto. Un solitario paisaje de Kandinsky (1908) responsabiliza en el color toda su fuerza dramática. En tanto que *Paisaje otoñal*, de ese mismo año, es un clarividente apunte matissiano. Como los rostros de Jawlensky de 1917, que trazan una trama de las posibilidades gráficas del apunte tonal en el plano. De Vlaminck destaca *Muchacha con sombrero* de 1905-1906, Delaunay arrasa con su sencillez visual, pero un paisaje urbano de Kokoschka es penoso. De Klee se presenta alguna obra menor, ntras que el checo Kupka ensombrece a sus vecinos con una muestra de las sensaciones táctiles que el uso certero del color, en un contenido contraste, puede desarrollar. ¿Veremos alguna vez una retrospectiva que le haga justicia?

La exposición londinense apunta una teoría formal clasicista que acaba por imponerse: el color es el medio plástico por excelencia, al que se someten los demás elementos formales —línea, composición, luz—, casi reducidos a meras modificaciones estructurales. El color posee unas cualidades expresivas intensas que pugnan por minimizar el haz de relaciones formales que equilibran el conjunto pictórico. Pero en Renoir, Picasso y el Klee de *Casa amarilla* (1914) se introduce cierta idea de multiplicidad en la disposición cromática que diversifica formalmente el motivo «figurativo». Una manzana, un vaso, cualquier objeto diario se multiplica en una estela de variables expresivas siempre distintas en las que predomina, bien el efecto de unidad —el impacto sensual—, bien la tensión de las relaciones espaciales que el color establece sobre la superficie a partir, casi exclusivamente diría, de valores abstractos, como la armonía, el tono y el volumen. Sin embargo, la luz transforma el color en una atmósfera de combinaciones espaciales y se convierte en un efecto estético prioritario, como calibraron los venecianos, Velázquez, Rembrandt y los impresionistas. Roger Fry y los formalistas templaron su entusiasmo colorista subrayando los elementos constructivos —valores táctiles, modelado, espacio, geometrías figurativas—. El neoclasicismo graduó la expresividad cromática para evitar el fácil emotivismo.

El objetivismo gráfico de la Bauhaus redujo el color a una imprescindible comparsa coral. Que el color es una forma orgánica para el arte de siempre queda de sobra demostrado en la muestra. Pero luz y línea, masa y volumen, género y motivo son otros efectos artísticos, formas que actúan sobre el plano prescindiendo incluso de la presencia del color. El color se presta a los manierismos de escuela. Pero también la carencia de armonía en las relaciones cromáticas invalida una obra de arte genuina: la abstracción gestual de los sesenta dejó clara la arriesgada militancia formal unidimensionalizada. Las formas crean una red de relaciones necesarias. Las esculturas que entorpecen el paseo por las salas sólo se explican como otro canto innecesario a las excelencias del comitente, coleccionista o patronizador. Aunque un Lipchitz de impacto y un Laurens soberbio justifiquen su incómoda presencia.

(12 de agosto de 2002)

¿OTRO SIGLO DE PICASSO?

La presencia de Picasso es, sin duda, uno de los escasos puntos estables que han caracterizado el arte del pasado siglo XX. Discutido, denostado, idolatrado y, sobre todo, mal disimuladamente envidiado, el arte de Picasso ha marcado toda innovación significativa afirmada en su tiempo. Incluso movimientos tan aparentemente alejados de las creencias siempre figurativas y formalizadoras del artista, como pueden ser el surrealismo o la abstracción temprana, han bebido, confiésenlo o no, del impresionante despliegue imaginativo del malagueño.

Sin temor a exagerar, es de fácil verificación la secuencia de estudios serios que han reinterpretado la obra de Picasso, con disciplina casi generacional. Sabartés (1946), Penrose (1958), Pierre Cabanne (1961) —sus cuatro volúmenes *El siglo de Picasso* hablan por sí solos—, Pierre Daix (1966), Palau i Fabre (1980)... hasta la exhaustiva biografía *Vida de Picasso* de John Richardson, a dos volúmenes de su conclusión, pero que agota hasta la más mínima referencia tangencial al itinerario concéntrico del pintor.

Además, el territorio siempre fronterizo y deslizante de las interpretaciones confirma la curiosidad por obras y períodos específicos en la evolución de Picasso, que demuestran la severa recapitulación de la visión occidental del arte «absorbido», podríamos decir, con ojos nuevos en cada tentativa de ruptura del artista. Una presencia apabullante que la disolución del arte por vericuetos gestuales y performativos, en el umbral del nuevo siglo, no hace sino acentuar como una manera contundente de ser «artista moderno».

La elocuente atención pública a la exposición «Matisse-Picasso» de la Tate Modern viene a subrayarlo. Los responsables han conseguido mostrar las grandiosas contradicciones de un arte —la pintura— que con los escuetos medios del arte mismo alcanza a definir la sensibilidad visual de una época. Matisse y Picasso no son el pretexto, son los artífices de una potente mirada moderna cuya vitalidad se sobrepone a las más habilidosas estratagemas mediáticas.

Ahora *Picasso. Style and meaning*, de Elizabeth Cowling, recupera a través de setecientas apretadas páginas y más de seiscientas certeras ilustraciones, lo que calificaría «el momento Picasso» del arte de siempre mediante la contraposición de estilo y significación para demostrar que la carencia de una voluntad de estilo coherente, reproche continuado al artista, no es otra cosa que el argumento visual de su versatilidad creativa. Un artista formado en las estéticas de la fragmentación y del sincretismo, que entendió como nadie el peso brutal de la tradición sobre las percepciones de la cultura artística contemporánea y ejemplariza un arte cuyas formas responden a las tramas del mundo del arte, por elocuentes que parezcan las determinaciones políticas, narrativas o psicológicas. El ejemplo del *Guernica* es obvio.

Así, el problema «pintura» se perfila como el argumento capital que vertebra el arte de Picasso y la investigación de la autora lo deja claro en su planteamiento: el estilo no es para Picasso la caracterización formalizada de su manera particular de «construir» la pintura, sino un repertorio abierto de acreditadas soluciones plásticas, cuajadas en el tiempo y siempre al alcance del artista capaz de someterlas a su proyecto figurativo.

Sabartés fue el primer desconcertado por la infidelidad de Picasso. Matisse le denunció como un «oportunista depredador» que sorbía las formas ajenas apenas despuntaban. Su «inconsistencia de estilo» lo presenta como un contrabandista de logros ajenos, depurados al extremo en su «diabólica» capacidad visual. Como si la interpretación de las intenciones expresivas del artista cupiera en un puñado de sugerencias formales. Además, la confrontación londinense entre Matisse y Picasso lo ha demostrado con creces: el español dificulta el diálogo visual con la enérgica imprevisibilidad imaginativa de sus obras.

Ya en 1901 el olvidado Celicien Fogus atribuía el desprejuiciado eclecticismo de Picasso a su inmadurez y «detectaba» influencias notables: Delacroix, Monet, Degas... Robert Delaunay lo tenía por un «pirata» de las formas. El crítico John Berger ha entendido la carencia de estilo de Picasso como la clave de su fracaso: incapaz de establecer un lenguaje propio, el artista se desintegra en discutibles apropiaciones figurativas licuadas por una facilidad artística casi patológica. El propio Gombrich consideraba en *Arte e ilusión* (1966) que el arte avanza a través de tipos y estereotipos y que éstos deben su entidad a la tradición estilística —el arte nacido del arte— en la que poco cuenta el diagnóstico visual, digamos «naturalista». A nadie pueden sorprender, pues, las dificultades a la hora de disecar al «auténtico Picasso».

Incluso la crítica del arte posmoderna —léase Rosalind Krauss— propone el período que se cierra en 1914, cubista, como el más genuino en el desarrollo de una lógica formal nueva que avanza a través de la elaboración aritmética de imprevistas asociaciones constructivas. El retorno al «clasicismo» posterior, relectura muy creativa de Pousin, Ingres y Renoir, se considera una «condescendencia en el pastiche», y la traición al vanguardismo lineal que culminaba en el cubismo. No sorprende así que el período cubista se convierta en el juicio contrafáctico de la actividad entera de Picasso. El cubismo adopta una sintaxis visual coherente impulsada por la saturación naturalista de los «ismos», es verdad, pero también por la progresiva demagogia que el expresionismo impuso al arte nuevo: mera estrategia de publicística artística.

Es una lástima que el trabajo de Cowling se detenga en 1940. La «decadencia» de Picasso durante los cincuenta no se explica por su indisposición casi natural a la hegemonía de la abstracción, ni a su inversión comercial. Como tampoco el objetualismo posdadá de los sesenta ni el arpegio conceptual posterior justifican una ruptura radical con la actitud picassiana, artista de artistas siempre.

Pero variación no significa evolución sino circunstanciada rectificación formal. Si bien se mira, clasicismo y experimentación a partir de las cualidades del arte acaban por ser las claves de la pintura de Picasso, anécdotas biográficas y sensacionalismos al margen. Las bruscas pinceladas casi gestuales de *Hombre y mujer* (1969) conviven con las tracerías lineales milimétricas de los grabados últimos, Goya y Rembrandt de nuevo y ese tremendo autorretrato cadavérico.

La fotografía, el fotomontaje y la psicología han liberado la pintura de «ciertos valores impertinentes» —ironizaba maliciosamente Gide en 1943—. Picasso reduce sus motivos figurativos al mínimo —mujeres, naturalezas, artista y modelo, tradición pictórica, a los que vuelve movido siempre por un insobornable imperativo de comunicación y solidaridad humana. Estilo es siempre significado para Picasso, como tan rigurosamente nos propone la autora de este impresionante libro. ¿Inabarcable Picasso?

(25 de agosto de 2002)

JUEGOS DE LUZ

El apasionado esteta británico John Ruskin, defensor a ultranza de las proezas figurativas de Turner cuando la academia artística lo consideraba un emborronador de superficies, pensaba que para producir belleza la verdad es apenas un medio no siempre útil: el arte, por supuesto, propone un sistema de artificios visuales que hacen verosímiles ciertos objetos a la sensibilidad de su tiempo. El entusiasmo por el detalle verdadero se sobreentiende y responde al viejo oficio de pintor, pero el arte requiere un paso más «que despierte las emociones y espolee el placer sensible». Tiziano mostraba una fidelidad botánica admirable. En una pintura tan compleja como *Baco y Ariadna*, por ejemplo, en el plano frontal destacan el iris azul común y la alcaparra espinosa. La flora pictórica se reproduce casi con verismo fotográfico. Pero la simple destreza mecánica no hace un paisaje. La luz y el color singularizan emotivamente las escenas y su gradación transformando en arte lo que es una mera reproducción equivalente. Sin embargo, también la cámara fotográfica «interpreta» según la mirada —enfocada o desenfocada— del artista.

La National Gallery de Londres presenta a lo largo del verano una modesta muestra sobre la importancia de enseñar a ver, desde el punto de vista artístico, utilizando como pretexto el uso y las funciones de la luz en algunos cuadros de su colección. El resultado es una exposición —*light*— admirable por su sencillez, de itinerario didáctico y local si se quiere, pero que apuesta con fuerza por la difusión de la experiencia del arte a través de un análisis formal asequible de determinadas obras que nos conduce al estilo y la anécdota figurativa.

Estamos acostumbrados, es cierto, a vivir el arte en la sala del museo, donde el espectáculo visual y el equilibrio entre las obras predominan a menudo sobre su singularidad. La luz cenital tamiza, iguala o acentúa ciertos detalles significativos, pero predomina razonablemente la visión de conjunto. Así, la luz como forma cardinal en la construcción artística apenas juega otro papel que el efecto sensible, cuando en la realización de la obra de arte, hasta tiempos bien recientes, el lugar de exposición constituía un argumento nada trivial para la composición. Los dorados fondos góticos fantasean un espectro lumínico en contrapunto a la luz de las velas, la trama del relato exige distintos niveles de dramatización que subraya la luz, las geometrías arquitectónicas clasicistas afirman sus volúmenes en razón de la iluminación apropiada. ¿Luz natural o iluminación artificial?

En el paisaje, por ejemplo, la luz alcanza el protagonismo y «visualiza» la distinta intensidad de los objetos. Caravaggio convirtió las formas planas en focos de potentes haces de luz que contrastan con una síntesis de sombras que potencia un dramatismo casi tremendista. En los paisajes idealizados de Poussin y Lorraine la luz unifica el trasfondo y serena el ritmo narrativo de la escena mitológica. Con el mejor fin, pues, la exposición londinense entiende la luz en tres categorías: simbólica, natural y artificial, y centra en su descripción un itinerario de sorpresas inesperadas.

La luz divina gana en intensidad a la iluminación local: Dios es la luz del mundo y metafóricamente Jesús nos ilumina en la Redención. Pero... en *Agonía en Jetsemaní* de El Greco la realidad artística predomina y el espacio perceptivo se complica. La luz dramatiza y subraya el significado. El toque divino deslumbra a Cristo, pero también sirve para ordenar un espacio sensible en el que destacan el ángel de cara dorada que ofrece el cáliz y dos curiosas secuencias del relato: un óvalo inverosímil en el que dormitan los apóstoles y a trasplano otro paisaje breve en el que el traidor Judas cuchichea con los legionarios.

En *Adoración de los Magos*, de Rembrandt, el Niño Dios

concentra un potente foco dorado que convierte en secundarios a todos los personajes restantes. Una linterna equilibra la composición y da entrada a un segundo plano de personajes sólo entrevistos. Un caso modélico y claroscuro: los destellos de la luz central construyen el espacio de las figuras: *Sirena en luna llena*, del surrealista Delvaux, nos da otra variable de la utilización rítmica de la luz. La luna ilumina con tonalidades inquietantes una atmósfera irreal de arquitecturas clásicas. En el primer plano, bañada de la espectral luz difusa, la sirena se transforma en una presencia incómoda que evoca las fantasías de la noche.

Pero la luz natural adquiere dignidad formal en la pintura moderna con el paisaje y a través de las propuestas de Corot. La luz no sólo descubre el paisaje forzando la atmósfera perceptiva y marcando su emotividad, sino que termina por supeditar a su intensidad las otras formas compositivas. En *Puerto marítimo*, de Claude Lorraine, el sol dorado del crepúsculo llena el horizonte y amplía sus reflejos sobre el agua para evocar en contraluz los edificios y la playa, destacados en escorzo: la luz es neutra, en efecto, pero «hace» la escena que según el artista debemos percibir. Sin embargo, para Turner la luz es «ámbar coloreado» y analiza sus funciones en cualquier efecto atmosférico. En *Atardecer* (1830), la luz emerge como el horizonte que divide el espacio en dos: ilumina el agua y da al conjunto un uniforme velo de color y tono impreciso. Una metáfora visual, pero en este caso de la realidad abstracta de nuestras percepciones sobre el mundo físico.

No sorprende que la pintura de Corot condicione la evolución artística del impresionismo. La luz marca los volúmenes de las cosas, pero los funde también en contrastes de sombras que hacen de la «impresión fugaz» una mirada en el tiempo. Para Renoir en *Remando en el Sena*, la sensación de profundidad se destaca mediante la sobreposición de pigmentos de color que funden la brillante luz del día. La vegetación se duplica en sombras que añaden intensidad y tono a los colores primarios y complementan el azul del agua. Con todo, la luz artificial producida por las velas o focos adquiere una importancia definitiva en la pintura narrativa. La iluminación artificial permite al artista manipular a voluntad la composición, añadiendo efectismo simbólico y eficacia descriptiva. La luz artificial construye el espacio atmosférico idóneo a los intereses figurativos del pintor y estimula el contraste con la luz natural de resultados sorprendentes en el naturalismo holandés, por ejemplo.

Si es verdad que la iluminación forzada, artística, procede de Italia, el realismo figurativo holandés domina la fórmula a la perfección y la suaviza en escenas de interiores fuertemente expresivas. *El concierto*, de Ter Brugghen, es un buen argumento. Inspirado por el tema y la estructura formal de Caravaggio, nos descubre sus secretos de taller: la llama de una vela divide el espacio en tres niveles. El frontal nos detalla los rostros de los músicos sin olvidar la narrativa naturalista de ropaje y gestos. Una pequeña lucerna al fondo dobla la profundidad de la escena sobreponiendo luz y sombra. Una fuente con frutas y una copa de vino ocupan brillantemente el ángulo central: una evocación sutil de la cotidianidad del tema.

La excepción, sin embargo, es *Experimento con un pájaro*, de Wright of Derby. La obra nos introduce en un momento de la demostración científica. La luz mana de una vela oculta detrás de un vaso con líquido que la amplifica, mientras recorta las siluetas de los sorprendidos testigos de la proeza. Por una ventana, la apagada luz lunar queda anulada por la fuerte intensidad del momento: el efectismo triunfante del científico, el llanto de los niños desolados por la muerte del ave y el enredo sentimental ajeno de una joven pareja. El carácter, la edad y las circunstancias de la escena realizados con toda viveza por la luz y la cadencia de efectos emotivos desplegados.

Las figuras y los objetos actúan diversificados en el espacio plástico en razón de la luz, del modelo artificioso de iluminación convertido en pura forma. La pintura de Turner producía una admiración que no todos compartían: en sus pinturas, la luz anegaba cualquier imagen figurativa que permitiera identificar el tema. Un guiño formal casi abstracto. Todo era forma-luz. La muestra de Londres nos adelanta motivos suficientes para la discrepancia y la discusión. También a mirar se aprende.

(8 de septiembre de 2002)

INVENTAR EL FUTURO

He pasado unos días en Nueva York en una semana de tensa emotividad conmemorativa de la barbarie del pasado 11 de septiembre. Reticencias sentimentales al margen, la ciudad recupera a paso lento una normalidad sólo aparente que salta al menor desajuste cotidiano. Se capta una silenciosa conciencia de inseguridad alerta, a la que se sobreponen gestos, casi entrañables, de incomprensión por la magnitud y las derivaciones opacas, enigmáticas, interesadas, de la tragedia. Me contaban que uno de cada tres neoyorquinos conoce a un familiar o a un amigo cercano de alguna de las víctimas. Como consecuencia, pues, el dolor es casi personal y la sensación de desamparo adquiere el testimonio directo de las grandes hecatombes del siglo. El rearme defensivo de los viejos guardianes de Occidente apenas convence a nadie y los tambores bélicos a duras penas consiguen la aquiescencia temerosa de una confundida sociedad, por definición compleja y de aluvión, en la que el apelativo «norteamericano» suele ser el resultado de un costoso proceso de renuncias.

El descubrimiento de un desconcertante Gauguin en el Metropolitan, quintaesencia del cosmopolitismo arrogante de la América de ayer, me recuerda la convencionalidad voluntarista de nuestros añosos cánones históricos. ¿Qué tópicos artísticos no transgredió Gauguin? Tránsfuga de Occidente, con Rimbaud hijo díscolo del bienestar imperial, alucinado del color, paternalista condescendiente en una selva ajena, colonialista cultural recalcitrante siempre. ¿Un enigma para nuestra mirada romántica? Toda representación visual de una emoción deja abierta la pregunta sobre sus motivos... puesto que la argumentación de una emoción sensible ajena a las razones de su origen despierta el deseo casi irrefrenable por determinar un significado cómodo, a menudo caprichoso o mera estética de analogías formales. El arte de Gauguin es un reto a las narrativas fundacionales del arte moderno, e incluso a la pulsión gestual de tiznar el muro con signos compartidos, en ocasiones patéticos, en otras sublimes, pero jamás neutros.

Otra experiencia gratificante llega del nuevo MoMA en Queens. Su carácter provisional, las dimensiones modestas y un casi pulsivo sucederse de exposiciones sitúa el proyecto más cercano a los orígenes legendarios de la aventura del museo, en la década de los treinta, cuando Baar recorría al mundo con una maqueta esquemática y forzada del arte nuevo y la iba rectificando a tenor de las adquisiciones más inesperadas. La conclusión fue un relato canónico y simplón de las raíces del arte moderno... que curiosamente todos tomaron en serio. Quizá sencillamente porque era el único que explicaba con convicción el despegue del mundo del arte hacia su autonomía formal y lo purificaba del engrudo positivista de un historicismo provinciano y sin sorpresas.

El nuevo MoMA es, sobre todo, eso: una tentativa que nos devuelve el sencillo modelo de Manhattan antes de su magnificación en 1984. Un museo de colección abierta, por hacer, en el que cada nueva obra obliga a repensar la secuencia artística a la que pertenece. La muestra de los fondos de la colección, más de cien obras de arte moderno, con los *Bañistas* de Cézanne, *Les demoiselles d'Avignon* de Picasso y *La persistencia de la memoria* de Dalí como protagonistas, tiende a demostrar una nueva contextualización ahora en un mundo que ya es de arte y no de memoria... con algunos resultados chocantes. No es casual que la última exposición, «Tempo», insista en las secuelas del «tiempo colapsado» a través de un conjunto heterogéneo de valores ya canónicos, curiosamente, de la posmodernidad: Boetti, Cildo Meireles, Zitte y el imprescindible contrapunto de «folclore» multicultural que exigen estos tiempos. Una búsqueda de testimonios visuales de la sensibilidad contemporánea que, a la mirada de los comisarios, puede establecer un alternativo país del arte en el que los medios se sobreponen para atrapar el momento de la experiencia estética: fotografía, vídeo, boby art y, sobre todo, desencanto. Denuncia el ficticio orden de armonía y belleza y avance de un nuevo caos de estímulos sensibles que el perplejo visitante debe desentrañar a su albedrío.

La reiteración casi obsesiva de los modelos históricos, la multiplicación de sincronías neovanguardistas y la impostura de un formalismo universal, gestual, cromático o constructivo, han convertido el arte en objeto privilegiado de la moda y el mercado durante unos años de bonanza especulativa, elaborada cosmética de identidades y genealogías, cuya legitimación, o al menos su formulación presentable, ha correspondido a los museos contemporáneos, transformados ahora en epicenos espacios de arte.

Recuerdo el peso que en los inicios del IVAM tuvo la acertada ordenación «trifásica» del proyecto: relectura de las vanguardias históricas a partir del legado de Julio González, atención a cuanto de nuevo se afianzaba en el mundo del arte y cuidadosa reelaboración de su historia moderna desde unos índices de excelencia local que entonces parecían claros. El resultado fue un programa de colección abierta que recurría imaginativamente a la fotografía, el diseño gráfico, el papel, el vídeo, para alcanzar una cohesión narrativa que a menudo desafía las grandes obras. Una aventura que funcionó porque a la nitidez de la idea original se añadía una modesta política de compras sin pretensiones y atenta al futuro. Si me aprietan, una llamada al buen gusto: las obras de arte que prescinden de la historia están obligadas a defenderse en el espacio que generan si saben dejar fuera lo trivial y acentúan los signos formales que las diferencian. Una hoja de sable puede ser un bellísimo reverbero solar frente a un foco... al igual que un informe fragmento de caliza.

Pero de vuelta otra sorpresa. El Macba presenta, por fin, su colección. Con perseverancia antigua, el director, convertido en David-Borja, ha sabido aturdir certeramente con su honda al Goliath informe del imaginario colectivo urbano e imponer una argumentación impecable: sencillamente devolver el arte a la esfera social y sustraerlo al canto de sirena del mercado. Si la realidad es agresiva, así debe ser su arte y el espacio del museo debe mostrarlo sin más: ni aderezo ni moraleja didáctica. Un despliegue estético, sin duda, de cuanto hoy sostiene la sensibilidad contemporánea. Que nos guste o no, es otra pequeñez.

La opción presenta la lucidez del proyecto pensado: una estrategia de incorporaciones importantes y una relectura del arte contemporáneo desde los «índices de excelencia local» imprescindibles para que adquiera entidad colectiva una determinada selección. La colección está haciéndose y carece quizá de obras de impacto... afortunadamente. Así puede medirse mejor la destreza del director, que ha de vérselas con el populismo ambiente que impregna las políticas expositivas de los aledaños. Una llamada al rigor y la dificultad, un heroico rendirse a la crueldad de la estadística, que será implacable. No olvidemos que el éxito público de la Tate Modern ha pasado por «Matisse-Picasso».

He subrayado cuantas veces he podido la originalidad —casi inédita, es verdad— del conceptual catalán: Miralda, Muntadas, Pazos... son piezas de una voluntad reflexiva del arte hoy universal. Tàpies es, sin duda, el mayor artista vivo de su generación —quizá junto a Palazuelo, pero con mayor versatilidad formal—. Establecer un diálogo figurativo desde su obra y contra su obra es un desafío saludable para entender la evolución del arte catalán desde los últimos cincuenta años. La fotografía, el diseño moderno y la irreverente estética urbana de Barcelona conjuraron a partir de la guerra civil numerosas sensibilidades artísticas que han forjado el cosmopolitismo ideal que quiere ser la clave de la Barcelona del nuevo siglo. El Macba debe ser el espacio para la discusión y el experimento, capaz de argumentar la propuesta creativa más incómoda... cuando menos para mi generación, educada en el sujeto, verbo y predicado artísticos.

Un nuevo arte, en efecto, debidamente sometido al juicio de la pared blanca —inmisericorde y despiadada siempre, me decía Roland Penrose, entusiasta siempre de Barcelona y a quien se debe lo mejor de la colección de la mediática Tate londinense—. Una lección.

(22 de septiembre de 2002)

¿ESCÉPTICO POR CONVICCIÓN?

Joan Fuster cumpliría el próximo mes ochenta años, había nacido en 1922, y hace diez que murió, en 1992. El número par, tan ajeno a la fabulación cabalística, parece marcar un destino que bien poco iba a coincidir con el azar y el carácter que acabarían por definir al personaje. En escorzo Fuster fue esencialmente un hombre de cultura, y de la cultura ilustrada, empirista, antidogmática y creativa que constituye hoy quizá el único legado memorable de la época burguesa, cuando festivamente asistimos a su banalización agónica. La cultura es, como han apuntado los antropólogos, una noción bastante amorfa: todos los seres humanos producen cultura si la entendemos como una respuesta inexorable a las condiciones de vida, inestables y diversas siempre. Ahora bien, hay dos maneras rudimentarias de entender la cultura. Una pasa por atribuir las características de una asociación humana, sus preferencias, fobias y saber hacer a su cultura. Otra, sublimar la cultura en un conjunto preciso de tradiciones y prácticas sociales que un grupo determinado hace suyas. Entregarse a la tarea de preservar, diseccionar, criticar, reproducir en suma la cultura del propio círculo es una actividad terrible para la que muy pocos están dotados. Joan Fuster fue la excepción.

Nacido en Sueca en un entorno rural estable y autosuficiente de antiguo —el arroz con la naranja fueron el cultivo centenario de la costa frente a la vida del secano interior—, Fuster fue un ejemplo sorprendente de voluntad de obra. Con apenas cuarenta y cinco años, su nombre se alineaba sin desdoro en una flamante colección de «Clàssics Catalans del Segle XX». Una proeza que cuando atendemos a la cronología y las circunstancias de los patriarcas que lo flanqueaban —de Soldevila a Foix, con Brossa, Rodoreda y Espriu como contrapuntos de perfil difícil— no deja de impresionarnos todavía más. ¿Cómo había sido posible?

Una de las claves fundamentales para entrar en el secreto nos la brinda la oportuna publicación del primer volumen de una nueva edición de la *Obra Completa* del escritor, ordenada con disciplina y sensibilidad por Antoni Furió y Josep Palacios, que optan por priorizar la vertiente llamemos creativa de Fuster, rescatando su poesía temprana —«no prosa», en ajustada precisión— y los aforismos, diarios, viñetas y dibujos, casi inéditos para el lector común y curiosos por su sintética expresividad lineal. Una acabada biografía del escritor y «dos medias notas» de interpretación de Josep Palacios, con la erudición imprescindible para situar los textos sin impertinencias filológicas, completan el millar y pico de páginas (*Obra Completa.* Volum I. Edicions 62, con la colaboración de la Universitat de València. Barcelona, 2002). Un libro homenaje que nos devuelve la aquilina silueta de Fuster, su ironía inmisericorde y educada que jamás se permitió el sarcasmo, y esa impertinencia periférica que con tanta agudeza supo administrar a contrapelo de las situaciones más comprometidas. Y las vivió todas.

Joan Fuster, que denostaba la indulgencia de cualquiera y despreciaba la propia, disecciona con frialdad una actitud literaria en el prólogo —estamos en 1968— del primer volumen de su obra, que sugería «programático y tentativo».

«Reconozco —escribe— la precariedad literaria de la mayoría de estos artículos, de estas piezas de circunstancias... Pero justamente su dependencia de las circunstancias —y qué circunstancias— es su mejor garantía.» Prosas surgidas unas a saltos, construidas con insistencia, de quien se consideraba un «jornalero de escritura», atado al artículo diario; otras por exigencias «de catequesis o ejercitación civil»; las menos, por compromisos de amistad o de cortesía. «¿Papeles de oficio?» Tampoco tanto. Si seguimos el relato con atención, a través de los meandros de la dispersión y la oportunidad que delimitan los textos, aparecen diáfanas las convicciones del escritor.

Un autor valenciano que escribe en catalán, como inicial premisa cultural; que normaliza su lengua según sus posibilidades mediante la normativa de Fabra, pero sin desatender la ductilidad léxica «oriental» que siempre ha fascinado a los barceloneses. Un equilibrio bien difícil que siempre admiró a Sanchis Guarner, puesto que supo nutrirse de una segura selección de afinidades —Montaigne y Voltaire como santos patronos, Riba y la vertiente clásica de la estética mediterránea, y siempre Pla, prosista y *«pagès»*.

Joan Fuster es un ensayista supremo. El ensayo, género tentativo, fragmentario, distante de las seguridades de la erudición «objetiva», obra de batalla definitiva, se transforma en el campo de experimentación para la prosa de Fuster. Ya en los trabajos históricos primeros, cuando hunde el estilete en la oratoria sacra de Sant Vicent, el realismo fantástico de Isabel de Villena y la poética sibilina y dúplice de Roís de Corella, sabe captar la trama argumental pertinente que mantiene la atención del lector hasta el final, como un relato de intriga. Detrás caben D'Ors —Ortega era demasiado retórico— y una insaciable voracidad clásica. La impresionante correspondencia con los grandes de su tiempo denota un ejercicio continuado de aprendizaje.

La perspicacia imaginativa del escritor es legendaria. Fuster era capaz de hacer hablar a una hijuela nobiliaria y descubrir un complot amoroso o la rapacidad de un padre en la confidencia más trivial. Juan Reglá me contaba su sorpresa ante la habilidad «comunicativa» de Fuster. Su capacidad para convertir la seca historia local de una generación de positivistas de formación desigual en un eficaz alegado histórico, en un aprendizaje de buena lectura. La Valencia barroca, los certámenes literarios, las fantasías italianizantes del embajador Vich, las huellas borrosas de judíos moriscos y conversos en la reconstrucción renacentista floral...

Sin embargo, y quizá apenas disimulo una querencia personal, *Aforismes*, *El Diari*, *Sagirari*, más tarde, y el polémico *Descrèdit de la realitat* nos dan a mi entender el mejor Fuster a la apresurada mirada actual.

Joan Fuster descubrió pronto la importancia de un proyecto cultural alternativo, y político después pero mal administrado, por la quimera del Països Catalans. Una cultura común sobre una historia dispar que aunara en un proyecto constructivo la periferia mediterránea ibérica tan maltratada por el imperio hispano y anulada por la descomposición franquista, y la cultura crítica instrumentalizada por la burguesía urbana.

Que *Nosaltres els valencians* acierte o no en un diagnóstico futuro —Fuster era un provocador y no un profeta— no tiene demasiado interés. Que el industrialismo feroz y la brutal «lotización» neocapitalista hayan convertido el país en un solar no es más que otra consecuencia perversa de la ausencia de unas clases protagonistas convencidas de su propia historia. Fuster descubrió en Barcelona una nueva burguesía industrial, atemperada, culta y políticamente activa, que lo sorprendió positivamente, acostumbrado a los manejos caciquiles y desvergonzados de las viejas sagas locales. Un proyecto contagioso, abierto y renovador había de romper por necesidad el anacrónico dirigismo estatal que jamás olvidaba la guerra civil y que tan impunemente imperaba en Valencia. Más tarde descubriría la miopía y la sordera de las oligarquías catalanas y el valor también simbólico de su cultura. Pero eso era otra cosa. Se trataba, por supuesto, de jugar con fuego, y Fuster lo sabía mejor que nadie. Sin embargo, no dudó en convertirse a la fuerza en el icono de una contracultura emergente: minoritaria, elitista, irreal e incluso surreal en sus descomunales expectativas.

La templada ironía de Fuster alcanzó a librarle del agrio sarcasmo del converso y su escepticismo connatural marcó siempre distancias con los diversos «ismos» autoritarios que vertebraron la izquierda durante la dictadura. No fue comunista, ni creyente, ni seriamente falangista. El carlismo paterno fue mero folclore local. Tampoco fue neocristiano, ni adicto a un obrerismo de clase instrumental.

Los mejores ensayos de Fuster son buen ejemplo de urbanidad y atención hacia el lector, sin ninguna condescendencia retórica. *Poques paraules* es un ejemplo a considerar. Que sus circunstancias lo convirtieran en el hereje, el librepensador, el voltairiano, el agitador, el líder de unas opciones ciudadanas posibles, suscita un nudo de contradicciones que sólo el tiempo precisará hasta alcanzar el espesor justo. Quizá el silencio público de sus últimos años fuera algo más que un gesto de cautela —como la ilusionada docencia universitaria que llenó ese tiempo— y adquiera la veracidad de una confidencia. El doctor Johnson escribía para ser leído «en tiempos lejanos». «Tal vez un día el hombre, cansado de preparar, explicar, convencer, llegue a escribir sólo aforísticamente.» El doctor Fuster hubiera firmado estas palabras. Sin la menor duda.

(6 de octubre de 2002)

LOS PLACERES DE LA MIRADA

En una de las escasas condescendencias sentimentales, Kant repasa sus años de adolescencia marcados por la intimidación y la inseguridad. Sin embargo, en un momento de aliento se le escapa la confidencia que nos da la clave emotiva de aquellos días: «Pero qué hermoso parecía un día hermoso».

Subrayar la belleza de los días bellos con los útiles desnudos de la pintura fue el objetivo de John Constable, como demuestra la completa exposición que puede verse hasta enero en el Grand Palais de París. En apariencia, la visión idílica de una quintaesenciada campiña inglesa, pero que curiosamente nos introduce en un complejo mundo de arte que debe más a la intuición y la perspicacia para las sensaciones sensibles que a las estéticas de género y estilo.

La exposición reúne casi doscientas obras, que se alinean en una secuencia cronológica de dibujos, bocetos, breves apuntes del natural y grandes obras. Por primera vez la pintura de Constable se presenta en un espacio simbólico de la cultura visual europea seleccionada, además, por la sensibilidad de Lucien Freud, que desgrana, en la conversación que abre el catálogo, una sonora letanía sobre las excelencias del pintor. Un pintor de pintores, así pues, ahogado por la genialidad irrepetible de Turner y el efectismo naturalista casi mágico de Gainsborough. Para Freud, Constable es el pintor romántico por excelencia, que subvierte la preceptiva clasicista para acentuar las convicciones emotivas, personales, de un paisaje sobre el lienzo. Una mirada hecha pintura.

El hecho es sorprendente, cuando se piensa que las afinidades expresivas de Freud, su formación decisivamente cerebral y centroeuropea, deberían discrepar del instantismo visivo del británico. A mi modo de ver, se trata más bien de un audaz desafío para desentrañar la esencia de las calidades pictóricas de Constable desde el punto de vista de otro creador que se sitúa en los antípodas perceptivos. En la entrada de la muestra, un impresionante *Estudio para un olmo* (1821) se contrapone a un desnudo reciente de Freud, descarnado y tentativo, con el propósito quizá de expresar, más que una antología, que se percibe imposible, una invocación a la pintura como una actividad intuitiva y personal de apropiación y dominio comunicativo de la naturaleza. Como una crítica feliz «a la noble simplicidad y serena belleza» que el clasicismo exigía de la obra de arte para ser de verdad maestra.

El paisaje británico se transforma en tradición pictórica a lo largo del siglo XVIII. Frente a la costumbre clasicista de evocar perspectivas ilusionistas de «lugares arcádicos» en los que actuaban los mitos clásicos —el caso de Poussin es modélico—, el paisaje se individualiza y transmite la sensibilidad personal del artista, su mirada y sus impresiones ante una naturaleza determinada. Un arte menos controlado para la didáctica del taller, en efecto, que en Constable adquiere una categoría suprema. Detrás están Tiziano y Rembrandt, el respeto rotundo a la materialidad pictórica, su resistencia y ductilidad, una atención casi impresionista por las más imprevistas asociaciones cromáticas.

Constable aborrece los «pastiches» tomados de los viejos maestros que negaban «el sentimiento moral del paisaje» y denosta el corsé figurativo de la Royal Academy que condena al artista a ser poco más que un mero «fabricante de cuadros». El pintor debe alcanzar la perfección mediante el estudio de la naturaleza y sus versátiles apariencias sensibles. «La pintura no es para mí más que un sinónimo de sentimiento», confesaba el artista en *English Landscape*, de 1821.

Como Kant, evoca el pintor «la dulce soledad recogida» del estudio durante los años de formación y la convicción en el estímulo de un arte personal y enriquecedor anclado en la experiencia estética vivida. Pinta escenas sencillas y eficaces —sacar «algo de nada»— y deja clara a los ojos contemporáneos una ruptura con la tradición del neoclasicismo retórico cercana a las actitudes de la prevanguardia del siglo XIX, que integró el romanticismo combativo del artista-individuo con el visibilismo formal y narrativo de la escuela de Barbizon. No es casual que los paisajes de Constable de 1820 impresionaran a la Delacroix: la inspiración que domina los apuntes y bocetos desarrolla una secuencia de gestos pictóricos que dinamizan cualquier visión restrictiva, de estilo, ajena a la observación de la *belle nature*.

Quizá la multiplicación innecesaria de motivos —el montaje de la exposición pretende ser exhaustivo y resulta agobiante— dificulta la comprensión de la singularidad poderosa de algunas obras maestras como *Old Sarum* (1834). Los escasos y tempranos retratos sorprenden (*Cabeza de joven* es de 1806) y expresan unas condiciones táctiles que se ajustan progresivamente a la verdad física del sujeto pictórico. Un pintor de la verdad de las cosas. De aquí arranca la fascinación de Freud. No olvidemos que Constable obtuvo una medalla en el Salón de París de 1824 y que el propio Delacroix lo consideró «el padre del paisaje moderno».

La exposición de París recupera, pues, una pintura que rompe los esquemas figurativos convencionales para sugerir una lectura original. Constable es un paisajista que domina los cielos turbulentos, «un pintor de tempestades» quizá. Ahora bien, si Turner era capaz de disolver en efectos de luz la naturaleza y convertir ese efectismo visual en el motivo de su obra, convendremos que los enrarecidos cielos nublados de Constable son el campo de experimentación pictórica de una nueva manera de mirar el arte, que responde ahora al caos perceptivo del ojo humano: una sobreposición de sensaciones cromáticas que la distancia sintetiza en objetos sensibles. Pinceladas oblicuas, pigmentos aplicados a espátula, sobreposición de tonos, eficaz perspectivismo aéreo... son los argumentos de una mirada moderna que propone la indefinición formal. *Vista de Salisbury* (1829) es un ejemplo magistral de óleo sobre papel en apenas 16 × 30 centímetros, un prodigio de síntesis. Como el sublime *Estudio de cirros*, de 1822, de 11 × 27 centímetros.

Constable sugiere una pintura del natural que busca obsesivamente «la instantaneidad de la visión», el fugaz momento de visión que capta la mirada y traduce el pincel sin demasiado espacio para el arrepentimiento. Un artista romántico, de gestos intuitivos y mirada compleja, en efecto. William Hazzlitt, el olvidado apóstol británico de una estética antinormativa y vital, apunta que la referencia constante a los excelsos modelos artísticos acaba por debilitar la visión creativa de la naturaleza, su tremenda versatilidad formal. A finales del siglo XIX incluso el *Dictionnaire des Beaux Arts* aceptaba que el *étude* podía ser una obra de arte por derecho propio, lo que suponía algo más que cierto respeto a la estética del boceto.

Mario Praz ha recordado el deleite de la vida campestre y el respeto casi amoroso por los temas diarios que configuran la estética del romanticismo británico y alcanzan todavía a la moral victoriana, que aún nos transmite cierta ansiedad romántica. El artista nutre su imaginación de la «naturaleza» como una dimensión fundamental de la experiencia y síntesis de las energías vitales sabiamente transfiguradas después por las obras artísticas. El color, la forma, la percepción titubeante del prado, la nube, el mar... representan un misterio sensible «que ocupa el centro de nuestra experiencia terrenal». El arte, así, como una «visión inmediata de la sacralidad inmanente de la naturaleza», esa secuencia de impresiones indefinibles que capta la mirada del artista. *«A sense of sublime»* que habita en la luz de los atardeceres, como adivinó Wordsworth.

(20 de octubre de 2002)

UN HOMBRE TRANQUILO

Las confidencias de los sobrevivientes suelen dejar un regusto agridulce. Traducen a la prosa las intenciones, los primeros y segundos pensamientos que orientan una actividad a menudo desbordada por el azar o la mera impericia de sus actores. Además, suelen expresar, en tono menor o entre estridencias apologéticas, el diálogo siempre tenso entre el yo omnipresente del narrador y las modestas verdades que describen la vida de cualquiera. Afortunadamente, la saludable terapia de éxito y una equilibrada adecuación de horizontes de expectativas y logros, servidos por un estilo sencillo, comunicativo, sin reservas ni agresividad, sin chisme ni dentellada, hacen de la autobiografía de Eric Hobsbawm un libro singular. *Interesting times. A twentieth century life* (Penguin, Londres, 2002) es algo más que la reconstrucción de un itinerario vital marcado por los bandazos de un siglo cruel, puesto que se adentra sin complejos en el diagnóstico del futuro previsible, y no disimula sus ataduras con una de las ideologías más denostadas por el satisfecho neoliberalismo del mercado global: el marxismo militante.

Hobsbawm ha sido hasta casi anteayer un miembro lúcido del Partido Comunista británico y accesible testigo de excepción de lo que podría entenderse por marxismo crítico durante los últimos cincuenta años, del dirigismo estalinista hasta el socialismo real y las fisuras, algunas mortales, que hicieron trizas los ideales utópicos surgidos al calor de la Revolución de Octubre.

Hobsbawm nació en 1917 en Alejandría de Egipto, en una familia curiosa cuyo destino iba a orientar su evolución personal: una saga de comerciantes judíos, britanizados por el azaroso cosmopolitismo del pequeño negocio, siempre a la zaga de la oportunidad razonable. En el cauteloso prefacio que abre el libro, quizá las únicas páginas contradictoriamente retráctiles en un relato diáfano, el autor toma distancia frente al género autobiográfico y deja claras sus premisas: no se considera una celebridad mediática, ni gusta de la confesión a media luz ni de la cháchara de clase —ese género tan británico llevado a la destreza consumada por Isaiah Berlin, en aquellos monólogos sin puntos ni comas—. Hobsbawm es un historiador marxista con una visión privilegiada de los meandros de la cultura intelectual anglosajona del siglo pasado. Con una candidez que el paso del tiempo concede a pocos, Hobsbawm esboza un relato subyugante en el que desgrana una secuencia de cuestiones pendientes que exigen la sutil comprensión histórica del hombre de cultura, sazonadas por la curiosidad impertinente de quien se considera un «hijo del siglo» obsesionado desde la adolescencia por traducir a palabras los rasguños producidos por el correr del tiempo. «Un siglo terrible y extraordinario» frente al que el autor se sitúa como «observador partícipe».

En *La edad de los extremos*, tal vez una obra maestra de la historiografía actual, educadamente legible, recupera desde la experiencia individual —una vida en su tiempo— la historia de nuestro mundo condicionada por unas determinaciones no elegidas. La historia es lo que acontece visto desde fuera, las memorias cuentan lo que acaece visto desde dentro, sugiere Agnes Heller en una proposición que Hobsbawm hace suya.

El autor vivió la adolescencia en Viena y tramó su identidad centroeuropea en la severa disciplina de los institutos prebélicos: un mosaico de países, lenguas y sensaciones hoy desaparecidos en aguda contradicción con la estabilidad británica aún imperial. El joven Eric colecciona sellos y billetes de banco con curiosidad de entomólogo: su inestable proliferación despliega un mundo de combinaciones que lo deslumbra. Un viejo amigo de la familia vive en Viena y escribe en un diario de lengua alemana, treinta millas al sur del Danubio, en una ciudad que los germanos llaman

Pressburg y los húngaros Pozsony... que después se convertirá en Bratislava, metrópoli de la República Checoslovaca, y hoy es capital del estado eslovaco. Una sociedad multinacional pero no multicultural, como observa Hobsbawm, con una lengua y una cultura (alemanas) desde las que se «accede» al mundo. Hobsbawm entiende la «apasionada indignación» de Grombrich cuando se sincopa la cultura vienesa en una ficticia «cultura judía». La lengua de cultura acabará por convertirse en el síntoma de superioridad que explica la sumisa adhesión austríaca al Reich de Hitler.

En Viena descubre el autor las cesuras entre el cristianismo social y la socialdemocracia, el negro y el rojo de una colectividad pronto devorada por el fragor revolucionario, prendida de las retóricas persuasivas de Kraus y fascinada pragmáticamente por el activismo leninista.

Huérfano temprano, Eric es acogido por sus parientes en Berlín y vive el ocaso de la cultura guillermina y el desencanto posbélico del Berlín republicano. Una ciudad de vencidos y agitadores donde descubre el comunismo por motivos... estéticos. Un atractivo primo suyo se alista en la Internacional Comunista en plena crisis económica. La «era de la catástrofe» se cernía sobre Centroeuropa y el joven trasterrado asimilaba desde la escuela los perfiles de un mundo emergente que apreciaba poco el legado clasicista e ilustrado. «Por absorción más que por instrucción», confiesa Hobsbawm, terminó sus estudios. Las páginas berlinesas son acaso las más emotivas del libro. Asiste a la quiebra de los ideales republicanos de Weimar y a la hecatombe económica y política que lleva a Hitler al poder. Vive, así, el Berlín «oscuro y rojo» y percibe la importancia de la organización y el tacticismo en la prosecución de cualquier objetivo fiable. Si la disciplina de los *boy scouts* había interesado a Eric, el sistema organizativo de las «fracciones estudiantiles» le enseñó a discernir políticamente los ideales de las consecuencias implícitas en su logro.

La familia se trasladó definitivamente a Londres en 1933 y en 1935 Hobsbawm obtuvo una beca para estudiar en Cambridge. Empieza la construcción del personaje que sesenta años después redactará su autobiografía. Inglaterra era para el autor poco más que el evanescente entramado de nostalgias de su errático padre. Pero Londres fue una revelación. Una capital cosmopolita y abierta donde la inteligencia servía de patente interclasista. Basta con leer a Powell. La peculiar entonación de los estudiantes del Oxbridge de preguerra acentuaba unos lazos de pertenencia incluso en la abigarrada atmósfera del Soho.

La incorporación temprana a los «Apóstoles» de Cambridge acercó a Eric a los últimos rescoldos de la estética de Bloomsbury y al reducto altivo del aristocraticismo dirigente de Blunt y Burgess: a las arriesgadas aventuras de los conversos trocados en espías del Komintern. Pero Hobsbawm supo mantener las distancias y detectar en la London School of Economics la auténtica universidad del futuro. Admiró a Sraffa y Keynes, y frecuentó a exiliados de excepción como Norbert Elias y Karl Polany... pero no a Popper. Se adiestró con Postan en una disciplina historiográfica desdogmatizada, posibilista y pragmática y potenció el cosmopolitismo que su educación políglota le permitía: el París del Frente Popular, con una inverosímil y divertida incursión de un día a Puigcerdà ¡en 1936! Tras la guerra en barracones sanitarios, una ortodoxa carrera docente en la periferia popular del Birnech College. Alumnado adulto y saber escuchar.

El comunismo de Hobsbawm es tan característico como su biografía. Hasta la crisis de 1956, la política de bloques durante la guerra fría disimulaba malamente el «despotismo de cuadros» que marcó las estrategias soviéticas. Pero el autor vio en el Partido una «opción vital» progresista en la que podían todavía coexistir, casi a la italiana, una cierta convivencialidad directa heredada del viejo socialismo libertario y la eficacia organizativa del leninismo —los «revolucionarios de profesión».

El proceso de racionalización del comunismo obliga a Hobsbawm a diferenciarlo del utopismo de imposibles, del activismo redentor y mitificante. A indagar en los elementos marxistas que colaboran en la formulación de un presente mejor: el método científico de Marx, la predicción a partir de indicios de verificación probable, el internacionalismo que apela a la humanidad entera, y la alineación sin contrapartidas con los «perdedores» que explica la fundamental presencia comunista en todos los movimientos de resistencia modernos... desde *Los rebeldes primitivos*, primer libro que forjó la fortuna crítica del historiador.

Para Hobsbawm el marxismo ofrece todavía una explicación plausible si se quiere entender el lugar de la cultura en la evolución moderna. La necesidad de sintetizar en el arte las energías y creatividad individuales. Las obras de cultura son modelos de comunicabilidad humana que hacen saltar otras determinaciones restrictivas. Para el autor, el Mayo francés forjó una contracultura, y ése es su legado. La sensibilidad racial despertó la sociedad norteamericana a la pluralidad de culturas que conviven en un país abierto. La búsqueda de lo compartido a contrapelo de las diferencias es así el hilo que aúna las agudas digresiones, auténticos ensayos de interpretación que completan el libro: el tercer mundo, España e Italia, y una soberbia coda escrita después del 11 de septiembre.

Hobsbawm ha sido uno de los admiradores pioneros del jazz en Europa frente a la reticencia del elitismo miope. *The jazz scene*, publicado bajo seudónimo, una imprescindible recapitulación de los puntos de vista de un viejo adicto. Para el autor, el jazz no es un cierto tipo de música, es una definición sonora de la sociedad en la que vivimos. A Eric Hobsbawm podemos encontrárnoslo en Londres visitando alguna exposición histórica. Lo recuerdo en «París, capital del siglo XX»: erguido, de andar resuelto, afectuosamente apoyado en Marlène, escudriñándolo todo tras esas gafas de despistado que apenas disimulan su avidez informativa... Sobre una media sonrisa irónica que un rictus acaso instintivo hace burlona. ¿Otro escéptico apasionado?

(3 de noviembre de 2002)

EFECTOS DE COLOR

«Un signo somos, inescrutable», aventuraba con disimulado escepticismo el poeta alemán Hölderlin. La sutil exposición de Barnett Newman en la Tate Modern de Londres constituye, sin duda, un excelente campo de experiencias sensibles que desarrolla al extremo el carácter abismal del signo plástico y nos sitúa ante un modelo de curiosa depuración formal. El artista fía al color, en intensas superficies monocromas sesgadas por breves geometrías, el protagonismo de la percepción estética.

La muestra procede de Filadelfia, del Museum of Art, y reúne más de sesenta obras del artista: desde las añejas pinturas biomórficas de los inicios a unas sorprendentes esculturas impecables de los sesenta. Entre un conjunto sorprendente de tentativas casi minimalistas, desmesuradas monocromías, dibujos sobre papel y dos *suites* gráficas: «18 Cantos», una serie en color de 1963, y los dieciocho grabados teñidos al aguatinta de «Notas» de 1968. Casi una retrospectiva bajo la responsabilidad de Anne Temkin, que coordina un suntuoso catálogo que incluye una luminosa interpretación en perspectiva del artista, muerto en 1979, de Richard Schiff. Al tenor de la banalización rampante, un monitor reproduce un prescindible documental televisivo de 1966 que nos presenta un parlanchín y resuelto Newman en plena actividad de taller. Si la cámara produjo a tics las estudiadas *performances* de Picasso y Pollock, ¿qué cabía esperar del inerme artesano del Bronx?

Newman fue un artista difícil, a menudo incomprendido por sus contemporáneos, que vieron en él un díscolo seguidor de los desarrollos artísticos que culminarían en ese lugar común historiográfico que llamamos «expresionismo abstracto». Recuerdo el desdén con el que Esteban Vicente despachaba los incisivos, polémicos y políticos escritos del artista —*Select Writings and Interviews*, Nueva York 1990—, que consideraba un precipitado catecismo de intenciones.

En enero de 1948 Newman desconcertó al mundo del arte neoyorquino con *Onement I*, un lienzo monocromo de rojo cadmio oscurecido, partido por una raya insegura de cadmio saturado. Con este gesto salía de una crisis aguda que lo había llevado a destruir su obra temprana. Es cierto que durante la década de los cincuenta su actividad teórica fue importante pero mal entendida. Colaboró con Rothko y Motherwell en el proyecto Subject of the Arts en la revista *Tiger's Eye*. Sin embargo, las primeras muestras individuales en la galería testimonial de Bette Parsons en 1950 y 1951, suscitaron enconadas hostilidades debidas en buena parte a la sobredosis de retórica que las acompañaba: *Vir heroicus sublimis* (1950) o *Uriel* (1955) son buenos testimonios al respecto, y expresan bien la confusa mitología, en clave cromática abiertamente óptica, de temas cercanos a la tradición judaica. *Prometeus Bond*, de 1952, puede verse como una advertencia sobre la soledad esencial del artista, obligado a hablar a través de una obra que siempre es única, contradictoria y equívoca, aislada de tendencias y soluciones formales manidas, que expresa un estado de tensión espiritual irrepetible. Acaso, «gritos de libertad en formas únicas», como quiere un crítico.

No cabe duda que las monocromías obsesivas de Newman condicionaron las estéticas de los «campos de color» que sustituyeron en la opinión artística norteamericana al expresionismo abstracto. Como también sus arriesgados lienzos con forma —triángulos, trapecios, soportes rectangulares— influyeron en la consolidación de una pintura no referencial, centrada en las exigencias del medio plástico. Para Newman, la pintura debe llenar el campo sensible del espectador, pero no para demostrarle, sencillamente, las estructuras y las tramas, el material pictórico en suma, que actúa sobre la superficie pictórica, sino para desconcertarlo y sustraerlo del contexto gélido del museo y obligarlo a «acusar» la experiencia de la pintura. Una pintura para ver de cerca, apunta Newman, y convenientemente alejada de la aséptica mirada de conjunto. El tamaño, pues, como una propiedad cualitativa de una pintura que tiende al icono gráfico. La secuencia *Vía Crucis* (1966) es un ejemplo elegante de inventiva colorista. Durante los sesenta, Newman fue un activista político muy sensible a las reivindicaciones ciudadanas minoritarias, un luchador en solitario para quien la interiorización de las libertades implicaba una imprescindible regeneración personal. Quizá así se expliquen su sionismo y la llamada constante a los forzados absolutos existenciales que respira su obra: *The Word I*, *Adam*...

La imaginación sensible, así, como una suerte de ascesis hacia lo inefable: un mundo de sensaciones puras. Con todo, la visión actual del arte de Newman, apenas deja traducir aquellas tensiones originarias y nos propone una brillante reflexión sobre los planos de color en un espacio definido por su delimitación perceptiva. Una lectura bastante original de la tradición poscezaneana que acentúa el contraste tonal en las capas cromáticas. Rayas de color que cruzan superficies presuntamente monocromas que la luz densifica. Una estética eficaz basada en proporciones formales sencillas: color, tono y escala, que la intensidad lumínica irá graduando. Algunas esculturas, como *Here III* de 1965, explican este proceso con sorprendente precisión: la luz matiza sobre el acero la fuerza de la visión. Mis pinturas no son «abstracciones», escribía el artista en 1950, ni tracerías formales de ideas. Son concreciones sensibles específicas para ser experimentadas, vividas... Esta erupción romántica fue tal vez el motivo de su desajuste generacional en un momento pictórico basado en el pragmatismo de un lenguaje formal dogmáticamente administrado por los gurús de lo nuevo. Una vuelta al sentimiento, en definitiva. Un arte que responde a las contingencias emotivas que ordenan la trama formal.

Los administradores sociales, los activistas de la imaginación, respondía irritado Newman, no están hechos para comprender que alguien es capaz de hacer algo, particularmente una obra de arte, espontánea y directamente, sin consignas ni recetas. El visionario Max Jacob sostenía a contrapelo, en plena consolidación de las vanguardias históricas, que la obra de arte es un conjunto de medios puestos al servicio de un esfuerzo. La práctica de un oficio con saberes propios, en resumidas cuentas. Para Lothe, sin embargo, en el inicio era la geometría, la capacidad de «enmarcar». Newman rompe con esas autoritarias exigencias vanguardistas. La geometría, para el artista, incluso la compositiva, era el resultado de algo impuesto, artificial... que conducía al aséptico linealismo coloreado de Mondrian, por ejemplo. «La geometría tiene algo de institucional, impositivo, intelectual, que regula la libre fantasía del artista, un hombre dotado de libertad.»

Sin embargo, en *Jericho* (1968), una escueta distorsión en la tela roja que rasga el triángulo desajustaría los impecables planos de añil del conjunto. ¿Se resisten las murallas? La pintura de Newman resiste más el papel couché y la reproducción aplana la grandeza de un arte intuitivo y obstinado en los matices formales, que rechaza las intrusiones externas. De aquí la magnitud de la experiencia directa en la pintura de Newman, tan poco vista. Un arte monumental que provoca unos efectos sensibles siempre diferenciados. Un mundo de color autosuficiente, «raro», que se resiste a cualquier definición acomodaticia. De *The Way* (1951) al audaz *Anna's Light* (1968). «Un paraíso íntimo de absolutos sin tiempo.» ¿Por qué no?

(17 de noviembre de 2002)

LA ASTUCIA DE DUCHAMP

¿Otro libro sobre Duchamp? Pues sí. Cuando parece que el legado de la vanguardia histórica está absolutamente controlado, inventariado y casi deglutido en pequeñas dosis que jamás incomoden la digestión del curioso lector, aparecen nuevos enfoques, inéditos o sobre fuentes mal utilizadas, que nos exigen una consideración nueva de momentos o figuras historiográficos hasta ayer sólidamente establecidos en la narración artística. Duchamp ironizaba sobre su propio destino como rareza cultural, intrigado por la secuencia de sesudos estudios sobre su obra, plagados de eruditas notas a pie de página, que descifraban lo indescifrable a la mirada del protagonista cegado tal vez por el egocentrismo ventrílocuo que a menudo flanquea la autoconciencia artística en nuestra época de hegemonía mediática.

Pensábamos, pues, que sobre Duchamp lo sabíamos todo. Después de la exhaustiva biografía de Tomkins, *Duchamp* (Anagrama, Barcelona, 1999), y las elaboradas sutilezas interpretativas de Octavio Paz, Duve, el catálogo de Schwarz —más el meticuloso e imaginativo *Duchamp* de Juan Antonio Ramírez (Siruela, Madrid, 1998)— era difícil, en efecto, esperar nada novedoso. Sin embargo, *Marcel Duchamp. The bachelor stripper bare* (Museum of Fine Arts, Boston, 2002), de Alice G. Marquis, es algo más que la ágil reescritura de una antigua tesis de doctorado en libro de legibilidad garantizada. Se trata de una seria tentativa de textualización del astuto Duchamp, de quien quizá se conozcan demasiados porqués de sus obras —contra esto y aquello, diríamos— pero de quien se ignora todo sobre el cómo de su obra —es decir, sobre su génesis y estructura.

El lenguaraz Frederic Prokosch hizo en su autobiografía trufada de chismografía edificante —*Voices*, Londres, 1983— una acerada semblanza de Duchamp fiada al testimonio siempre equívoco de Peggy Guggenheim. Reprochaban a la millonaria coleccionista una versatilidad sexual insaciable, que explicaba, a los ojos del cruel crítico, el altruismo artístico que permitió cruzar el Atlántico a un irrepetible puñado de creadores de primer rango que marcaron el futuro de la vanguardia norteamericana: de Max Ernst a Lipchitz. Al mencionar a Duchamp, Peggy cambió de tono: «Él era siempre fiable, una intuición artística genial». Años después, cuando elogiaban la perspicacia de Leo Castelli en los años locos del Soho neoyorquino, farfullaba también un solo nombre: Duchamp.

La sorpresa de la rigurosa investigación de Alice Marquis nos llega del contexto. Pocas veces se habían indagado los tiempos vacíos de la agenda del artista con tal provecho. Recuerdo al lector que la autora saltó a la escena pública con una memorable biografía de Alfred H. Barr Jr., el inventor del MoMA y responsable de uno de los más logrados relatos ficción de las raíces del arte nuevo... articulado sobre las modestas bases de una colección en proyecto en la que no encajaba Kandinsky y sobraba el surrealismo. Ahora, algunos detalles sobre Duchamp sorprenden al más cauto: si Lebel contó en su primera aproximación doscientas siete obras del artista en 1957, Schwarz fue capaz de descubrir cuatrocientas veintiuna y en 1997 su obra aproximada superaba ya las seiscientas sesenta y tres. Misterios de la estadística o mero recuento de cuanto destilaba la mente del artista, fascinado por la réplica y la serialización en la época de fetichización de la originalidad. ¿Original Duchamp?

De Duchamp conocemos que nació con voluntad de saga. Fueron tres los artistas de primer orden: el pintor Jacques Villon, el soberbio escultor cubista Raymond Duchamp Villon y Marcel Duchamp. Tal vez fuera éste el menos dotado para la pintura —su obra primera es penosa—, pero sin duda fue un auténtico genio para diferenciar las motivaciones que la era tecnológica imprimiría en la caracterización y disciplina del artista del siglo XX.

Tal vez la caricaturización más notable de Duchamp sea su envidiable sentido del humor: nacido hijo de notario, desconfiará siempre de la fantasía desbordada de los poetas, pero admirará las ocurrencias imaginarias del cuentero y el echador de cartas. La estética del folletín y la sencillez de la tira cómica. Disfrutaba con los juegos de palabras y las antífrasis efectistas, las máquinas imposibles y la estupidez roedora del pedante. Vivió inventando ocurrentes asociaciones mecánicas con la misma seriedad con que jugaba al ajedrez. Una actividad que en 1923 se convirtió en dedicación exclusiva. Pero sólo aparentemente. La autora desvela algunos secretos mal disimulados para entender la distante displicencia de Duchamp. La relamida industriosidad de Bouguerau bloqueó su entrada en l'École des Beaux Arts, y sus primeros trabajos se hicieron a la manera de Degas, Manet y Cézanne, hasta que descubrió su capacidad diabólica para lo no correcto, para el arte de la sorpresa y el desconcierto.

Para Duchamp, Picasso era el ejemplo supremo a evitar: un habilidoso prestidigitador que rechaza la tradición visual de su tiempo —del impresionismo al fauve— para inventar el cubismo, un arte que asume la originalidad como el soporte de la emoción estética sin referentes: convence o irrita. Los descontentos del naturalismo de receta ven en Picasso el productor de «sobrenaturales emociones estéticas» a través del libre despliegue de unas formas de arte únicas. Sin embargo, cuando el Salón de los Independientes de 1910 reúne a 1.182 exhibidores con más de seis mil obras, la excepción se llama «excesivismo» y lleva a Duchamp a desconfiar de la eficacia de un arte retiniano y postar por «otro» performativo y desconcertante. Frente al objeto percibido, el filósofo del arte propone el signo plástico, y Duchamp el objeto «desplazado», desprovisto de su singularidad común por una leve traslación al territorio vedado del arte. Un urinario es una obra de arte cuando es discutido en el Armory Show; una pala es un objeto bello si lo considero como un logrado utillaje y me detengo en su seriedad conceptual; un botellero es un hermoso artefacto industrial con una elaborada geometría emotiva. Una rueda de bicicleta sobre un taburete es un ejercicio «surreal... de surrealismo», como lo llamó el malévolo Éluard.

Contra el arte de la percepción visual, contra el adocenado arte retiniano, Duchamp aduce el simple sucederse de objetos cuya disposición o indisposición constituye el estímulo de nuevos mensajes, de provocadoras proposiciones de un insultante «como si» artístico. El artista es un ocurrente mistificador y basta.

Curiosamente, tal vez el artista que más haya influido sobre Duchamp haya sido Frank Kupka, cómplice de Jacques Villon desde los inicios del siglo y compañero de vecindad en París. Kupka introdujo en el seco prontuario vanguardista exóticas grafías orientales, un interés por el secretismo que lo llevó a convertirse en «médium» con veleidades anarquistas y lengua acerada contra la «prostitución del arte» ejercida por los artistas contra su voluntad para satisfacer a sus apoltronados patronos. Los repetitivos desnudos de Renoir parecían a Kupka trágicas variaciones sobre lo mismo. Duchamp sincopaba: los artistas son todos unos mentirosos.

De Kupka tomó Duchamp la curiosidad por la imagen seriada que ofrece el «praxiscopio» —un cilindro de fotografías y una secuencia de espejos que permite cierta ilusión de movimiento—. Hacia 1902 Kupka consiguió captar en imágenes el movimiento en *Jinetes* y entre 1909 y 1911 desarrolló los *Planos de color* en los que el movimiento de una figura es interpretado desde diferentes posiciones aprendidas simultáneamente. La mejor solución, sugería Kupka a Duchamp, sería pintar sobre el cristal. ¿Premonición?

El doble sentido, la charada erótica, el ocultismo chistoso de Rosa Selavy —«au-cul-isme» en el caso de la Mona Lisa bigotuda— son francas carcajadas sobre la lenidad del arte a la salud de François Villon, santo patrón de la saga. Como lo es ese inteligente disimulo que convierte a Duchamp en Nueva York, a costa de su medio inglés, en un objeto de culto a su pesar, jugando impertérrito al ajedrez con una contrincante desnuda para la estupefacción de todos. Un ironista superlativo, en efecto, con los Arensberg,

Man Ray, Katherine Dreier y los Reynolds, como enganchados protagonistas de una secuencia de los hermanos Marx sin guión.

La seriedad impávida de Duchamp —que tarde copió en falso Beuys— ha descolocado a los críticos de arte, que obsesivamente se han lanzado a descubrir inclasificables psicopatías en sus obras, en sus dibujos infinitos o en las elípticas imaginerías de *étant donnés*, una sofisticada preinstalación.

La biografía de Marquis se detiene en un momento esencial para la comprensión del mito y sus enigmas: la actividad casi frenética de Duchamp como responsable del montaje de exposiciones tan rotundas como «First Papers of Surrealismo» para el MoMA, presentación iconoclasta del núcleo de artistas europeos a la toma del espacio artístico, la instalación para la selección de Kiesler en Art of the Century, de Peggy, o la presentación de *Gran vidrio* y la «réplica» de Hamilton en la Tate Gallery de Londres en 1966, con su desmesurada multiplicación de notas inéditas sobre su montaje.

Con su mujer Alexia Sattler, fabularían al alimón la leyenda de la antifama de Duchamp y su conversión en el icono de culto para una generación descreída de normas y formas artísticas, crecida en la cultura de la imagen seriada y al calor del cine, «único arte respetable» en la sociedad del bostezo.

En definitiva, Duchamp fue un vencedor que llevó al extremo los efectos contradictorios de una vanguardia empecinada en transformar el mundo. Dotado de un lenguaje trivial, directo, administrado desde un olimpo personal. En última instancia, se trataba de volver las viejas virtudes del arte contra el arte mismo y entretenerse desenfadadamente en arañar con un estilete emponzoñado las evanescentes seguridades de la «imaginación dialéctica». No se trata de subrayar con gozo infantil la desnudez del rey, sino de constatar que ni siquiera el rey existe.

El azar concedió a Duchamp un final feliz. Recién cenado con unos amigos —faisán, por cierto, el ave de las iconografías barrocas—, llamó a su mujer para leerle entre risas una frase divertida: cuando Alexia llegó, estaba muerto.

(1 de diciembre de 2002)

MERCURIAL PICABIA

François Marie Martínez Picabia nació con voluntad de mito. De familia cubano-francesa y formación caprichosa, fue cómplice de excepción de Duchamp, animador incontrolable de la vanguardia en los años locos de entreguerras, exhibicionista social en Cannes y jugador pulsivo siempre. Su pasión por los coches —llegó a tener 127— y el abandono suicida a la velocidad lo convirtieron en un futurista del volante, sólo atemperado en plena mar, a bordo de alguno de los rutilantes yates que poseyó, y fueron siete, fantaseando charadas mortales a costa de sus amigos. Sin embargo, no es el personaje el punto de mira de la generosa exposición de París, sino la complejidad contradictoria y el sorprendente eco contemporáneo de su obra.

Hasta el próximo mes de marzo puede verse en el Musée d'Art de la Ville de París una muestra retrospectiva de Picabia que reúne casi dos centenares de obras y una importante selección de materiales gráficos y biográficos del artista, ordenada didácticamente per Suzanne Pagé en una secuencia cronológica que arranca de las primeras tentativas impresionistas y fauves y llega a la abstracción, con una mirada detenida al conflictivo momento surrealista —el tropezón con Breton fue frontal— y al período más genuino del dadá, para terminar con «Transparencias» y la penosa reconversión a la banalidad figurativa durante los últimos años. Me recuerda la que presentó el Grand Palais en 1975, que rescató la magnitud imaginativa del artista.

La verdad es que Picabia resulta bastante conocido en España. En Barcelona publicó la revista *391* con el entusiasmo de Dalmau y la admiración de Miró, y en 1922 la Sala Dalmau presentó «Máquinas» y «Españolas», series que abrieron el período geométrico del artista. Tengo a la vista el catálogo original, en francés, con un texto críptico de André Breton y una cuidada reproducción de los epigramas gráficos del momento, con *Astrolabe* y *Thermomètre pour aveugles* como protagonistas. Además, debemos a mi buena amiga Maria Lluïsa Borràs la escrupulosa y exhaustiva biografía de Picabia que marcó época en su recuperación europea, en tanto que Santos Torroella reconstruyó, casi día a día, los meses del artista en Barcelona. Además, contamos con la exposición «Máquinas y Españolas» que realizó el IVAM con la Fundació Tàpies y el Centre Pompidou en 1995 y el elegante «Picabia» de alcance antológico que presentó en itinerancia la Fundación Miró de Mallorca, creo recordar hacia 1993.

Debo confesar, con todo, que mi admiración hacia Picabia, que jamás he considerado un gran artista sino un superdotado agitador cultural, la despertó el entusiasmo de Eduardo Arroyo, cuyas imágenes denotan un homenaje a menudo explícito a la iconografía irónica e iconoclasta de convenciones y prejuicios del francés. «Mi objetivo: la desintegración completa del arte», declaraba sin disimulo.

Picabia siempre actuó a su manera. Duchamp ha trazado la mejor caracterización del artista: «Con sus cincuenta años de pintura, Picabia ha evitado con éxito cualquier fórmula artística... Se le podría llamar el mayor representante de la libertad del arte, no sólo frente al sometimiento de las academias, sino contra la sumisión a cualquier dogma... Su carrera es una síntesis caleidoscópica de experiencias artísticas, apenas cercanas entre sí, en su apariencia externa, pero todas marcadas por su fuerte personalidad». La contradicción hecha forma, en efecto. Una vida pública explosiva y una personalidad imaginativa que suena posmoderna: estudió a los pintores de Barbizon, remedó a Sisley y menospreció a Cézanne, pero fue un correcto cubista de ocasión entre 1913 y 1914. Expuso curiosamente sin conflicto en el Armory Show imponiendo en el lenguaje figurativo tradicional cuidadosos elementos mecánicos y anatomías simbolistas, cruzados por títulos y letroides que nunca tienen que ver con la obra: agudos desafíos verbales dotados de energía visual. *Je revois en souvenir ma chère Udnie* (1914), *Paroles* (1917). Las obras «maquinistas» inciden en el mito ilustrado, pero con una mirada ya industrial y comercial: *Portrait de Vauxcelles* (1917).

Un encuentro casual con Tzara en Zurich lo aproxima a los dadaístas, con quienes comparte «su manía por el cambio» y la tendencia a negar toda afirmación duradera sobre el arte. Monta el ballet *Relâche* con Eric Satie y proyecta el filme *Entre-Acte* con René Clair, para descubrir enseguida la técnica popular, el cromo turístico tan eficaz en las «Españolas»: *La nuit espagnole* es de 1922 y *Dresseur d'animaux*, de 1923.

La intransigencia doctrinal de los dadaístas y la irritante condescendencia de Breton, que juzgó de españoladas sus obras figurativas, le indisponen pronto con el surrealismo, al extremo de considerarlo literatura mediocre y reivindicar, sin embargo, la imaginación «esotérica» que rechaza los calificativos —«toda convicción es una enfermedad»—. Propone una pintura «imbécil», en una palabra que gusta «a mi portero y al hombre educado». Picabia fue un lector desordenado, impresionado por Nietzsche y convencido de la «unicidad» de Stirner, pero que se convertiría poco a poco en el *funny guy* que organiza extravagantes experiencias estéticas alcohólicas y drogodependientes en el casino de Cannes durante los treinta.

Arrastrado por un «frenesí dionisíaco», utiliza el léxico políglota de las vanguardias —Dalaunay, Arp, Duchamp siempre, Kandinsky— con estilete provocador: hoy en *Noche tatuada*, mañana en una cena de gala en pijama. O bien se burla de los radicales con su proyecto «instantivista» —estar a la última es lo único que justifica en el mundo caduco el arte, hecho de distorsiones, contrasentidos y mestizajes—. Un nihilista con gusto, en definitiva.

Man Ray nos ha dejado en su autobiografía un ácido retrato de Picabia. Para el demoledor fotógrafo, las chanzas de Picabia resultaban excesivas y sobre todo inesperadas. En una ocasión le obligó a unirse a lancha forzada a su yate para después ridiculizar sus malas trazas marineras y reírse de su atuendo post-*pôche*. Pero lo que no soportaba Man Ray era la seguridad, esa suficiencia de malcriado que permitía a Picabia «cohabitar» entre las mayores disyuntivas personales.

Quizá lo que convierte a Picabia en un referente creativo para el milenio y la época que empieza es esa voluntaria impureza formal. El desenfado con el que asaltó el cercado de formas que la modernidad le ofrecía. Puede ser simultaneísta en ocasiones y *kitsch* de relamida paleta comercial casi a la par. Pero, sin duda, su actitud ha influido en la neofiguración europea, que lo descubrió a los sesenta, como en su tiempo *Parade amoureuse* (1917) había desconcertado a los surrealistas y *Hachis* (1948) a Hartung y Vols durante los cincuenta. Con Dalí y Warhol, Picabia ha sido un inteligente provocador que comprendió como pocos el «valor del uso» arrojadizo de las imágenes en una cultura visual masiva y comercial, donde nadie cuestiona el origen de las formas sino su eficacia efímera y puntual.

El ojo cacodilato (1921), *La Revolución española* (1937), *Pierrot colgado* (1943), *Acróbata* (1949) o la inefable *Villejuif* (1951) descomponen cualquier idealismo normativo y demuestran las distintas manos que sirvieron a la desbordante fabulación narrativa de Picabia. La originalidad... «esa astuta impostura de mercaderes».

Durante una mortecina sobremesa con Josette Gris —preparaba yo entonces una selección de dibujos del artista y precisaba de su colaboración—, saltó al azar el nombre de Picabia. La reacción de la anciana señora fue fulminante para mi sorpresa: «¡Mercurial Picabia!».

(15 de diciembre de 2002)

PERSONAS Y LUGARES

Quien visite Londres en este gélido y prebélico fin de año, debe concederse un par de horas de gratificante respiro y disfrutar de la extraordinaria exposición «Thomas Gainsborough, 1727-1788», que hasta finales de enero puede verse en la Tate Britain. Nada menos que ciento cincuenta obras ordenadas en secuencia retrospectiva con algunos de los más celebrados retratos del artista, que compartió con el académico Rynolds los esplendores del reconocimiento ciudadano en el educado siglo XVIII británico. La selección se detiene también en la recuperación del desconcertante paisaje natural que rodea las escenas de género, para el artista brillantes ejercicios de composición formal que trastocan el tópico espacio vacío en el que resaltar los perfiles del motivo pictórico. En medida considerable, la invención de un paisaje.

Los abundantes dibujos muestran, además, que Gainsborough es bastante menos superficial de lo que quiere el lugar común, y dotado de una sensibilidad cromática y lumínica que lo aproxima a la mejor tradición continental prerromántica. Gainsborough asimila sin complejos las enseñanzas de Boucher. Sin descuidar por ello la contención paisajística de un legado pictórico que conduce a Van Dyck y Rubens. Una pintura amable, se objeta. Por supuesto, pero una gran pintura para quien exige del arte destreza, imaginación... y fantasía. Cuando menos, a la mirada contemporánea.

La historia del arte acentúa en un punto simplistamente las dos tendencias que se contraponen en la consolidación del retrato inglés como género emergente a lo largo del siglo XVIII. Tendencias que, sin sorpresa, hunden sus raíces en la pintura de Holanda y Francia durante el siglo y encuentran su presencia en dos nombres emblemáticos del arte británico, que además son coetáneos: Gainsborough y Reynolds. Al primero se le adjudica con precipitación un realismo de detalle y parecido —la controvertida «*likeness*», que centró durante años la disputa académica— que lo convierte en precedente indisputado del realismo burgués que la Revolución francesa transformó en moda pronto. Reynolds, por el contrario, es el maestro de la idealización heroica que tan rotundo protagonismo adquirió en la simbología clasicista posrevolucionaria. Insiste el tópico en asegurar que Gainsborough retrataba a sus clientes tal cual eran. Aspirando en buena medida a representar las apariencias visuales que hoy exigimos de una correcta fotografía. Discretos ciudadanos, propietarios rurales captados en su cotidianidad. Reynolds representaba a sus modelos en actitud de repertorio, refigurados hoy como Juno, mañana como Minerva: túnica y peplo, y una generosa multiplicación de guirnaldas y cenefas.

Con todo, las verdades del arte no son tan sencillas y cualquiera de los dos maestros suministra numerosos contraejemplos que demandan la atención detenida del espectador curioso. Que la llamada Revolución Industrial británica descolocó el tradicional estamento dirigente y dio entrada a nuevas fortunas burguesas ávidas de representación cultural es un hecho que explica la proliferación de escenas de clase media y potencia la emancipación del paisaje como un entorno natural del bienestar económico, pero fuertemente subrayado como una opción moral. Reynolds, primer presidente de la Royal Academy, no se olvide, entendió el retrato como «un género vulgar y limitado», que sólo podía alcanzar dignidad artística debidamente adornado por las esforzadas iconografías clasicistas. Los modelos posaban en actitud teatral sometidos a la tiranía de las formas del arte, podríamos incluso exagerar. Pero los personajes de Gainsborough se mueven libremente en el paisaje que los envuelve, con una presunta naturalidad que para los contemporáneos alcanza la verosimilitud de los cuadros de exterior.

El paseo dominical (1785) parece un ejemplo perfecto. La luz descubre destellos inéditos en la seda y el raso, y los vivifica casi a la manera romántica sobre el paisaje. *El Coronel Coussmaker* (1782), de Reynolds, nos da una buena lección del hacer del artista: los contornos precisos y firmes del modelo quedan potenciados por la forzada sumisión del caballo y la difuminada consistencia de un árbol convertido en mero soporte formal.

Ese aire levemente envarado quizá sea un factor decisivo para justificar las diferencias entre los artistas. Gainsborough estuvo sin duda dotado de mayor «gracia» y sus personajes destacan por su cercanía. Que la maestría de los paisajes transforma los retratos de Gainsborough en veraces escenas campestres sobresale en la muestra londinense. Los retratos *Mr. Andrews y su esposa* (1785) dejan clara cierta fidelidad naturalista a tono con el empirismo sensualista en boga.

Pero el arte se dirige al espíritu y no a los ojos, preceptuaba el canon del buen gusto, y el verismo de Gainsborough se vio acusado por los contemporáneos más sensibles, que esperaban de él «pintura» ejercicios brillantes de composición y colorido, no honestas réplicas de conocidas fisonomías sociales. No sorprende, pues, su conversión progresiva al paisaje, pero un paisaje idealizado por los medios del arte que no elude, ni siquiera en los casos más radicales, la topografía puntual y traza por vez primera una caracterización duradera de la campiña inglesa. Sin embargo, el fructífero período de Bath, balneario frecuentado por los elegantes del momento, apunta el estudio concienzudo de la pintura madura de Rubens y se traduce en una mayor artificiosidad, con divagaciones hacia el pintoresquismo, muy apreciado por la moda francesa de la época. *Muchacho en rosa* (1782).

Dicen que Gainsborough pintaba sus retratos situando el caballete junto al modelo para captar «el hondo sentido de su personalidad». El resultado es elocuente: *Duquesa de Richmond* (1783). Más tarde, la paleta se licúa —un testigo afirma que si no quedara bien sujeta, los colores se precipitarían al suelo— y adquiere tonalidades más etéreas. Otro testigo sostiene que Gainsborough ajustaba el pincel a un largo bastón de casi dos metros con el que aplicaba suaves toques de color y los difuminaba lentamente: *La carreta del mercado* (1786) lo demuestra.

En el catálogo de la muestra, coordinado por Michael Rosenthal, se subraya la importancia de Murillo en la evolución última de Gainsborough. Es cierto que en Londres pudo ver ejemplos excelentes, tanto en la National Gallery como en Dulwich. Tal vez sea una apreciación correcta, puesto que el genial sevillano supo intensificar con envidiable detalle cierto costumbrismo de escuela, pero también darnos una lograda «lección de pintura» en las originales composiciones de iconografía religiosa que convertía en simple pretexto para el despliegue formal: luz y color tamizados por las sombras o descompuestos por enérgicos efectos de contraste.

Algunos retratos de Gainsborough trastocan las convenciones y se vuelven incluso enigmáticos —mágicos o ensoñadores, como pretendía el romántico. Insisto en dos retratos, *Mrs. Sheridan* o *Miss Tatton*, incrustados en un paisaje de fantasía pero severamente alertas, compuestos como sometidos al juicio del espejo—. Tampoco parece excesivo invocar a Goya, de quien Gainsborough fue estricto contemporáneo. Todo buen relato es a la vez un cuadro y una idea, había intuido Henry James en su soledad de Rye, rodeado de un paisaje que rezumaba Gainsborough. Una buena manera de aproximarnos con aprovechamiento a un artista tan de ayer.

(29 de diciembre de 2002)

CON LUZ NO USADA

La dinámica galopante de los centenarios nos brinda algunas sorpresas. La conmemoración de la muerte de Gauguin se solapa con el borroso recuerdo de Pissarro, el año de Barbara Hepworth nos devuelve a la gran dama de la escultura, devorada por una publicística que potencia a Nicholson en demérito de Epstein y orilla curiosamente a Naum Gabo.

El caso de Esteban Vicente es excepcional. Castellano de Turégano y, casi hasta ayer, figura de culto para la recuperación vanguardista peninsular. Un eslabón seguro, además, para entender en su justa medida la transmigración intelectual europea en Nueva York. La imagen que titula estas líneas nos remite a la oda a Salinas, de Luis de León, que celebra la maestría del ciego organista capaz de atrapar en acordes quebrados la belleza huidiza de un momento de plenitud sonora. La intuitiva ordenación de colores, iluminada por una luz certera, expresa quizá la acabada perfección de Esteban Vicente, alejado de imperativos de época y fiel hasta el final —murió a los 98 años— a una de las síntesis más originales de la abstracción lírica de nuestro tiempo: la recuperación contemporánea de una inesperada tradición lumínica hispana que arranca de Zurbarán y desarrolla a partir de Juan Gris su dimensión moderna. Hasta la Guerra Civil, la evolución de Vicente fue convencional. Salió de Bellas Artes con el propósito de ser escultor y compartió estudio en Madrid con un curioso americano de Iowa, James Gilbert, con quien descubrió los campos de Castilla en un peregrinaje ascético de disimuladas expectativas épicas. «No soy español —solía afirmar con guasa en sus años maduros— sino ibérico.» Ese mestizaje antiguo de etnias y culturas que ha configurado algunos de los rasgos tópicos del carácter castellano: dignidad, sencillez, tolerancia, obstinación y cierto realismo irónico hacia la vida entendida como la experiencia individual de un destino fatal. Cercano tal vez al abulense de adopción Santayana pero peor pertrechado, pues carecía de la férrea coraza del escepticismo anglosajón que tan diestramente administró el filósofo.

Esa persistente distancia castellana alejó a Vicente del radicalismo surreal y del experimentalismo de tentación clasicista de la Generación del 27, bien que su admiración por Guillén, Salinas, Aleixandre y Cernuda viene a demostrar su buen gusto y la sensibilidad hacia las poéticas más depuradas del vanguardismo peninsular del momento. La temprana exposición de Vicente en el Ateneo de Madrid en 1928, compartida con Bonafé, nos muestra una figuración emotiva de paleta suave que conoce el cubismo y desconfía del tachismo agreste del fauve. *Bodegón con Le Craouillot* (1925) viene a demostrarlo. Los años de París alentarán esa tendencia, que culminará en la opción por una esencialidad cromática construida a partir del moderado efectismo de Cézanne y las planimetrías coloreadas de Braque, Gris y, sólo en cierta medida, Matisse. Siempre reacio al surrealismo y la pintura literaria, Vicente admiró el dinamismo y la versatilidad de Picasso y agradeció su estimulante acogida, pero no puede afirmarse que la pintura del malagueño influyera directamente en su obra. Se mostró bastante crítico años después con el *Guernica*, que consideraba un arriesgado cartel bélico no demasiado logrado.

De París a Barcelona en plena efervescencia prerrepublicana. Orientado por Sebastià Gasch expuso en Avinyó, Syra y Catalònia, y nos da con *Ramblas* y *Mujer con abanico* el mejor ejemplo de una figuración estética casi mediterránea. En sus años americanos conservaba todavía el recuerdo de Miró como un concentrado «testigo silencioso».

El salto a Nueva York apareció en el horizonte del artista de manera azarosa. Casado en Barcelona con una estudiante americana y con numerosos amigos del medio artístico neoyorquino en París —cabe destacar a Michael Sonnabend, después marchante de éxito—, Vicente abandonó Madrid el 17 de julio de 1936.

Pero la verdad es que Esteban Vicente llegó a Nueva York en el momento oportuno, cuando la primera oleada de artistas europeos pugnaba por establecer un diálogo fértil con el radicalismo visual norteamericano. Stella y el pintor y crítico Walter Pach le descubrieron un grupo de artistas vinculados a la Universidad de Columbia que pronto convertiría en afines: Willem de Kooning, Pollock, Rothko, Barnett Newman y la discusión artística argumentada agudamente por Harold Rosenberg y Thomas Hess. La primera andanada fue la exposición «Talents» (1950), en la Kootz Gallery de Nueva York: veinticinco artistas seleccionados por Meyer Shapiro y Greenberg propusieron la *abstract painting* como el primer movimiento de la nueva pintura norteamericana. La presencia de Esteban Vicente quedaba garantizada pues en la escena neoyorquina.

Sin embargo, la fuerte personalidad del artista y sus consistentes afinidades con la tradición cromática de París pronto le distanciaron del dogmatismo un punto forzado del expresionismo abstracto y le obligaron a definir con sus propios medios las acepciones de una «pintura de acción» mejor ajustada a sus opiniones plásticas. La gestualidad teatral del expresivismo matérico siempre le desagradó y paulatinamente fue inclinándose hacia la abstracción cromática de Newman y Rothko, y en particular la actitud teórica de Hofman, formado también en el arte de los museos y disciplinado matizador de la tradición figurativa europea. Esteban Vicente fue siempre reacio a cualquier exceso teórico y reticente hasta la médula a la verbalización estética. No es casual, pues, que viera en la experimentación cromática de Hofman un buen estímulo para la reflexión sobre el espacio y las funciones de la luz y el color como formas protagonistas de una nueva notación constructiva de corte clásico.

Ajeno a intrigas de estudio y taller, desconfiado de las estrategias de temporada de las galerías neoyorquinas, Vicente vio en la docencia, en su práctica en el Black Mountain College, el campo perfecto para la realización de sus experimentos visuales sobre la «forma luz». El arte es control, sostuvo siempre, interiorización, retorno a una vieja tradición de pensamiento visual que aúna memoria y sentimento. El arte como depurada intensificación de la experiencia.

A partir de la década de los cincuenta, la pintura de Esteban Vicente adquiere un tono propio. Se emancipa de influencias legitimadoras y ahonda en las raíces de sus percepciones formales, resueltamente retinianas y despreocupadas de enunciados intencionales. *Number 1* (1958) concentra en una «isla» de colores centrales la tensión constructiva del cuadro, acentuada por la luz que tamiza los tonos del contorno. *Number 8* (1961) invierte el proceso y un potente foco central «dramatiza» el contraste de tonos saturados que lo circundan. La soberbia pintura de los setenta contrapone una sobria gama cromática a una luminosidad rotunda que la irá disolviendo en registros casi espectrales, sublimes en la acepción que suele establecerse al hablar de Rothko. Un apasionado de la luz, a buen seguro, que ha convertido en norma una aventurada proposición formal: el color es la luz. De *Inner light* (1976) y *The yellow self* (1979) a los colores casi transparentes de los últimos años.

No es azar, así, que la economía constructiva de Zurbarán, la quietud que configura la armonía equidistante entre la luz y el color, convierta para Esteban Vicente el retrato de *Fray Francisco Zumel* en el modelo pictórico de la tradición española. Un fondo oscuro en el que destaca la blanca figura del monje: el libro, también blanco, devuelve los haces de luz sobre el blanco, modulando así los volúmenes del hábito, que se perciben simultáneamente con los pliegues rojos del mantel. Una pintura de volúmenes tal vez, pero aligerada por la luz que concentra la mirada del espectador. Juan Gris, por el contrario, elimina el volumen y atenúa el iluminismo táctil para convertir el espacio en un plano vector sobre el que ordena la composición. Basta con mirar el soberbio *Retrato de Josette*, del Reina Sofía.

Guardo una admiración antigua por Esteban Vicente. Siempre me agradeció el respeto por la obra de su hermano Eduardo, del que todavía conservo algunos dibujos de su época bélica en Valencia que lo emocionaron. Recuerdo siempre a Esteban Vicente amable, cordial, distinguido, luciendo aquel curioso bigote «circunflejo», como decía mi madre. Le regalé una frase de Mario Praz que «decía» una percepción del paisaje castellano que el artista hizo suya a la primera lectura. En un libro olvidado, *Penisola pentagonale*, escribía el genial italiano en 1928: «El paisaje de Castilla ofrece en estado puro el alfabeto de los pintores españoles: las pocas tintas dominantes de su paleta reencuentran. Sobre un cielo tempestuoso: en primer plano, bandas de tierra rosácea entremediadas de verde malaquita; después bancales y bancales, hasta perderse de vista sobre un fondo lejanísimo de un blanco pálido cretáceo, casi de cal viva, veteado de rosa contra el cielo negro. ¡Qué dominio de líneas paralelas! En la lejanía, un apunte de casas de blanco cal y ocre pálido, colores de Goya, y un molino aspado como un pajarraco atemorizado por la tormenta».

(26 de enero de 2003)

AL HILO DE ARIADNA

La Colección Estorick de Londres se ha convertido, en apenas unos años, en un centro de difusión acreditada del arte italiano de vanguardia. O mejor tal vez, de los movimientos radicales que llenaron en los años de entreguerras, marcados por una inventiva irrepetible, en la que coincidieron las nuevas configuraciones aventuradas por la vanguardia histórica —del poscubismo a la neoconstrucción, la neofiguración, el surrealismo— y los desarrollos más depurados de la dinámica futurista. Carrá, Sironi, Campigli, De Pisis, Tossi y Casorati conviven con Morandi, Modigliani y Chirico.

Durante unos meses, hasta el próximo abril para ser precisos, puede verse aquí una original exposición que procede del Museo de Filadelfia, en una razonable política de intercambios: «Giorgio de Chirico y el mito de Ariadna». La muestra es responsabilidad de Michael R. Taylor y se centra en la serie que el pintor dedicó a la mítica princesa cretense entre 1912 y 1913. Se ha especulado hasta el cansancio en la influencia decisiva que tuvo Apollinaire en la evolución de Chirico y que el encuentro entre el poeta y el pintor, en los albores de la Gran Guerra, inicia un breve período de fascinación recíproca que transformó sus concepciones artísticas. Una nueva, imaginativa y escrupulosamente plástica definición del surrealismo se consolida entonces, embebida de la poética ingenuista de Henri Rousseau y nada dispuesta a renunciar al realismo ilusionista de la tradición clásica. *Misterio y melancolía de una calle* (1914) es quizá el mejor ejemplo de esta perspectiva que acabará trivializada en un epíteto común: pintura metafísica. Sobre una calle de luminosos pórticos mediterráneos, oblicua casi en la composición, una joven, apenas un perfil, impulsa un aro hacia otra sombra, breve apunte de un hombre, o acaso de una escultura reflejada en la calzada. Las sombras oscuras de unas arcadas imponentes destacan a contraluz. Una potente dinámica de contrastes que consolida la manera de Chirico como una de las propuestas más originales del surrealismo pictórico.

La obra entera de Giorgio de Chirico constituirá, matizada con breves retoques o interpretada desde la reproducción o el mero plagio, un eterno retorno a este modelo constructivo. La imagen, el espacio detenido en el que se configura un mundo inmediato, y una densa sensación dramática difícil de eludir incluso a primera vista. Esta iconografía surreal, imaginada con antelación a cualquier propuesta normativa o de movimiento, como férreamente consiguió imponer el obstinado Bretón años después, toma los caracteres formales —apenas el léxico constructivo— del cubismo y la abstracción, pero puestos en juego en la evocación de una Grecia ideal de aspiraciones arcádicas. Clair ha hablado de «expresión de la nostalgia» para dar cuenta de ese sentimiento romántico del retorno a la patria perdida tan eficaz en Novalis y Schiller y abiertamente subversivo en Hölderlin y Nietzsche. La nostalgia de los orígenes y la percepción sensible de un mundo ido, expulsado del horizonte estético de expectativas por el industrialismo galopante y el imperio de la técnica, en el que permanece lo fugitivo, efectista y manipulatorio: esa condensación de contradicciones que hoy entendemos como sociedad de masas.

De Chirico afianza su clasicismo evocativo en las guardarropías figurativas de Makart y Hans von Marées durante una creativa temporada en Munich: la tendencia a la confrontación cromática y la contraposición de espacios alternativos, luz y sombra, hábilmente explorados en sus composiciones mayores. *La conquista del filósofo* (1914), con un estridente cañón erecto con dos balas en su base, de diáfanas connotaciones fálicas, sobre un fondo dominado por un reloj muerto, en el que se recorta un ferrocarril casi de juguete... y dos curiosas alcachofas en primer plano como residuo de una ritual ofrenda báquica.

Taylor analiza la recurrencia del mito de Ariadna en la temprana serie de Chirico para repasar el continente estético del artista que convierte la ambigua figura de la diosa en un motivo central que multiplica hasta la obsesión con el tema *Plaza de Italia.* Vale la pena recordar el relato. Ariadna es hija del rey de Creta, Minos, y Parsífae. Cuando Teseo viaja a Creta para combatir al Minotauro, prisionero en el célebre laberinto, Ariadna se enamora de él y le ayuda en la empresa: le entrega un ovillo de hilo indicándole que ate un cabo a la entrada y no se desprenda jamás del otro cabo. El héroe mata al monstruo y encuentra la salida. Teseo vuelve a Atenas con Ariadna, pero cuando atraca en la isla de Naxos la abandona mientras duerme. Baco la encuentra y se enamora de ella. Lanza al cielo la corona de la joven, que se transforma en un haz de constelaciones estrelladas.

Ésa es la historia. El tema, sin embargo, ha dado entrada a una riquísima interpretación artística en la que destacan algunas obras muy singulares: *Boda de Baco y Ariadna* (1505), de Cima da Cornegliano, *Baco y Ariadna*, de Guido Reni, con las velas de las naves de Teseo al fondo, y *El triunfo de Baco*, de Tiziano, un gran festín de las vacantes con las constelaciones estrelladas sobre un cielo de mironiano azul. Para Ovidio, Ariadna significa el abandono y la desesperación, y su consuelo con Baco. Una imagen de la nostalgia y la quietud contra el tiempo.

De Chirico mezcla con astucia el universo clásico, todavía vivo en la escuela de su tiempo, con nuestro escepticismo contemporáneo: una columnata griega contra una vieja chimenea de fábrica, una nave antigua apenas esbozada contra una locomotora. Una vuelta a los motivos del Renacimiento, si bien se mira, que alterna en contrapunto temas mitológicos y tracerías geométricas nuevas, quiméricas figuras medievales y gestos nítidos que recortan escenas idílicas. Una eficiente dialéctica de motivos gráficos, pues, para indicar la tensión a menudo insufrible de una civilización espoleada agresivamente por el «terror de la historia».

De Chirico da muestras de una continuada fascinación por el mundo arcaico y lo reproduce a partir de escenografías del Renacimiento, pero subvierte los elementos formales y potencia una gama de incitaciones modernas originadas en la provisionalidad de las estéticas vanguardistas. *Melancolía hermética* (1919) y unos años antes *Primavera en Turín* son buenas recapitulaciones. Un espacio irreal en el que se acumulan figuraciones iniciáticas: el reloj, el rostro ciego, el libro cerrado, la torre roja, que contraponen la sencillez rural a una cruda realidad urbana teñida de sombras. Worringer detectó en la «angustia frente al espacio» la señal distintiva del arte moderno. Quizá este criterio pueda justificar el abandono del espacio real y la acentuación del espacio ilusorio que hace de las obras de Chirico inquietantes despliegues en un tiempo petrificado como fragmentos de una arqueología de la conciencia histórica de reencuentro imposible.

Pienso que obras como *El gran metafísico* (1917), *Musas metafísicas* (1918) y las etéreas plazas con figuras, donde la trama de Ariadna es casi palpable, concretan una perspicacia formal difícil de igualar. Así lo vieron los surrealistas más sensibles, como Max Ernst, Dalí o Tanguy. Pero también es verdad que la naturaleza mistificadora del artista, siempre dispuesto a la reconstrucción de sus cuadros sin escrúpulos de tiempo, a la falsificación de su propia obra y a la impostura en la filiación de formas y fragmentos, ha tenido bastante que ver con la consolidación del personaje: destructor de uno de los lugares más añorados por la modernidad artística —la idea misma de originalidad—. Me contaba Briganti, que compartió vecindad en Roma con De Chirico, la seriedad con que autentificaba falsas obras suyas, firmaba falsas construcciones y alteraba sin miramientos las fechas de sus cuadros, convertido en su propio plagiario. Vueltas y revueltas a los mismos temas, sin importarle un comino el tiempo de su realización. Un ejemplo fascinante: «obra pintada en 1972... y hecha en 1934». Nos lo había advertido en sus *Memorias*: «La espectacularidad de una belleza excepcional que yo vi en Grecia durante mi infancia, en los más hermosos días de mi vida, me ha impresionado siempre y sus leyendas quedaron impresas en mi alma indeleblemente... Y puesto que soy un hombre de excepción que lo siente y comprende todo con mayor intensidad que los demás, los resultados no podían ser sino grandiosos». En efecto, lo demás se sobreentiende: un tedio infinito.

(9 de febrero de 2003)

RICHARD HAMILTON, MÁS ALLÁ DEL POP

Tiempo atrás, en una divertida sobremesa con Arthur Danto, acaso el más riguroso e intelectual crítico de arte norteamericano, expuse mi desconcierto por lo que consideraba una omisión cardinal en su dilatada actividad divulgativa: nunca había citado a Richard Hamilton. La sorpresa fue también suya. Y ante el escepticismo general y las verificaciones de rigor, quedó demostrada esa desconcertante laguna... que sólo a duras penas cabía explicar. Una justificación parecía difícil.

Cabía volver al manido sofisma de posguerra: la hegemonía artística contemporánea correspondía a los norteamericanos, y, puesto que Nueva York es su capital cultural, nada de interés puede afirmarse fuera de esa área de influencia. Contraejemplo: Richard Hamilton. Pero mi argumento produjo cierta incomodidad. Los motivos de la ausencia del artista en la exhaustiva estimativa del crítico respondían, en mi opinión, a tres llamemos proclividades de la escritura artística norteamericana. La obstinación reductiva de un relato artístico tramado por ismos figurativos no siempre consistentes. El pertinaz provincianismo de pretensiones cosmopolitas que convierte lo diverso en ajeno: Hamilton es el «padre del pop inglés»... y ésa es otra historia. La obsesión metodológica por establecer parentelas artísticas sobre la plantilla fantaseada por Barr hace setenta años y dogmatizada en la estética formalista de Greenberg que sitúa la abstracción en la meta natural del arte moderno.

Afortunadamente, un par de iniciativas presentadas en homenaje a los despiertos ochenta años de Richard Hamilton recuperan su obra y la sitúan, sin prejuicios de estilo, ante el espectador contemporáneo. «Products», en la Gagosian Gallery de Londres, propone una retrospectiva intencional muy selectiva que arranca de 1964 y llega hasta ayer. Además, a primeros de marzo el Macba presentará una extensa selección de obras de voluntad «introspectiva» y complicidad del artista: sesenta y cinco años de actividad continuada vistos a través de ciento cincuenta obras que narran limpiamente el complejo itinerario del artista. Esta singular exhibición reconstruye la pionera instalación «Fun house», con la que Hamilton contribuyó a la legendaria propuesta «This is tomorrow», de 1956. La selección subraya lo que llamaría el diálogo oblicuo de Hamilton con dos de las determinaciones imaginativas que trazan la mirada moderna: la gran pintura realista antinaturalista, léase idealizadora, de Vermeer o Velázquez, y la iconografía inducida por el consumo compulsivo de las últimas décadas, pero interpretada creativamente: una compleja cultura de masas radicada en los soportes más variados y centrada en la manipulación visual y en la interferencia de los lenguajes gráficos.

En el caso de Hamilton, la apropiación imaginativa de esas condiciones de modernidad se acrecienta con dos originales proposiciones. La de abstracción significa la agonía de la vanguardia —una saturación de estrategias gestuales de reculado calculado—. La experiencia vital entendida como el estímulo de la percepción sensible —una trama de relaciones entre imagen e idea, signo visual y significado, forma y concepto, recuperada a través de un arte de contenidos, desinteresado de las sublimes fantasías del formalismo ilusionista—. Un arte empeñado en hacernos vivir el arte.

Nacido en Londres en 1922, la vida artística de Richard Hamilton se nutre del saludable pragmatismo de las escuelas de diseño británicas. Educado en las Royal Academy Schools entre 1938 y 1940, trabajó durante la guerra como diseñador industrial. Vuelto a la normalidad, sus criterios estéticos eran otros y tropezó enseguida con la rutinaria indiferencia del sistema formativo: la normativa pictórica de manual se ajustaba mal a sus exigencias comunicativas. Copió a los grandes en la National Gallery pero descubrió asimismo el potencial gráfico del grabado y la litografía —y la sencillez decorativa de Matisse y Picasso—. En la libérrima utilización del lenguaje de Joyce ve Hamilton un modelo activo para describir el galimatías de vida y experiencia, imagen y sentido, que define la cultura visual europea.

A partir de 1950, para Hamilton la opción está tomada. Se trata, ahora, de recuperar la eficacia de las imágenes que dan sentido a nuestro entorno y desmenuzan sus múltiples significados contradictorios. *Growth and Form* (1951) es el resultado de sus últimos trabajos en la Slade School of Art, inaugurada per Le Corbusier en el ICA de Londres, algo más que una anécdota puesto que el artista descubría un ámbito de investigación de las funciones biológicas, generatrices en la naturaleza y en el origen de las formas perceptivas.

En «Man, machine and motion» (1955), también en el ICA, el artista ordena casi doscientas fotografías de máquinas e instrumentos que amplían la capacidad de movimiento humano en cuatro ámbitos: acuático, terrestre, aéreo e interplanetario. Con una ironía más cercana a Picabia que a Duchamp, Hamilton adelanta esa fascinación por la mecánica y la construcción habilidosa que lo acompañará siempre, y le llevó a reconstruir *Le grand verre* de Duchamp para la exposición de la Tate Gallery en 1966, que el artista francés firmó como un gesto de complicidad.

Sin embargo, es en la muestra «This is Tomorrow» (White Chapel, 1956) donde se desarrolló la tentativa de interpretación artística que vertebra el trabajo colectivo de The Independent Group con Alloway Smithson y Paolozzi. El *collage* de Hamilton *Just What Is It that Makes Today's Homes so Different, so Appealing* sirvió de portada de la exhibición y sintetiza alegóricamente la sobreposición de imágenes del cómic, el cine y la fotografía con la convencional acepción de figuras de arte —retrato y cartel—. Un repertorio de cultura popular en un escenario simbólico: jazz, cinta magnética. Un batiburrillo de imágenes y estímulos visuales, en efecto, definen la cultura del consumo en *Fun House*, en la que todo significado pedante evoca su contrario, donde la banalización y sofisticación son meros puntos de vista para un espectador desconcertado, que devora con ansiedad nuevas imágenes. La cultura pop y el pop art: directo, efímero, barato, industrial, divertido, ligero... y negocio.

A mi parecer, los montajes de Hamilton nos ofrecen la mejor idea de su visión crítica de la cultura y la sociedad contemporáneas. Mezclan motivos publicitarios y reclamos comerciales que condicionan y definen la vida diaria y descubren su simbolismo a menudo de escaparate. *Hommage à Chysler Corp.* (1957) incide en el diseño automovilístico: pero el vehículo se desintegra en una antología de técnicas efectistas, piezas de anuncios que se convierten en un monstruo de ojos saltones, vivaracho, decididamente liberado. En las obras de los sesenta Hamilton recupera los fotogramas cinematográficos y la sobreposición de imágenes alteradas por pigmentos para establecer una dinámica espacial casi ambiental. Alguna, como *Epiphany* (1964), vuelve a Duchamp y Joyce para insistir en el carácter revelador —un súbito momento de visión— de las imágenes y las disfunciones que enriquecen perceptivamente la trivialidad cotidiana: *Slee'p it to me.*

No sorprende, así, que el trabajo fotográfico de Hamilton y el recurso a la pintura como intervención ejemplar sobre la imagen impresionara a Warhol y Richter. En *My Marilyn* (1965) fuerza al extremo las posibilidades del icono popular, simultaneando los planos de color y el *collage* de revistas con texto, palabra e imagen como una síntesis de significados alternativos que se depura en *Still life* (1965) con una magnificación de la fotografía comercial.

La serie de retratos de «Interfaces», hecha en Cadaqués y acabada en Londres con Dieter Roth, y los autorretratos de la década de los ochenta, nos muestran el sutil juego de miradas que intensifica la visión de Hamilton. Para el artista, vivimos en un inseparable mestizaje con las cosas. Nuestra cultura está hecha de pedazos, de fragmentos de un frágil yo que se construye sobre las cosas, que a su vez delimitan el lugar sin retorno que dibuja la sociedad masa donde nos afirmamos. ¿Qué objeto es trivial? ¿Qué fortuita coincidencia descalificaríamos, y con qué criterio?

¿Qué hace una obra de arte? ¿Qué determina como artística una situación? Sencillamente, un complejo de imágenes y significados abiertos que la magia del artista acierta a conjurar mediante esa intervención límite que llamamos obra de arte.

Entre 1982 y 1993 Hamilton hizo una serie de trabajos basados en un momento crispado de la crisis de Irlanda. Resultaron tres dípticos imponentes: *El Ciudadano*, *El Súbdito* y *El Estado*. En *El Ciudadano* se subvierten unas imágenes de protesta originadas en la prisión. Los reclusos reivindicando su condición política se niegan a vestir el mono carcelario y resisten cinco años en una situación denigrante, envueltos en mantas y rodeados de sus propios excrementos. Hamilton rescata la sórdida intensidad del emboscado como una figura religiosa, que también puede banalizarse en una perversa ensoñación publicitaria de *toilette*. En el espacio plástico se escinde la abstracta consistencia de la pared sucia y la difícil dignidad del hombre depauperado pero nimbado por un halo surreal que lo transforma en arte. A *El Ciudadano* se contrapone *El Súbdito*, un arrogante portaestandarte de Orange, hecho de retazos fotoplásticos, frente a un vehículo blindado que enfila una calle devastada. En *El Estado*, el soldado otea un difuminado paisaje urbano que se disuelve en la distancia, mientras un coche se dispone a romper contra el control que bloquea una barrera hacia el camino que no conduce a ninguna parte.

El arte de Hamilton se sitúa, así, más allá de la amable complacencia del pop art. Incómodo con la platitud cromática de brillante efectismo óptico, el ciudadano artista Hamilton interviene y opina, deja que el significado de sus obras se construya en el fluir de unas imágenes que pretende hacer nuestras. Hamilton «piensa en imágenes» como Poussin.

(23 de febrero de 2003)

LA DAMA DE ST. IVES

En la divertida sátira musical *Los piratas de Penzance*, de Gilbert y Sullivan, un fogoso Drake de guardarropía celebra sus fechorías a resguardo de «una bahía mágica». Buena calificación, es verdad, para el pintoresco puerto de St. Ives, en Cornualles, de impresionante bajamar que deja varadas en efectista composición polícroma un sinfín de pequeñas embarcaciones pesqueras. Los destellos nocturnos de su faro fascinaron a Virginia Woolf, y contra sus acantilados rocosos se ha estrellado más de una escaramuza invasora. Una sencilla Tate Gallery, museo esencial a pie de mar con buena colección de escultura, y el blanco estudio de Barbara Hepworth, de jardín inglés y cercado de muros mohosos que testimonian inviernos crueles, nos dejan entrever alguna de las razones que llevaron a costa tan agreste a buen número de artistas en plena guerra: una quietud casi crepuscular y el desconcierto de las nuevas estéticas no figurativas que estaban desbaratando la disciplinada tradición artística insular.

No creo que el centenario de Barbara Hepworth potencie una mayor presencia de su obra en los espacios artísticos del continente, ni siquiera que sirva para despejar las incógnitas que asocian su «vida creativa» a dos monstruos consagrados de la modernidad británica: Henry Moore y Ben Nicholson. La independencia y el gesto seguro de esta mujer de energía astral se afirman rotundamente en su obra, amplia y compleja interpretación de la naturaleza contemporánea del viejo oficio de escultor. Barbara Hepworth es apenas conocida en España. No recuerdo ninguna retrospectiva de su obra y su nombre, en muestras de carácter colectivo, no supera la anécdota. Por fortuna, sin embargo, contamos con la perspicaz biografía de Sally Festing, traducida recientemente por Circe de Barcelona, que con la interpretación pionera de Herbert Read —*Carving and Drawing*, 1952— y la monografía de Hammacher recuperada en 1987 nos aproximan ajustadamente a la efervescencia imaginativa de una escultora todavía de complicada clasificación. St. Ives prepara, además, una muestra conmemorativa para esta primavera y el Yorkshire Sculpture Park presenta una exigente selección de obra al aire libre. Un buen principio a tener en cuenta.

La formación de Barbara Hepworth fue convencional. Estudió en Leeds y después en el Royal College of Art. Gracias a una beca, entre 1924 y 1926 vivió en Italia —Florencia y Roma—, en una alocada peregrinación iniciática con un marido reciente: John Speaking, compañero de taller y también escultor. De vuelta Londres, a través de una providencial mediación del director de escultura del museo Victoria & Albert, el coleccionista heleno Eumorfopoulos compró cuatro tallas —la serie «Doves»— iniciando así la fortuna crítica de la artista, que gozó hasta su trágica muerte de una creciente consideración internacional. La Tate Gallery de Londres le hizo una potente retrospectiva, tras su muerte, en 1976.

Los inicios artísticos de Barbara Hepworth se nutrieron de un nuevo radicalismo visual que impulsó el constructivismo de Gabo y Pesvsner en la década de los veinte. A la zaga de los *collages* poscubistas de Picasso, se imponía una escultura arriesgada hecha de fragmentos de cartón recortados y ordenados para definir virtuales volúmenes espaciales. Gabo se instaló en 1935 en Inglaterra y durante años fue figura respetada en la colonia artística de St. Ives, donde impresionaron sus plásticos transparentes: haces de hilos tensados sobre un armazón de planos que condicionan su versatilidad expresiva. La nueva estética constructiva de Nicholson, Moore y Hepworth, centrada en la asociación *Seven and Five*, y la aproximación al grupo cosmopolita francés conocido como Abstraction-Création coincidieron con las propuestas de Gabo y cuajaron en la iniciativa *Unit One*, patrocinada por el beligerante crítico Herbert Read y orientada por Nash, que constituye sin duda la primera respuesta vanguardista británica. Que un arte abstracto era posible en Inglaterra más allá del emotivismo visual y cezanniano de Roger Fry, quedaba demostrado por estos artistas, recelosos de las estentóreas declaraciones de principios y manifiestos, pero que compartían un entusiasmo «moderno» por el diseño industrial entendido como una investigación estructural de las posibilidades de las formas abstractas en la definición del espacio del arte.

Hepworth, sin embargo, fue siempre una escultora de talla directa. Las celosías de Nash y los dibujos arquitectónicos de Wyndham Lewis acabaron aburriéndola. El descubrimiento de Brancusi y una visita a Hans Arp cambiaron definitivamente el rumbo artístico de la artista, que sobrepuso la construcción al modelado. *Dos formas con una esfera* (1935) y *Dos segmentos y una esfera* (1936), en alabastro y mármol, articulan una geometría espacial escueta y antidecorativa, cercana a Giacometti. Las tallas de madera que siguieron (*Forma única*, por ejemplo) emancipan la escultura en calidad de objeto azaroso sobre el espacio abierto. Con una morosa atención a la materia y el recurso a los residuos materiales como tensores de un desafío formal que se desarrolla a partir de decisivas opciones artísticas (*Las olas*, madera, 1943).

El hallazgo del «agujero» como eje expresivo cardinal sobre la piedra o manipulado por cuerdas y alambres, e incluso coloraciones suaves, nos da buena idea de un lenguaje plástico llevado al extremo. Nunca se trata de formas abstractas ingrávidas o escrupulosamente ajustadas en un espacio visual determinado, como en el caso de Nicholson, sino de una especulación sensible sobre las potencialidades orgánicas de un objeto tridimensional. *Formas en escalera* (1938), de la Tate Gallery, deja actuar sobre nuestra capacidad perceptiva dos gastados trozos de leño contrapuestos y vivificados por el agujero, el hueco que deja pasar la luz y abre la obra a un nuevo espacio.

La influencia con la reflexión estética del malogrado crítico Adrian Stokes y, en particular su ensayo, *Color y forma*, se convierten en el punto de inflexión que vertebra las cuatro décadas de trabajo solitario de Barbara en St. Ives. El agujero, la potencia del hueco y la cavidad con la secuencia de trenzados geométricos que lo cierran, o expresivizan, acentuando el contraste o el equilibrio entre las masas sólidas, son algunos de los grandes logros figurativos de la escultura. La fascinación por el mar, el romper de las olas en el acantilado, que origina un milenario proceso de desgaste y produce un sinfín de asociaciones formales sutiles, está en la raíz del asombro naturalista de Hepworth e impregna el suave panteísmo romántico de su obra tardía. «Las profundidades en el agua, las cavernas de sombras más profundas que las concavidades talladas por la imaginación... La naturaleza nos mantiene vivos y nuestra imaginación toma fuerzas para proyectar en un medio plástico una visión universal y abstracta de la belleza», había confesado con vehemencia en *Unit One*.

También es cierto que en la obra tardía de Barbara Hepworth las referencias humanas se desdibujan y va ganando en austeridad y elegancia. Tal vez, como se ha escrito, a la búsqueda de unos valores formales absolutos y permanentes que deben convertir su arte en un mundo alternativo. La pintura de Mondrian, había dicho Ben Nicholson, no fue el final de nada sino un comienzo... La pureza impersonal de la línea y el volumen. De los materiales inertes brotan configuraciones formales que interactivan, en la obra de Hepworth, el volumen y el espacio. No es casual que Rilke fuera el poeta preferido de la artista, una llamada a la voluntad instintiva de forma que jamás podremos acallar.

Dicen que Barbara Hepworth era adusta y autoritaria. Tal vez sencillamente exigente. *Solitary eye* (1962) y *Elegy* (1966) nos hablan de otro modo. No creo que ante la audaz *Piedra de toque* (1969), en mármol negro, quepa otra respuesta que el silencio. La mayor escultora del siglo XX. Una mujer de contrastes, excepcional, en un mundo de apabullante prepotencia viril, todavía.

(9 de marzo de 2003)

UNA SOLEDAD INHUMANA

Días atrás recomendaba en estas páginas la exposición de Chagall en París como un buen pretexto para el viaje, siempre enriquecedor, a la capital del arte moderno. La retrospectiva de Nicolas de Staël en el Centro Pompidou es ahora un motivo para volver a insistir sobre el tema. Staël es un mito de la modernidad inacabada y mal contada, y su obra un desafío visual que espera todavía el reconocimiento que merece. Particularmente hoy, cuando está de moda poner en cuestión el modelo historiográfico de las narrativas vanguardistas y atemperar la hegemonía de los «ismos» artísticos en beneficio de una consideración más atenta a las obras y proyectos individuales. A esas unidades irreductibles que constituyen contra cualquier dogmatismo nivelador y normativo el mundo del arte.

La muestra podrá verse hasta finales de junio y reúne más de doscientas obras, entre dibujos, apuntes, bocetos y grandes óleos sobre tela, bajo la responsabilidad de Jean Paul Ameline, que coordina también el imprescindible catálogo con más de trescientas ilustraciones y textos básicos, casi diría fundacionales, de Pierre Boulez, Maldonado y Germane Viatte. El reciente director del centro, Alfred Pacquement, no ha sido parco en elogios: «La obra de Staël es breve, pero con impacto extraordinario en su tiempo». Quizá no llegara a tanto, pues su vida sí que fue corta, 1914-1955, pero la fascinación personal sobre sus contemporáneos y la rareza de sus actitudes en un momento de recapitulación urgente del legado artístico de las vanguardias históricas lo convierte en un caso espectacular a descubrir. Tampoco puede afirmarse impunemente que la figura y la obra sean desconocidas para el público francés. El Grand Palais le dedicó una retrospectiva y la Fondation Maeght de Saint Paul de Vence una cuidadosa antológica a mediados de los ochenta. Además, la biografía de Laurent Greilsamer *Le Prince foudroyé* (Fayard, París, 1998) ha aproximado el huidizo personaje al lector tópico, sin perdonar anécdotas ni discutir suposiciones tal vez arriesgadas sobre su intimidad. Recuerdo también la disertación doctoral de Elena Lledó en el Courtauld Institute de Londres, que restituyó la fortuna crítica del artista al ámbito de discusión que correspondía: la polémica, siempre agreste, entre figuración y abstracción en la inmediata posguerra europea.

Nicolas Staël nació en San Petersburgo, curiosamente en la legendaria fortaleza de San Pedro y San Pablo, donde su padre, un barón báltico, era subgobernador y hombre de confianza de la familia imperial. A golpes de azar, la familia Staël abandonó la incandescencia bolchevique y se refugió clandestinamente en Polonia, en tanto que el joven Nicolas partía para Bruselas donde cursó el bachillerato y empezó Bellas Artes en 1932. Sin acabar los estudios escapó a Holanda, fascinado por Rembrandt y Vermeer, y después de una experiencia mediterránea —España, Italia y el Norte de África—, se asentó en París por un breve tiempo, puesto que apenas estalló la guerra se alistó sorprendentemente en la Legión Extranjera. De vuelta al orden, estudió con Léger y descubrió a Braque, una influencia potente y discutida en su evolución formal. Una vuelta hacia la abstracción le abrió la puerta del mercado norteamericano que lo asociaba equívocamente al lirismo cromático de la Escuela de París, calificando su obra como un registro menor de la contagiosa expresividad abstracta. Sin embargo, los aparentes difuminados tonales de Staël apuntaban a la figuración emotiva y eludían la mera construcción cromática, aunque con resultados bastante más complicados.

El gesto vital y la actitud intelectual, una cultura bífida y trilingüe, y una insobornabilidad aristocrática y exigente, recuerdan a Nabokov, dotado sin duda de mayor ironía y conciencia estética pero incapaz de conseguir el contagioso candor que emana la inverosímil correspondencia del artista, publicada también recientemente. Staël vivió para su pintura y su vida fue una sucesión de proyectos insatisfactorios que acentúan hasta la neurosis sus inquietudes llamemos vitales. Denis Sutton y el imprevisible Douglas Cooper se contaron entre los confidentes del artista, como el poeta René Char, pero no siempre entendieron la tremenda pugna existencial que exigía su arte. «Es verdad, hay cuadros que viven en mí pero que soy incapaz de expresar... Habrá que esperar que el azar los haga salir... o tragarse una zanahoria para que ayude», confiaba con flema el artista a Cooper. Y proseguía: «Busco una renovación continua... Lo que no es fácil... Mi pintura es una cosa frágil».

De cualquier manera, tal vez una apreciación ajustada de la obra de Staël sea la del historiador británico Hamilton cuando incide en el debate abstracción frente a representación y asocia su pintura al experimentalismo de Wols y Pierre Soulages, cuyas monocromías se contraponen a las variaciones en blanco y negro de Frank Kline, otro contemporáneo pero de mayor intensidad y estructura formal más elaborada. En la plástica de Staël la atmósfera y la geometría del mundo natural se adivinan en los planos y superficies de color que evocan el mejor Matisse, puesto que, de una vez por todas, el análisis detallado demuestra su inseguridad respecto al materismo sobreexpresivo que difundía sin matices el grupo CoBrA en los inicios de los cincuenta: el pincel o la espátula trazan espesas configuraciones matéricas de simbolismo más bien crítico y con tendencia a la reiteración.

Un encuentro fortuito con la galerista Jeanne Bucher, amiga de Picasso, Miró y Kandinsky, tuvo un efecto magnético sobre el artista, que asimiló enseguida el rigor y la disciplina de la alsaciana. Vieira da Silva, Willy Baumeister, Arpad, y una admiración compartida por el Picasso azul son inmediatas complicidades que destilan una vieja sabiduría que Staël interiorizó. «La pintura vive de su propia vida, no de un soplo del tiempo», insistía la señora para contener la impaciencia del joven pintor, sin duda desbordado por su destreza.

Es cierto que, a la mirada superficial, Staël puede parecer un artista contradictorio. Además, su condición reflexiva y las polarizaciones figurativas o líricas que cultivó en todo tiempo inducen a considerarlo un arrepentido de la abstracción o un neofigurativista *raté*, devaluando de este modo sus recias convicciones pictóricas. ¿Qué capacidad tiene la pintura, en nuestra época aturdida de ruido, para representar el mundo? El pintor, ¿es un creador de imágenes, o su obra es una escueta imagen del mundo? Luz, materia, color y composición son elementos esenciales con los que el artista debe actuar. Una arriesgada trama formal que no siempre cubre las experiencias y las expectativas del pintor. André Chastel, uno de los fervorosos admiradores tempranos de Staël, ha señalado la importancia de la percepción del mundo real, físico y emotivo a la par, en el trabajo del artista. Staël desarrolla deductivamente, a partir de las formas puras, los estímulos de esa experiencia: la materia y el color de los muros de París como indicio razonable de un proceso figurativo hacia la abstracción. No es casual, así, que el gran teorizador del arte francés Bernard Dorival, esencializara en la obra de Staël la «preceptiva» de la Escuela de París, es decir, la síntesis visual entre representación y abstracción. Un buen ejemplo: *Les pinceaux* (1950), que compró deslumbrado el crítico.

Si *Portrait de Jeannine* (1941) o *Nature morte à la pipe* (1942) nos hablan de un disciplinado aprendizaje picassiano y una composición abiertamente braqueana, *La vie dure* (1946), *Le cube* (1947) o las *Compositions* de los cincuenta adelantan un suave materismo que oscila entre la construcción lírica y la abstracción cromática. Con todo, a partir de 1952 o 1953, las gradaciones de color responden a estímulos figurativos bien perfilados, paisajes y bodegones prioritariamente, de una autonomía tonal diluida y armónica que rechaza cualquier estridencia expresionista: *Atelier fond orangé* (1955).

La obra última de Staël aventura una transformación radical que apenas acaba de concretarse. Las figuras se disuelven y pierden espesor figurativo, los colores se emancipan sin descarriar nunca en la abstracción. Parece que definan una expresividad corporal que rastrea un espacio propio. Algunas telas quizá resulten débiles a la mirada crispada de los expresivismos radicales en boga durante aquellos años de «arte otro», pero el sereno mediterráneo de Antibes y la cadencia musical de los paisajes de esos años denotan una renovada vivencia estética cercana al clasicismo. Durante una intensa escapada a Madrid en 1954, escribe de Velázquez: «Solidez y calma unidas de raíz, inseparables. El milagro de cada mancha, de un nuevo toque de pincel —sencillo, sobrio, sin agotar al máximo el color... pintura libre, libre—». Algo más que una admiración entregada.

En junio de 1931, de turismo por Barcelona y Manresa, Staël se permite un rapto lírico con Vlaminck: «Divino país esta Catalunya. Los frescos del siglo X, XI, XII. Una religiosidad inmensa. Daría todo Miguel Ángel por el Calvario del Museo de Vic... Imposible de describir mi entusiasmo». Un ruso sentimental, frente a cualquier adivinanza.

Cuentan que la víspera de su suicidio, en marzo de 1955, se encerró durante todo el día en el estudio de Antibes. Trabajaba los fondos de *Concert*, una tela gigante —tres por seis metros— que se negaba a progresar. Ocres y blanco de China que figuran un chelo sobre un difícil plano rojo, quebrado por las sombras burdeos del piano, en un cuadro inacabado. A la caída de la tarde escribe tres cartas de adiós. A su *marchand*, a su galerista y a su abogado. Al caer la noche, salta a la mar desde la terraza. Por una vez, quizá acertara Chagall: «Era un inocente, pero tenía una fuerza cósmica». Sin duda.

(6 de abril de 2003)

MOTIVO, PICASSO

El Museo Picasso de Barcelona es, sin duda, un punto cardinal para emprender la aventura Picasso, el itinerario siempre zigzagueante de la más fecunda trama artística del siglo XX. La apertura, hace unos días, de las nuevas salas y la presentación pública de una remodelación consistente de sus fondos, más allá de la anécdota puntual, es un motivo de satisfacción para el mundo del arte. Por fin pueden visitarse las salas desahogadamente y las obras de arte respiran en el espacio que precisan, presentadas como exige la atención al visitante y protegidas por cristales antireflectantes y vitrinas diáfanas.

El arquitecto Jordi Garcés ha llevado adelante un respetuoso proyecto de reconstrucción que sostiene sobre una complicidad triple. Respeto escrupuloso a la añeja arquitectura de los edificios, potenciando su identidad estilística y acentuando la fuerza radial de la estructura orgánica. Respeto a la obra y al artista que enriquece las salas, marcando la importancia de los ejemplos plásticos individualizados, pero tensando a la vez el hilo cronológico que aúna el conjunto artístico en una secuencia de eslabones gráficos —*Ciencia y caridad* se lee ahora con la mirada del museo; la solución de la Gran Sala es magistral para redescubrir *Las Meninas*—. La concisa selección de dibujos y apuntes colabora además a definir el nudo de influencias artísticas que avala la formación disciplinada y seria de Picasso: el retorno matizado y provocativo a los clásicos. Respeto, además, a las exigencias del visitante ocasional, pero también, y no es poca cosa, al escrutinio concienzudo del estudioso que, con luz nueva, puede captar una gama de perfiles a menudo desdibujados por la usura espacial. Queda patente, así, que Garcés nunca ha perdido la visión urbanística y ha ponderado al extremo la percepción de las viejas texturas volumétricas que responden a una estética de conjunto.

Los tres caserones que ocupa el museo fueron en su momento acabados modelos de arquitectura civil barcelonesa y nos imponen su dignidad histórica. De aquí que la opción por un vector longitudinal, paralelo a la calle, que unifica la sala expositiva, resulte tan eficaz para facilitar el recorrido artístico, mientras el eje perpendicular de la planta baja, que acerca la calle al jardín del museo, ayuda a definir la especificidad de cada uno de los núcleos arquitectónicos recuperados. Convertir una terraza ahogada en «sala de honor» del museo es un logro certero: sus medidas y la presencia de la impecable tracería gótica que se abre a la luz añaden un fuerte contrapunto significativo a la obra reciente de Picasso. Mi buena amiga Teresa Ocaña, directora del museo y sufrida amazona del arte en tierra infiel, y por supuesto su equipo, nos han dado una lección de perseverancia. A buen seguro sabrá sortear de nuevo las asechanzas del tridente administrativo mediante una estrategia de adquisiciones y préstamos que extienda la colección a todos los momentos creativos de Picasso.

Como casi todo el mundo sabe, el museo nació debido en buena parte a la obstinación de Jaume Sabartés, que supo persuadir al Maestro evocando sus vivencias catalanas y establecer un difícil puente de afectos con la madre del pintor y sus sobrinos todavía en Barcelona. Pero, y no es grano de anís, Sabartés consiguió también convencer al alcalde Porcioles de que su paso hacia la historia discurría inexorablemente por la empresa. Barcelona era «la ciudad del arte moderno» y las raíces de la modernidad artística imponían el nombre de Picasso. De manera casi vergonzante, con todo, en mayo de 1963 se inauguró el museo como «Colección Sabartés». Los buenos oficios del notario Raimon Noguera y los galeristas Joan y Miquel Gaspar, los «gaspares» para Picasso, consiguieron que el escéptico Porcioles comprara una pintura en 1968, abriendo así el camino a la generosa donación del artista a la muerte del incondicional Sabartés. Nada menos que las casi sesenta obras que constituyen las variaciones sobre *Las Meninas*. Pronto llegaron otras donaciones: Jacqueline Roquè, los Leiris, los Vilató y el legado familiar de 1970... E incluso el imprevisible lord Amulree, cómplice y confidente del tándem Douglas Cooper y John Richardson en los años dorados de exilio provenzal del versátil coleccionista del cubismo, dejó *L'ofrena* (1908) al museo. *Retrato azul de Sabartés*, *Mujer con mantilla*, *Arlequín*, son algunas obras inexcusables para entender a Picasso, como la reciente adquisición de la escultura *Tête de femme (Fernande)* (1909), pieza miliar del cubismo y de la volumetría subversiva de los años de Horta de Sant Joan.

Las Meninas son un caso aparte. Contamos con el sugerente relato de Elvira Farreras, una proeza de precisión y buen sentido en una época de desmemoria más o menos intencional. La legendaria Sala Gaspar mostraba exposiciones de Picasso con regularidad sorprendente a partir de 1956. Recuerdo las colas a la entrada en 1960 y la arriesgada presentación de los cuadros sobre el muro tapizado de tonos grises. Sin embargo, en 1968, *Las Meninas* llegan a Barcelona de puro milagro, según relatan los Gaspar. Consiguieron el permiso de exportación debido al azar, a la agitación estudiantil parisina, de convicciones antiburocráticas y anarcoides. Elvira contó en una serie de divertidas cartas a Jacqueline Picasso las incidencias de la aventura como si se tratase de las confidencias directas de las Meninas. Nueve de mayo de 1968 y por telegrama: «Llegamos bien. Viaje perfecto. Sigue carta. Las Meninas». Y después se extienden en la descripción de su «nuevo hogar» en el museo.

Cabe pensar que si la figura de Picasso no hubiera estado demonizada durante aquellos años, y los siguientes hasta ayer, quizá el coleccionismo catalán hubiera sido menos provinciano y algo más atrevido en sus adquisiciones y contaríamos hoy con la mejor colección de picassos privada, como sucedió con Miró, siempre deprimido por la escasa incidencia de su obra en Barcelona... hasta que las instituciones democráticas se han visto urgidas a remediar la queja, acaso demasiado tarde. Uno piensa que de haber prevalecido el ejemplo de Plandiura tal vez las cosas hubieran sucedido de otro modo. El clasicismo de segunda fila se convirtió en tópico de buen gusto y la vanguardia en sinónimo de crispación reivindicativa. ¡Qué le vamos a hacer!

Al recorrer las salas del museo, ante el nuevo despliegue de *Las Meninas*, pensaba en la sabia apreciación kantiana que, casi por ensalmo, Picasso hizo suya: «La belleza artística no consiste en representar una cosa bella, sino en representar bellamente una cosa». En efecto, en las variaciones sobre Velázquez, Picasso no se abandona jamás a la especulación abstracta e incide en la representación figurativa, la referencia a las imágenes vistas y rememoradas en la pintura de Velázquez. No se trata, pues, de una propuesta «purista» sobre los valores formales y su independencia artística, sino del desarrollo eficaz de un modelo figurativo en inesperada clave expresiva. La transición de las Infantas a las *Palomas* es simultánea, y amortigua la tensión formal con un nuevo tema, la ventana sobre el jardín como pretexto de homenaje rotundo al arte sencillo de Matisse. Un guiño a *Ventana abierta*, de 1905, pero también a los deslumbrantes apuntes picassianos de 1890 *Palomas*. Es curioso observar cómo la fluida paleta de Matisse va aligerando las sabias estructuras de disciplina cubista de Picasso en los últimos acercamientos al enigma velazqueño, ya en octubre de 1957. La aparente facilidad de Picasso venía a demostrar una vez más la fascinación del artista por los maestros que le precedieron. Una reflexión visual en diálogo ávido con el gran arte de siempre: Grünewald, Velázquez, Poussin, Delacroix...

Me contaba Roland Penrose que, y hablo de 1965, consiguió que la Tate Gallery de Londres comprara *Tres bailarines* (1925), venciendo la resistencia del artista, y en 1971, apenas anteayer, el propio Picasso cedía a la insistencia de William Rubin y donaba al MoMA de Nueva York la impecable construcción cubista *Guitarra*. ¿Qué no habría dado a Barcelona con mejores modos de persuasión? Afortunadamente, Sabartés supo jugar la carta oportuna.

(20 de abril de 2003)

EL ENIGMA DE LO PRIMITIVO

Que el profesor Gombrich ha sido el mayor historiador del arte de la segunda mitad del siglo pasado no lo discute nadie. Rara coincidencia, por supuesto. Pero se trata de una historia compleja. La opinión en la primera mitad del siglo, sin embargo, se vio seriamente dividida por la polémica entre historiadores y atribucionistas, es decir, entre quienes dedicaban su esfuerzo a establecer las genealogías artísticas de un sinfín de obras dispersas mediante analogías de estilo y escuela, y los que se esforzaban en determinar el lugar de una obra concreta en la secuencia creativa del artista. Entre los últimos, el cabeza de fila fue sin duda el viejo harvardiano Berenson, cuyos años finales se vieron empañados por la hábil instrumentalización de sus saberes en el asesoramiento y la consolidación de grandes colecciones ultramarinas y europeas. Entre los primeros, no obstante, la unanimidad es bastante difícil pues hasta bien entrados los treinta convivieron en la universidad y en el espacio crítico personalidades tan dispares como Friedlander, Panofsky, Longhi, Chastel o Kenneth Clark.

La obra de Gombrich ha gozado de una respetabilidad poco común, debido en buena parte a su impecable currículum vienés —estudió con Riegl y Schlosser en los años dorados de Weimar, cuando Viena era todavía el crisol de la cultura europea finisecular— y a un azaroso exilio londinense protegido por la inexpugnable legitimidad del Instituto Warburg, del que llegaría a ser director y responsable de los estudios sobre la tradición clásica y sus transformaciones en la historia del arte moderno.

Con todo, el alcance popular de Gombrich se apoya en su legendaria *Historia del Arte*, libro dictado en años difíciles y preparado casi de memoria, que consigue hacer partícipe al lector en la secuela de imprevistos que culminan en la consecución de una obra de arte maestra. Las convicciones artísticas del historiador quedan sintetizadas magistralmente en el primer párrafo del libro: «No existe realmente el arte. Sólo existen los artistas». Con esta sencilla declaración de principios Gombrich atemperaba cualquier veleidad teorizadora, e insistía en la necesidad de profundizar en un oficio —artista— y en una tradición —la cultura visual occidental— para entender el potente nudo de malentendidos que distorsionan la obra acabada. Del éxito de su educada y persuasiva narración artística dan fe los más de seis millones de ejemplares vendidos de la obra, traducida a todas las lenguas censadas. Es curioso, además, aventurar el esfuerzo de escritura que la obra exigió del autor, trasplantado a la lengua inglesa en plena guerra y en pugna feroz por traducir al urbano discurso británico los circunloquios subordinados del alemán nativo. Una proeza.

Gombrich ha sido también un reconocido especialista en la tradición figurativa del Renacimiento, sin perderse jamás en el laberinto de significados contradictorios, como hizo Warburg que llegó a enloquecer obsesionado por la presencia de las imágenes paganas en la tradición humanística, ni escudarse en una conceptualización forzada como Panofsky, para quien la iconología era algo más que una iconografía precisa porque pretendía captar simultáneamente las variaciones de los temas clásicos asimilados ya como obras de arte. Pragmático siempre, Gombrich estudió la obra de Giulio Romano tomando la postura de su tiempo y atendiendo a la polémica de los talleres y a la compleja acumulación de motivos simbólicos que pueblan las imágenes cultas del Renacimiento. Un planteamiento renovador todavía no superado.

Pero Gombrich ha sido también el teórico de la percepción visual y sus artimañas psicológicas. Nos ha enseñado como nadie a distinguir entre ver y saber, entre percibir cómo actúan las formas en la superficie bidimensional del cuadro, e imponer unos significados globalizados que someten el detalle al contenido ostensible. *Arte e ilusión* y *El sentido del orden* son dos ejemplos de excepción de las capacidades de Gombrich para desentrañar la evolución de añejos motivos ornamentales en signos plásticos de demostrada eficacia contemporánea. Una dinámica psicología del gusto moderno considerada a través de sus raíces culturales, que evita a conciencia el abismo de las abstracciones polivalentes, la jerga académica y los caprichos metodológicos en boga. Al menos así lo ha entendido el lector.

En castellano contamos hoy con una cuidadosa traducción de la obra de Gombrich emprendida con voluntad de obra completa por Editorial Debate de Madrid, enriquecida ahora con la publicación de *Los usos de las imágenes*, último libro publicado en vida del autor, que arriesga la mirada sobre el resbaladizo mundo contemporáneo del arte, como ya hiciera un par de años atrás en *Temas de nuestro tiempo*. Por fortuna, apenas hace unos meses se ha publicado en Londres *La preferencia por lo primitivo* (Phaidon Press, 2002), título póstumo del historiador que se convierte por azar en el testamento historiográfico y la síntesis de una manera de escribir historia del arte que culmina en él: «Episodios de la historia del gusto y el arte occidentales», reza el subtítulo precavidamente.

En confesión de Gombrich, el tema de la persistencia de lo primitivo en la cultura occidental moderna le ha inquietado a lo largo de cuatro décadas, y los artículos que forman el libro lo demuestran. ¿Por qué cambia el gusto en las artes visuales? ¿De dónde arranca la tendencia que prioriza lo primitivo, lo tentativo e impreciso sobre lo más elaborado y «decadente»? Estudioso de la antigüedad clásica, Gombrich recurre a Cicerón en busca de argumentos y descubre la fascinación de lo diverso y el engorro de la retórica convertida en un brillante ejercicio de persuasión engañosa, que potencia además lo superficial y nos deja una molesta sensación de disgusto, de *kitsch* por utilizar una expresión actual. La metáfora ilustrada de comprender la obra de arte como un organismo vivo, en desarrollo natural de los rudos inicios a la plenitud y disolución, se ha visto asediada desde el principio por la fuerza de las cosas. El propio Gibbon admiraba las obras de arte griego arcaico aunque no las hubiera visto nunca, y lo cierto es que la «noble simplicidad y serena belleza», que Winckelman exigió del arte clásico, se deducen de los desarrollos tempranos del arte jónico. Un estilo elaborado y completo vocea quizá una atención excesiva a la satisfacción de la percepción sensible... y sugiere demasiada cocina artística.

A Gombrich le interesa «una ciencia explicativa de la representación artística» que supere el positivismo acumulativo de la iconografía tradicional y el contenidismo burdo de la sociología marxista. Se sitúa así contra todas las abstracciones que ven en las obras de arte la concreción de visiones del mundo o de un huidizo «espíritu de la época». Pero Gombrich estaba precavidamente vacunado por la didáctica contagiosa de su amigo Popper: el arte, como la ciencia, se construye a través de un proceso riguroso de prueba y error, de ensayo y resultados que equilibra prudentemente la dicotomía entre ver y saber. La obra de arte individual se define siempre en relación con las regularidades establecidas por la tradición, en efecto. En un momento clásico, Platón propone la búsqueda de la belleza ideal, y en *La República* recurre al problema del ritmo y el equilibrio para alcanzar cuanto de duradero ofrece la vida para la «buena disposición del alma». La memoria es para Platón la presencia de una realidad superior que nos precede. Aristóteles, por el contrario, propone la mímesis, la aproximación ilusionista a la realidad, como criterio del gusto, y la belleza se convierte en dignidad en la representación de un pluralismo artístico que da cuenta de la versatilidad del gusto. Un modelo riguroso.

Pero el artista, sugiere Gombrich, no puede pintar lo que ve. Se limita a poner en juego los medios disponibles en su época para construir imágenes verosímiles, es decir, que pueda entender el público sin demasiado esfuerzo. La historia del arte occidental debe fundamentarse así sobre dos regularidades modernas: el oficio y la destreza que apuntan a una traslación formal depurada en los talleres de la realidad natural. El recurso, programado o casual, a las invenciones técnicas que llamamos perspectiva, escorzo, leyes del color, psicología de la percepción... Un elaborado despliegue de resultados que jalonan el descubrimiento de conocimientos nuevos y hacen más intensa y difícil la actividad artística.

Entonces, ¿por qué ese persistente retorno a lo primitivo, esa descalificación continuada del complejo programa de Rafael, por ejemplo, frente al desmañado geometrismo del Cuatrocento, o la rústica expresividad del Trecento? Primitivo, ¿en qué sentido?, se pregunta Gombrich un punto desconcertado. Para el estudioso lo primitivo describe una actitud, una inclinación que sólo puede precisarse desde una perspectiva psicológica. El apelativo de primitivo ha sido una suerte de insulto antropológico que la posteridad adjudica con cierta voluntad de menosprecio, pero que con el tiempo se ha convertido en una saludable doctrina de despojamiento. No se trata de ineptitud, ni de torpeza o pereza artística, sino de una reacción hostil frente a la tradición de lo acabado, de lo completo según una normativa convencional de registro decorativo. La incansable tentación de la sorpresa contra «las raídas vaciedades del estilo».

Sin embargo, ¿por qué en el arte contemporáneo la preferencia por lo primitivo se convierte en una tendencia reductiva, que sitúa la expresividad al margen del programa constructivo? Puede ser cierto que mucho de lo que hoy llamamos arte sea engaño u obvia provocación, y el caso de Duchamp es paradójico según Gombrich. Pero también es verdad que a partir del Romanticismo el gusto artístico es esencialmente subjetivo, veleidoso como un estado de ánimo.

Aquí Gombrich pone el dedo en la llaga. Le preocupan los efectos que el «primitivismo» puede ejercer sobre la «civilización». Como es sabido, la historia del arte occidental es una larga polémica sobre el mimetismo artístico, de los excesos manieristas a los asaltos recientes de lo «neo» y al desaforado ego artístico, tan decisivamente estimulado por el consumo global. A la mirada de Gombrich, sin embargo, el primitivismo actual viene a poner en solfa las normativas de contención que impuso nuestra civilización, la sublimación en complejas estructuras formales de una expresividad negada. El abandono de la técnica y el despegue creciente de un arte saturado de referentes mediáticos representan para Gombrich el sarcasmo final del descaro de Baudelaire que tan a la perfección ha visualizado Picasso. En *Les demoiselles d'Avignon* cambia el rostro de una prostituta por una máscara tribal: un gesto de repulsa a toda una civilización visual, si bien se mira.

El círculo se cierra. La preferencia por lo primitivo, entendida como el último desafío a los logros de nuestra civilización, no deja de ser el negro indicio de una crisis de identidad cultural de largo alcance que no puede conjurarse con la temerosa invocación a la barbarie.

Que el libro de Gombrich se cierre sin una interrogación es algo que deja perplejo al lector. Tal vez el manido criterio de ordenar cualquier tipo de expresividad artística en una escala ascendente, y con catástrofe final, no sea sino otra de las tremendas «argucias de la razón» que actúan sobre la irrefrenable pulsión creativa: el artista es un fabricante de imágenes, por supuesto, pero el arte no es sólo percepción sensible sino también expresión y signo. Forma en definitiva. «Sólo he deseado hacer formas», confesaba un cansado Bacon.

(4 de mayo de 2003)

ÍNDICE ONOMÁSTICO

BEST SELLER

Los pilares de la Tierra, Ken Follett
Alto riesgo, Ken Follett
La casa de los espíritus, Isabel Allende
Baudolino, Umberto Eco
Armonía rota, Barbara Wood
Sushi para principiantes, Marian Keyes
Yo, puta, Isabel Pisano
El Salón de Ámbar, Matilde Asensi
Iacobus, Matilde Asensi
Como agua para chocolate, Laura Esquivel
Tan veloz como el deseo, Laura Esquivel
El amante diabólico, Victoria Holt
Hielo ardiente, Clive Cussler
A tiro, Philip Kerr
Las chicas buenas van al cielo y las malas a todas partes, Ute Herhardt
Claire se queda sola, Marian Keyes
La soñadora, Gustavo Martín Garzo
Fuerzas irresistibles, Danielle Steel
Casa negra, Stephen King y Peter Straub
El resplandor, Stephen King
Corazones en la Atlántida, Stephen King
IT, Stephen King
Dioses menores, Terry Pratchett
Brujerías, Terry Pratchett
Picasso, mi abuelo, Marina Picasso
Saltamontes, Barbara Vine
Chocolat, Joanne Harris
Muerte en Cape Cod, Mary Higgins Clark

DEBOLS!LLO

CONTEMPORÁNEA

Cien años de soledad, Gabriel García Márquez

El otoño del patriarca, Gabriel García Márquez

Crónica de una muerte anunciada, Gabriel García Márquez

El amor en los tiempos del cólera, Gabriel García Márquez

El coronel no tiene quien le escriba, Gabriel García Márquez

Los funerales de la Mamá Grande, Gabriel García Márquez

El general en su laberinto, Gabriel García Márquez

Increíble y triste historia de la cándida Eréndira y de su abuela desalmada, Gabriel García Márquez

La mala hora, Gabriel García Márquez

Ojos de perro azul, Gabriel García Márquez

Cuentos de Eva Luna, Isabel Allende

Diario de Ana Frank, Ana Frank

La isla del día de antes, Umberto Eco

India, V.S. Naipaul

Una casa para el señor Biswas, V.S. Naipaul

El inmoralista, André Gide

El maestro y Margarita, Mijaíl Bulgákov

Por la parte de Swann, Marcel Proust

Encerrados con un solo juguete, Juan Marsé

Esperando a los bárbaros, J. M. Coetzee

Caballería Roja/Diario de 1920, Isaak Bábel

DEBOLS!LLO

ENSAYO

La Galaxia Internet, Manuel Castells

Fast Food, Eric Schlosser

Articulos y opiniones, Günter Grass

Anatomía de la agresividad humana, Adolf Tobeña

Vivan los animales, Jesús Mosterín

Cuaderno amarillo, Salvador Pániker

Fuera de lugar, Edward Said

Las batallas legendarias y el oficio de la guerra, Margarita Torres

Pequeña filosofía para no filósofos, Albert Jacquard

Tras las claves de Melquíades, Eligio García Márquez

Pájaro que ensucia su propio nido, Juan Goytisolo

El mundo en un click, Andrew Shapiro

Felipe V y los españoles, Ricardo García Cárcel

¿Tenían ombligo Adán y Eva?, Martin Gardner

Comprender el arte moderno, Victoria Combalía

El mito de la educación, Judith Rich Harris

La conquista de la felicidad, Bertrand Russell

DEBOLS!LLO